中国石油和化学工业行业规划教材

"十二五"职业教育国家规划教材
经全国职业教育教材审定委员会审定

荣获中国石油和化学工业优秀出版物奖（教材奖）一等奖

化工企业管理

第三版

李勇 李晶 主编
徐瑞霞 张佳佳 副主编

化学工业出版社
·北京·

内 容 简 介

本书从现代企业管理的实际需要出发，运用理论与实践相结合的方法，将现代企业管理学的原理与化工企业管理的内容有机地融合在一起，主要包括绪论、化工企业组织管理、化工企业生产过程管理、化工企业质量管理、化工企业安全文明生产管理、化工企业设备管理、化工企业成本管理、市场营销、化工企业文化等内容。

本书强调理论与实践一体化原则，将实际工作中的具体问题以案例的方式引入教材，以案例为主线，将案例教学贯穿全书。根据所用到的知识点，一步步深入展开介绍，并在各章节采用不同的案例进行详细生动的分析，力求简洁明了、通俗易懂，提高学生的实际应用能力。同时利用二维码技术，将案例、视频等数字化教学资源融入书中，便于进行拓展学习。

本书适合作为高等职业教育化工技术类及相关专业的教材，也可供从事化工企业管理相关工作的人员参考。

图书在版编目（CIP）数据

化工企业管理/李勇，李晶主编. —3版. —北京：化学工业出版社，2021.3（2025.2重印）
ISBN 978-7-122-38338-9

Ⅰ.①化… Ⅱ.①李… ②李… Ⅲ.①化工企业-工业企业管理 Ⅳ.①F407.7

中国版本图书馆CIP数据核字（2021）第017496号

责任编辑：提 岩 窦 臻　　　　　文字编辑：李 瑾
责任校对：王 静　　　　　　　　装帧设计：张 辉

出版发行：化学工业出版社（北京市东城区青年湖南街13号　邮政编码100011）
印　　装：大厂回族自治县聚鑫印刷有限责任公司
787mm×1092mm　1/16　印张13　字数313千字　2025年2月北京第3版第7次印刷

购书咨询：010-64518888　　　　　　售后服务：010-64518899
网　　址：http://www.cip.com.cn
凡购买本书，如有缺损质量问题，本社销售中心负责调换。

定　价：39.80元　　　　　　　　　　　　　　　版权所有　违者必究

前言

《化工企业管理》自2009年出版以来,受到了广大师生和读者的好评,荣获中国石油和化学工业优秀出版物奖(教材奖)一等奖,第二版经全国职业教育教材审定委员会审定,立项为"十二五"职业教育国家规划教材。

本次修订在第二版的基础上,坚持案例教学的特色,以案例为主线贯穿全书,并对案例进行了更新和补充。在重印时继续不断完善,贯彻党的二十大报告中"育人的根本在于立德"的理念,落实立德树人根本任务,融入对工匠精神、"打造绿色石化,建设生态园区"以及优秀民族企业的企业文化等的介绍,弘扬爱国情怀,树立民族自信,培养学生的职业精神和职业素养。

全书从现代企业管理的实际需要出发,运用理论与实践相结合的方法,将现代企业管理学的原理与化工企业管理的内容有机地融合在一起,培养学生的管理意识和分析、解决实际问题的能力,使学生在市场经济的大潮中,既能增强经济效益观念、质量意识概念、强烈的主人翁责任感,又能将化工技术实践与经济效益有效地结合起来,一方面满足了职业性的要求,另一方面又体现了知识、技术的创造性应用。

本书将建构主义理论贯穿全书,在学生原有的知识体系和最终要实现的目标之间搭建桥梁,实现具有高尚职业道德、技术熟练的石油化工技术型人才的质的跨越,培养学生具备化工企业未来管理者的素质和能力,既考虑教会学生如何做事,更考虑教会学生如何做人,促进学生的全面发展。

本书在编写过程中紧密结合企业实际,强调理论与实践一体化原则,先后与中国万达集团、海科化工集团、长安集团等企业合作,由企业的专家和工程技术人员共同参与编写,将实际工作中的具体问题以案例的方式融入教材,以案例为主线,将案例教学贯穿全书。根据所用到的知识点,一步步深入展开介绍,并在各章节采用不同的案例进行详细生动的分析,力求简洁明了、通俗易懂,增强学生的实际应用能力。通过专业教师与工程技术人员的有机结合,缩小教材中理论与实际应用之间的差异,使学生能掌握实际有用的知识,实现理论与实践的结合,为化工企业培养出合格的实用型人才。

本书由李勇、李晶主编,徐瑞霞、张佳佳副主编,洪宵主审,魏强副主审。第一章由李勇编写,第二章由李晶编写,第三章由郑国宗、李晶编写,第四章由刘鹏鹏、李晶编写,第五章由张佳佳、李晶编写,第六章由李萍萍编写,第七章由徐瑞霞、曲学杰编写,第八章、第九章由徐瑞霞、李晶编写。化工厂基层管理视频由兖矿鲁南化工有限公司申友军组织完成;微课视频由李丽丽讲解录制,刘艳亚制作课件。全书由李勇、李晶、魏强拟定大纲,徐瑞霞、张佳佳、李晶统稿。山东万通石油化工集团楼浩良、山东利华益集团宫健健、山东垦利石化集团袁彦国和刘敬华、长安集团刘世雅、胜利油田职工大学马红梅、中国石油大学(华东)重质油研究所刘以红,东营职业学院郑志斌、刘爱国、劳振花、王强、李丽丽、刘永兵、韩宗、屈波、宋强、王红、张明明、高占华、赵勇、刘东利等同志为本书的编写和修订提供了大量帮助，在此一并表示感谢！在编写过程中，还参考了大量的书籍和研究成果，在此向所有作者致谢！

由于编者水平所限，书中不足之处在所难免，恳请广大读者批评指正，以便改进。

编者

第一版前言

本书从现代企业管理的实际需要出发，运用理论与实践相结合的方法，将现代企业管理学的原理与化工企业管理的内容有机地融合在一起，培养学生的管理意识和分析、解决实际问题的能力。

编者将建构主义理论贯穿全书，在学生原有的知识体系和最终要实现的目标之间搭建桥梁，实现具有高尚职业道德、技术熟练的石油化工技术型人才的质的跨越，培养学生具备成为化工企业未来管理者的素质和能力。

本书先后与中国万达集团、海科化工集团、长安集团等企业合作，通过专业教师与工程技术人员的有机结合，缩小了教材中理论与实际应用之间的差异，使学生能掌握实际有用的知识，实现理论与实践的结合，为化工企业培养出合格的实用型人才。

本书主要内容包括绪论、化工企业组织管理、化工企业生产过程管理、化工企业质量管理、化工企业安全文明生产管理、化工企业设备管理、化工企业成本管理、市场营销等。本书由李勇主编，徐瑞霞、张佳佳副主编，洪宵主审，魏强副主审。第一章由李勇编写，第二章由李晶编写，第三章由郑国宗编写，第四章由刘鹏鹏编写，第五章由张佳佳编写，第六章由李萍萍编写，第七章由徐瑞霞、曲学杰编写，第八章由徐瑞霞编写。全书由李勇、魏强拟定大纲，徐瑞霞、张佳佳统稿。

在编写过程中，编者还参考了相关的教材和书籍，山东垦利石化集团袁彦国和刘敬华、长安集团刘世雅、胜利油田职工大学马红梅、中国石油大学（华东）重质油研究所刘以红以及东营职业学院郑志斌、刘爱国、劳振花、王强、李丽丽、刘永兵、韩宗、屈波、宋强、王红、张明明、高占华、赵勇、刘东利等同志也提供了大量的帮助，在此一并表示感谢。

由于编者水平所限，书中难免有不妥之处，恳请广大读者批评指正。

编者
2009 年 2 月

第二版前言

本书从现代企业管理的实际需要出发,运用理论与实践相结合的方法,将现代企业管理学的原理与化工企业管理的内容有机地融合在一起,培养学生的管理意识和分析、解决实际问题的能力。

本书在编写过程中紧密结合企业实际,强调理论与实践一体化原则,先后与中国万达集团、海科化工集团、长安集团等企业合作,由企业的专家和工程技术人员共同参与编写,将实际工作中的具体问题以案例的方式融入教材,以案例为主线,将案例教学贯穿全书。根据所用到的知识点,一步步深入展开介绍,并在各章节采用不同的案例进行详细生动的分析,力求简洁明了、通俗易懂,增强学生的实际应用能力。

本书主要内容包括绪论、化工企业组织管理、化工企业生产过程管理、化工企业质量管理、化工企业安全文明生产管理、化工企业设备管理、化工企业成本管理、市场营销、化工企业文化等。本书由李勇主编,徐瑞霞、张佳佳副主编,洪宵主审,魏强副主审。第一章由李勇编写,第二章由李晶编写,第三章由郑国宗编写,第四章由刘鹏鹏编写,第五章由张佳佳编写,第六章由李萍萍编写,第七章由徐瑞霞、曲学杰编写,第八章、第九章由徐瑞霞编写。全书由李勇、魏强拟定大纲,徐瑞霞、张佳佳统稿。在编写过程中,编者还参考了相关的教材和书籍,山东垦利石化集团袁彦国和刘敬华、长安集团刘世雅、胜利油田职工大学马红梅、中国石油大学(华东)重质油研究所刘以红以及东营职业学院郑志斌、刘爱国、劳振花、王强、李丽丽、刘永兵、韩宗、屈波、宋强、王红、张明明、高占华、赵勇、刘东利等同志也提供了大量的帮助,在此一并表示感谢。

本书第一版自2009年出版以来,受到了广大师生和读者的好评,荣获中国石油和化学工业优秀出版物奖(教材奖)一等奖。本次修订在第一版的基础上进行了全面更新,增加了"化工企业文化"的内容,还做了许多有益尝试,但由于编者水平有限,书中仍难免有不妥之处,恳请广大读者批评指正,以便再版时及时改进。

编者

2014年2月

目录

第一章 绪论 —— 001
- 引导案例 1-1 …………………… 001
- 第一节 现代企业管理概述 ………… 004
  - 一、现代企业管理的特点 ………… 004
  - 二、现代企业管理的内容 ………… 005
  - 三、学习现代企业管理的方法和意义 … 010
- 第二节 化工企业管理概述 ………… 012
  - 一、化工企业管理的特点 ………… 012
  - 二、化工企业管理的原则 ………… 013
  - 三、化工企业管理的内容 ………… 013
  - 四、化工企业管理的方法 ………… 015
  - 五、学习化工企业管理的意义 …… 015
- 阅读材料一 联合邮包服务公司的科学管理 …………………………… 016
- 阅读材料二 医用口罩的生产及使用 … 016
- 阅读材料三 工匠精神与企业寿命 … 017
- 课后练习题 ……………………………… 018
- 课后思考题 ……………………………… 019

第二章 化工企业组织管理 —— 021
- 引导案例 2-1 …………………… 021
- 第一节 化工企业组织方式 ………… 021
  - 一、组织的含义 ………………… 021
  - 二、化工企业生产组织方式 …… 022
- 第二节 化工企业组织机构 ………… 022
  - 引导案例 2-2 ………………… 022
  - 一、组织机构设置的原则 ……… 024
  - 二、化工企业组织机构设置的形式 … 025
  - 三、化工企业组织机构形式的选择 … 025
  - 四、化工企业组织机构中领导的角色与职责 ………………………… 026
- 第三节 化工企业生产准备工作 …… 029
  - 引导案例 2-3 ………………… 029
  - 一、技术准备 …………………… 030
  - 二、物资准备 …………………… 030
  - 三、劳动组织准备 ……………… 031
- 第四节 生产计划、生产作业计划与调度管理 ……………………………… 033
  - 引导案例 2-4 ………………… 033
  - 一、化工生产计划 ……………… 033
  - 二、化工生产作业计划 ………… 039
  - 三、调度管理 …………………… 039
- 阅读材料 杜邦公司组织机构改革案例 … 042
- 课后练习题 ……………………………… 045
- 课后思考题 ……………………………… 047

第三章 化工企业生产过程管理 —— 048
- 引导案例 3-1 …………………… 048
- 第一节 化工生产过程的组成以及分类 … 048
  - 一、化工生产过程的概念 ……… 048
  - 二、化工生产过程的组成 ……… 049
  - 三、化工生产类型 ……………… 050
- 第二节 化工生产过程的组织 ……… 053
  - 一、合理组织化工生产过程的要求 … 053
  - 二、化工生产过程的时间组织 … 054
  - 三、化工生产过程的空间组织 … 055
- 第三节 化工工艺管理 ………………… 056
  - 一、化工工艺操作规程 ………… 057
  - 二、安全操作规程 ……………… 058
- 第四节 化工企业技术管理 ………… 059
  - 一、化工企业技术管理的主要任务 … 059
  - 二、化工企业技术管理的范围 … 059
  - 三、标准和计量管理 …………… 063

阅读材料　大连中石油国际储运有限公司"7·16"输油管道爆炸火灾事故分析 …………………… 066

课后练习题 ………………………………… 067
课后思考题 ………………………………… 068

第四章　化工企业质量管理 —————————— 069

引导案例 4-1 ……………………………… 069

第一节　化工企业生产工序质量的影响因素及对策 …………………………… 070
一、当前石油化工企业实施工序管理方面存在的问题 ……………………… 070
二、化工企业生产的特点以及实行工序管理要注意的问题 ………………… 071
三、化工企业生产过程中实施工序管理工作的对策 ………………………… 072

第二节　化工企业质量管理体系 ………… 073
一、现今化工企业的质量、安全管理体系 ……………………………………… 073
二、我国化工企业质量、安全管理体系选择 …………………………………… 074

第三节　化工企业生产前的质量控制 …… 074
引导案例 4-2 ……………………………… 074
一、按照生产要求,制定出符合本企业化工原料的控制质量标准 ………… 075
二、按照质量标准,对进厂化工原料严格把关 ………………………………… 075
三、对化工原料出现质量问题时的处理 ………………………………………… 076
四、化工原料仓库的质量管理 …………… 076
五、化工原料消耗定额管理 ……………… 077

第四节　化工企业生产中的质量控制 …… 077
引导案例 4-3 ……………………………… 077
一、物料 …………………………………… 077
二、工艺参数 ……………………………… 078
三、半成品 ………………………………… 080

第五节　化工产品的质量检验 …………… 080
一、制定出正确的抽样方案 ……………… 080
二、检验人员必须严格执行抽样方案 …… 081
三、必须完整、规范、准确填写抽样记录 ………………………………… 082
四、产品质量其他注意事项 ……………… 082

阅读材料一　对一起违章作业引起的三乙基铝着火事故的分析 ………… 083

阅读材料二　江苏响水天嘉宜化工有限公司"3·21"特别重大爆炸事故分析 …………………………… 084

课后练习题 ………………………………… 086
课后思考题 ………………………………… 087

第五章　化工企业安全文明生产管理 —————————— 088

引导案例 5-1 ……………………………… 088

第一节　化工企业安全生产管理概述 …… 089
一、安全生产管理的概念 ………………… 089
二、化工企业安全生产管理的重要性 …… 090
三、化工企业安全生产管理的基本思想 …………………………………… 091

第二节　化工企业安全生产管理的措施 … 091
一、建立安全生产管理规章制度 ………… 091
二、建立安全生产管理技术制度 ………… 091
三、建立安全生产检查制度 ……………… 093
四、建立安全生产教育制度 ……………… 095
五、隐患处理 ……………………………… 095
六、安全事故的调查与处理 ……………… 096

第三节　化工企业环境保护与"三废"治理 …………………………………… 096
一、化工企业环境保护 …………………… 096
二、化工企业"三废"治理 ………………… 097

第四节　化工企业文明生产 ……………… 099
一、文明生产的概念 ……………………… 099
二、文明生产管理的内容及要求 ………… 100

阅读材料一　中国石油吉林石化公司双苯厂"11·13"特大爆炸事故分析 …… 101

阅读材料二　打造绿色石化,建设生态园区 …………………………… 103

课后练习题 ………………………………… 105
课后思考题 ………………………………… 106

第六章　化工企业设备管理　——　107

引导案例 6-1 …… 107
第一节　化工企业设备管理概述 …… 107
一、设备管理的对象和目的 …… 107
二、设备管理的工作内容 …… 108
第二节　化工设备的基础管理 …… 109
一、固定资产的管理 …… 109
二、设备管理基础资料 …… 111
三、设备的使用与维护 …… 119
四、设备的检修制度 …… 122
附　××化工企业常压储罐管理制度 …… 123
阅读材料一　英国邦斯菲尔德油库爆炸事故分析 …… 129
阅读材料二　一起氨泄漏事故分析 …… 131
阅读材料三　一起由于设备不达标又疏于管理引发的事故分析 …… 133
课后练习题 …… 135
课后思考题 …… 136

第七章　化工企业成本管理　——　137

引导案例 7-1 …… 137
第一节　化工企业生产成本计划 …… 138
一、预算 …… 139
二、预算费用的组成 …… 139
三、预算方法步骤 …… 139
第二节　化工企业生产成本计算 …… 140
一、化工企业生产成本计算的原则 …… 140
二、生产成本计算的方法 …… 141
三、生产成本的构成 …… 143
四、生产成本考核途径 …… 145
五、计算生产成本的作用 …… 145
六、生产成本管理 …… 145
第三节　化工企业生产成本控制 …… 146
引导案例 7-2 …… 146
一、成本控制概念 …… 146
二、成本控制的技术 …… 148
三、成本控制的方法 …… 148
四、成本控制的其他方法 …… 149
五、生产成本分析 …… 150
阅读材料一　易飞化工的成本管理 …… 151
阅读材料二　疫情之下，企业该如何面对严峻挑战 …… 153
课后练习题 …… 154
课后思考题 …… 155

第八章　市场营销　——　156

引导案例 8-1 …… 156
第一节　市场营销的含义 …… 157
一、市场的含义 …… 157
二、市场营销的含义 …… 157
三、市场营销的作用 …… 158
第二节　市场经营理念 …… 158
一、传统的经营理念 …… 158
二、现代市场经营理念 …… 158
三、关系营销理念 …… 159
第三节　市场营销环境 …… 160
一、市场营销的宏观环境 …… 161
二、市场营销的微观环境 …… 163
第四节　市场细分和目标市场营销 …… 164
一、市场细分 …… 164
二、目标市场营销策略 …… 165
三、市场营销组合 …… 166
第五节　销售网络的建立与管理 …… 168
引导案例 8-2 …… 168
一、网络营销的含义 …… 169
二、网络营销的功能 …… 169
三、网络营销的策略 …… 170
阅读材料一　"金嗓子"唱响全国的奥秘 …… 171
阅读材料二　石油化工产品营销工作的思考 …… 173
课后练习题 …… 176
课后思考题 …… 177

第九章　化工企业文化　——　178

引导案例 9-1 …… 178
第一节　化工企业文化建设 …… 180

一、企业文化的功能 …………… 180
　　二、化工企业文化建设的发展目标、
　　　　指导原则和主要任务 …………… 181
　　三、化工企业文化建设的措施 ……… 182
　　四、加强化工企业文化建设的意义 … 183
第二节　化工企业人员技术培训 ……… 183
　　引导案例 9-2 …………………………… 183
　　一、我国目前的化工职业培训状况 … 186
　　二、化工企业职业培训计划的制订 … 187

　　三、化工企业职业技术培训的方式 …… 187
　　四、职业培训的意义 …………………… 188
阅读材料一　协作是成功的关键 ………… 189
阅读材料二　西门子的多级培训制度 …… 190
阅读材料三　万华十规——万华的核心价
　　　　　　　值观 ……………………… 192
课后练习题 ………………………………… 194
课后思考题 ………………………………… 195

参考文献 ——————————————————————————— 196

第一章
绪 论

引导案例 1-1　生产管理系统（MES）在四川美丰化工股份有限公司的应用

四川美丰化工股份有限公司曾是四川最大的民营化肥企业，企业下属绵阳分公司、德阳分公司、射洪分公司三个公司，公司总部在德阳市内。绵阳公司下属一分厂、二分厂，一分厂有两套合成氨装置和一套尿素装置，二分厂有一套合成氨装置和一套尿素装置；德阳公司有三套合成氨装置和四套尿素装置及一套三聚氰胺装置；射洪公司有一个生产编织袋分厂。面对企业的不断发展，生产装置越来越多，地域越来越分散，企业管理人员需要掌握的信息要求越来越多，但企业在未采用 MES 系统之前，采用电话、文件共享和人员传递文件的管理方式，效率低下，了解的信息不及时也不全，所以有时生产出现一些异常情况不能及时地发现，严重的时候出现事故导致生产装置停车。主管生产的厂长需要了解生产运行状况必须到现场去，大量宝贵的时间浪费在路途之中。化肥生产是在高温、高压、易燃、易爆的环境下进行的，需要操作人员具备较高的判断、处理问题的能力，但实际上由于操作人员的文化水平普遍偏低，分析和解决问题的能力较弱，事故隐患较多。面对这种现状，公司领导决定采用先进技术加强生产管理，以信息化的手段来改善目前的状况，达到稳定生产、降低消耗的目的。

一、系统配置

四川美丰化工股份有限公司自动化水平起点较高，控制系统数量多，型号杂，公司各分厂控制系统型号见表1-1。

表 1-1　公司各分厂控制系统型号

单位	岗位	控制系统厂家	控制系统型号	采集点数
绵阳一分厂	合成一	FOXBRO	IA5B	150
绵阳一分厂	合成二	FOXBRO	IA5D	200
绵阳一分厂	尿素	浙大中控	JX300-X	300
绵阳二分厂	合成	FOXBRO	IA50D	150
绵阳二分厂	尿素	浙大中控	JX300-X	300
绵阳二分厂	电气	和利时	HSPSAS2	120
绵阳二分厂	电气	和利时	HSPSAS2	80
德阳公司	20装置	横河	CS3000	600
德阳公司	30装置	横河	CS3000	1000
德阳公司	新1200mm合成	浙大中控	JX300-X	150
德阳公司	一尿、二尿	横河	μxL	500
德阳公司	二期脱碳	浙大中控	JX300-X	150
德阳公司	三聚氰胺	浙大中控	JX300-X	150
德阳公司	三尿	浙大中控	JX300-X	200

绵阳一分厂和二分厂距离3km,德阳公司和总部距离5km,绵阳和德阳距离70km,系统要求将这些DCS(分布式计算机控制系统)的数据传送到相应的管理人员,同时要求将各分厂的生产消耗统计数据、产量统计数据,产品、原料及中间品的质量分析情况,设备管理数据及时反映给企业管理人员,另外企业管理人员的生产指令也能下达到相关的人员。通过对众多厂商的充分调研,最终选定与杭州和利时自动化有限公司合作,采用该公司的HOLLAIS-MES系统来实施本项目。

整个系统采用B/S架构,配置11台网关机,采集三个分厂的14套DCS系统数据。在绵阳一分厂和二分厂通过电信网络连接在一起,然后通过电信网络将数据送往德阳的服务器中,德阳的数据服务器通过电信网络接入Internet,公司总部通过Internet浏览服务器数据,下达生产指令。在网络安全方面,配置三台防火墙,第一台配置在一分厂数据往外发布的地方,第二台配置在德阳数据往服务器输送的地方,第三台配置在服务器往外发布数据的地方,另外在每套DCS往服务器处配置网关机,对服务器和DCS进行隔离,保障DCS的安全性,系统配置具体如图1-1所示。公司、分厂、车间各级生产管理人员可以通过计算机按照定义的权限,浏览和输入自己的信息。

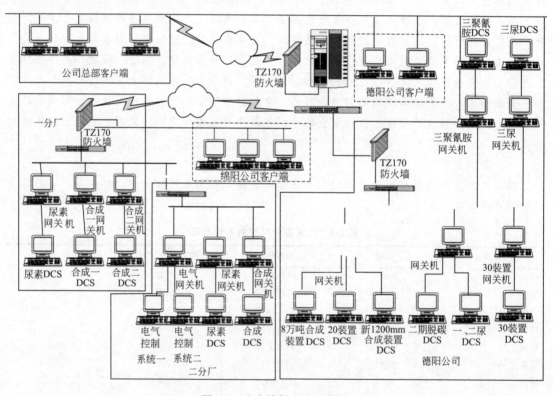

图1-1 生产计划下达示意图

二、系统实现的功能

系统采用OPC[用于过程控制的OLE(对象连接与嵌入)技术]、DDE(动态数据交换)、API(应用程序接口)等通信技术及微软.net编程技术和B/S架构,系统主要包括实时监控、生产计划与统计、质量管理、设备管理、安全环保五大功能模块。

1. 实时监控

通过 OPC、DDE、API 技术，将生产装置控制系统中的数据采集到数据服务器中，压缩保存到实时数据库中。系统以流程图、趋势图、数据表的形式将生产各装置的工艺数据展示给各级生产管理人员，生产管理人员可以根据自己的权限浏览不同系统、不同分厂、不同地域的控制系统数据，可以浏览公司、分厂、装置各级总貌的综合重要数据，也可以浏览各操作单元详细流程单元的数据；通过实时趋势和历史趋势让生产管理人员查询分析生产操作的情况，生产管理人员可以查询三年的数据趋势。

对生产工艺报警值进行统计，统计报警的最大值、最小值和报警时间累计值，以便对操作情况进行考核，也可以对这些报警进行打印。

2. 生产计划与统计

生产计划与统计模块实现生产计划的下达（图1-1）与查询和生产原料、能源的消耗和产量的统计查询。

（1）下达生产计划，以便各级管理人员和各部门了解自己的计划情况。

（2）生产计划包括生产中原料、能源的计划消耗情况和产品的计划产量及质量要求。

（3）可以按照公司、分公司、分厂、车间、装置、班组、操作单元统计生产中的原料、能源消耗情况和产品的产量及中间品的产量，以便能使各级管理人员了解操作单元、生产装置、车间、分厂、公司内的能量平衡和物料平衡情况。

（4）可以通过原料、能源消耗和产量的实际值和计划值的比较，使各级管理人员及时掌握生产实际情况和计划的偏差，能及时纠正偏差，保障生产的顺利进行和消耗、质量在要求的指标范围内，从而保证企业的效益。

3. 质量管理

质量管理包括以下三个方面的内容。

一是生产产品质量的统计情况，如班组、装置、分厂、公司的优等品、一级品、合格品、次品的产量和产率情况。

二是各班组、装置、车间、分厂、公司的原料、中间品、产品的质量分析数据报表。

三是化验室管理，包括化验室的人员、设备、采样、样品、化验方法、化验流程、化验单管理等内容，化验室提供准确、可靠的化验、分析数据，从而保障产品的质量。

4. 设备管理

设备管理是从设备运行状态监控、设备台账、设备维护、设备维修四个方面来掌握生产中设备信息，及时了解生产设备的各方面情况，采取有效措施，保障生产设备的正常运转，从而保障生产正常进行。设备运行状态包括设备的运行、停机、故障待修、备用、正在维修几个状态和设备运行累计时间和本次设备累计运行时间及设备的启停次数。设备台账描述了设备的静态属性，通过设备台账可以了解设备的相关内容。设备维护包括设备的巡检计划、巡检记录、润滑计划、润滑记录、设备密封泄漏记录、设备故障记录等内容，将设备维护工作流程标准化并做到设备维护工作可追溯。

设备维修包括设备维修计划和设备维修记录，使设备维修工作流程标准化并做到设备维护工作可追溯。

5. 安全环保

安全环保主要是将安全环保的安全连锁信号、环保监测数据接入系统，使各级管理人员能及时了解生产中的安全事故隐患和环保排放情况，及时采取措施，杜绝生产事故和环境污染事件，保证企业的正常生产。

三、应用效果

该系统自投运以来，具有运行稳定可靠、维护简单、操作方便、可靠性高、技术先进、扩展性好等优点。

由于该厂装置较多，地域分布广，信息量大，需要访问的管理人员比较多，所以该系统比较适合该企业。经过一段时间的运行，效果比较理想。现总结如下：

（1）提高了工作效率，极大方便了各级管理人员了解生产运行情况；

（2）生产数据都进入到计算机系统中，能监督操作工认真负责地在岗操作；

（3）系统投入小，达到了很好地稳定生产的作用，使生产成本下降了 0.1%～1%，按该公司年产 100 万吨尿素能力计算，一年带来经济效益 170 万元左右；

（4）对操作工的操作有了一个科学的量化考核依据；

（5）有效地避免事故和意外事件的发生；

（6）为生产管理提供一个有效的平台，使企业管理效率进一步提高，有效改善了企业形象。

本系统的使用，为企业管理提供一个信息平台，使生产更加平稳，生产成本进一步下降，事故进一步减少，带来巨大的经济效益和社会效益。

（资料来源：和利时信息技术有限公司官方网站）

第一节　现代企业管理概述

管理活动作为人类最重要的一项活动，广泛地存在于现实生活之中，大至国家、军队，小至企业、医院、学校等，都存在着自己特有的管理模式。因此，企业作为社会生活中的一种特殊组织，有它相应的管理模式，而且它的管理模式是随着企业内、外部环境的变化而发生改变的。如今随着世界经济的发展，影响企业外部环境的变数越来越多，频率越来越大，影响的程度越来越深，每一个企业家都面临着一个不可回避的现实问题，即如何使企业的内部条件适应外部环境，并达到最优境界。这就要求现代企业的领导者必须学会运用管理学理论，提高资源配置能力；运用管理学的基本职能，提高企业经营效益；运用创新型理论，培养企业的自主创新能力。只有这样，才能使企业走向世界。

一、现代企业管理的特点

1. 目标管理

现代企业的管理，不是片面追求高效率，而是追求高效益、高价值的管理。在确定市场的需求和组织的定位后，必须选择最有价值的经营战略，以期企业的经营能产生最大的附加价值。

2. 人性化

"以人为本"的人性化管理，是健全企业体制的管理。

以人为本，不断提高企业员工的素质。人既是管理的主体，又是管理的客体，任何对客观事物的管理只有通过人才能实现。众所周知，企业的一切经营活动都是由员工完成的，企业的经济效益和社会效益都依靠员工来创造，企业的兴衰在于人。"人是第一重要的，其他一切都是人奋斗的结果"。企业管理者只有深刻认识到企业整体对其构成要素——员工的依赖、尊重、重视，才能成就对企业整体的管理。

人本管理主要涉及选人、育人、用人和留人。

3. 文化性

企业文化建设是实现企业目的的重要途径。只有优秀的企业文化，才能吸引优秀人才，稳定人才，才能有效地协调企业员工，团结一致，拧成一股绳，创造性地运用企业资本和核心技能，产生强大的生命力，创造企业竞争优势，使企业充满活力，保持领先。

二、现代企业管理的内容

决定企业成功的要素很多，从企业管理角度看：战略、人力资源与流程是三个决定性的核心要素，只有将三者进行有效结合，才能取得企业的最终成功。

（一）战略管理

1. 战略管理过程

通过预测、规划、预算、决策等手段，把企业的经济活动有效地围绕总目标的要求组织起来。战略管理体现了目标管理。根据目标定路径，根据途径选方案，根据方案合理地配置资源，将战略方案具体化并执行战略，发现偏差及时纠偏，以确保战略的实现。

2. 战略制定步骤

环境与企业实力分析；提出问题确定目标；制定方案；评价方案。战略制定过程就是战略可行性方案拟订和选择的过程，是企业战略决策过程。

战略就是确定做的事是否正确，没有战略的执行是盲目的。要让战略系统与人员、运营流程相联系。

【案例1】 当你打算买一套房子时，你会发现，所有与房子有关的信息都会很快进入你的视野：房子的价格、档次、联系人、所处地理环境等等。但在你打算买房子之前，这些信息你可能完全不知道！难道是因为你没有打算买房子之前，这些信息都不存在吗？不！

当你的"目标"锁定在房子时，你的网状激活系统就开始发挥作用，与之相关的信息都进来了。而你没有这个目标时，这些信息因为与你无关，所以你的网状激活系统会关闭这些信息，哪怕这些信息就在你的身边，你也会视而不见！

对个人来说，目标是如此的重要，以至于没有目标就不可能获得成功。那么对一个组织、一个企业来说，其重要性就不言而喻了！

所以，现代企业的管理，是以目标为导向的管理。

确定组织目标、部门任务与职能、员工目标与职责后，每一项任务、每一个目标的达成，都需要哪些流程？用什么方法？需要什么支持系统和资源（人力、设备、物料、时间、空间等等）？组织目标和任务的达成结果如何？怎样进行控制和检查？这就是绩效考核所要完成的事情。

这个问题用交通规则的红绿灯就很容易说明。

【案例 2】 当司机闯红灯被交警抓住时，以下两种不同的情形会有不同的处理结果。

A. 如果司机告诉交警：他车上的乘客要赶飞机，只剩下十几分钟时间了，交警会按交通规则照罚不误。

B. 如果车上有一个病危客人，必须马上送医院抢救，那么交警会对司机说："赶快去，抓紧时间。"

为什么会如此？原因很简单，交通规则的目标有两个：第一是保障生命安全；第二是维护交通秩序。

所以，如果你是赶乘飞机而闯红灯，就会被处罚。若你是抢救病人闯红灯，则可能不会被处罚，因为你的目标是抢救生命，与交通规则的第一目标相同。

（二）人力资源管理

1. 人员配置管理

人员配置，需要建立人力资源规划系统，对企业经济活动中各个环节和各个方面的劳动和人事进行全面计划，统一组织、系统控制、灵活调节，定期对公司所有关键人才进行能力评估和候选人才的培养。

人员评估的重心是能力，其次才是他现在的位置和业绩，强化人才评估的有效性。

【案例 3】 刘邦在谈到他的用人之道时，说道："论领兵百万，攻城克敌，我不及韩信。论运筹帷幄，决胜千里之外，我不及张良。论治国安邦，粮草准备，我不及萧何。"刘邦自认无论哪方面，他都不及他的手下，但他却成为一代帝王。原因就在于，他深知用人的道理是"适才适所"。

【案例 4】 某知名化工企业一次在人才市场招聘人员，发现有一个很优秀的 MBA 硕士，而企业内并没有适当位置可以安排这个人，但又舍不得放过这个人才，于是把他招进企业，安排在办公室主任的位置上。但几天后，这个 MBA 硕士就离职而去。

分析：这个 MBA 硕士认为，办公室主任这个职位没有办法让他实现自我价值。

所以，在人员配置上，能力和位置是要相辅相成的，只有这样才能达到个人和企业的双赢。

2. 绩效管理

绩效管理是指管理者与员工之间就目标与如何实现目标上达成共识的基础上，通过激励和帮助员工取得优异绩效从而实现组织目标的管理方法。绩效管理的目的在于通过激发员工的工作热情和提高员工的能力和素质，以达到改善公司绩效的效果。

（1）绩效管理的目标　通过绩效管理使员工的利益和公司的利益具有一致性，保持员工的工作积极性，实现员工和企业的双赢。

【案例 5】 美国西北航空公司的职工持股

西北航空公司是美国第三大航空公司，总资产近 50 亿美元，职工 3 万多人，主要经营美国—日本等东方航线。

20 世纪 80 年代末 90 年代初，美国政府解除了对航空业的管制，放开价格，取消了政府补贴，再加上航空公司增加过多，市场竞争激烈，油价上涨，航空业出现了普遍亏损的局面。1990~1993年，亏损额超过了前20年美国航空业盈利的总和，其中西北航空公司是亏损最严重的企业。

面对这种情况，西北航空公司的股东、债权人、职工在1993年决定实行职工持股以挽回局面。

西北航空公司实行雇员持股后，迅速扭转了亏损局面，后又成为上市公司，股票增值很快。一般来说，股票增值到每股24美元时，即可完全补偿所减少的雇员工资，现在每股已增值到37美元，持股雇员的收入大为增加。

分析： 如何评价西北航空公司的市场控制？

这样的愿景，当它实现时，那么无论公司的现有股东、经营者，还是员工，他们都必然为实现共同的理念而快乐。

（资料来源：豆丁网）

【案例6】 用洋葱替代胡萝卜的尴尬！

一家制药企业刚刚获得了一项评审极其严格的质量产品奖。广大员工废寝忘食，牺牲了个人的正常生活，通过半年多的努力，最终赢得了这个奖项。当宣读获得这个奖项的人员及公司名称时，大家都兴奋不已。公司领导很快就召集全体员工召开庆祝会。在此之前他们先召开了会议，会议并没有宣布嘉奖事宜。然后，他们把员工召集到自助餐厅开庆祝会，由总裁表达对每位员工的感谢，宣布这个奖项对公司的意义。他总结性地说："为了庆祝这次巨大的成功，大家都会得到一份很有意义的礼物。"

此时，从后面传来一句："现在就发吧！"大家都笑了，那时大家的心情就像过节一样。

CEO点了点头，示意公关部经理揭开罩在神秘礼物上的帷幕。啊！竟是由无数塑料杯子搭建起的金字塔造型。会场上先是死一般的寂静，接着爆发出震耳欲聋的喊声。员工们几乎被这个场面所震晕，就像他们看到的是一个巨大的发了霉的圣诞水果蛋糕一样。

后来，大家排着队，陆续领走自己的杯子。在员工摇着头、苦笑着领走奖品时，可怜的CEO好像只剩下最后一点呼吸了。其他员工的表情也让他心凉。随后的几个星期里，杯子就成了公司里新的（令人嘲讽和挖苦的）质量的象征品了。

分析： 我们必须承认，及时公开地召开庆功会的创意是好的，通过演讲来赏识和激励员工的努力也是成功的，准备具有纪念意义的奖品的初衷也是无可厚非的，但比起几个月中员工们的投入、尽心和卓越的工作表现及取得的佳绩而言，最终实施的结果确实令人遗憾。

这个事例的启示就是：要想达到预期的效果，奖品的价值需要和员工的努力以及所带来的效益成正比，要能够成为真正体现出员工价值的激励象征。记住：这份回报应该是有形的和实在的，并且具有纪念意义。胡萝卜的管理文化，必须有着表彰鼓励个性需求的内涵。用洋葱类的替代品掩饰没有胡萝卜的尴尬，只会给员工留下食之无味的不良口感，使所谓的奖励变得没有意义，甚至适得其反。

（资料来源：豆丁网）

（2）理念管理　绩效管理的关键是理念管理，它是精神层面的绩效管理，目标是引导和激励。理念的引导相对于制度管理是软管理，完善绩效考评和激励机制是硬管理。总的来说，绩效管理作为一个有效的管理工具，它提供的绝对不仅仅是一个奖罚手段。它更重要的意义在于工作改进和业绩提高，激励员工业绩持续改进，并最终实现组织战略目标。

【案例7】 斯通先生是如何激励员工的？

1980年1月，在美国旧金山一家医院里的一间隔离病房外面，一位身体硬朗、步履生风、声若洪钟的老人，正在与护士死磨硬缠地要探望一名因痢疾住院治疗的女士。但是，护士却严守规章制度毫不退让。

这位真是"有眼不识泰山"，她怎么也不会想到，这位衣着朴素的老者，竟是通用电气公司总裁，一位曾被公认为世界电气业权威杂志——美国《电信》月刊选为"世界最佳经营家"的世界企业巨子斯通先生。护士也根本无从知晓，斯通探望的女士，并非斯通的家人，而是加利福尼亚州销售员哈桑的妻子。

哈桑后来知道了这件事，感激不已，每天工作达16h，为的是以此报答斯通的关怀，加州的销售业绩一度在全美各地区评比中名列前茅。正是这种有效的感情激励管理，使得通用电气公司事业蒸蒸日上。

（资料来源：豆丁网）

总之，绩效管理不是管理者对员工挥舞的"大棒"，也不应成为无原则的"和稀泥"。绩效考核的目的不是为了制造员工间的差距，而是实事求是地发现员工工作的长处和短处以便让员工及时改进、提高。要提升担当绩效考核工作的管理者的现代经理人意识、素质和能力，真正使企业各层级管理者在企业的所有管理活动中发挥牵引力。

（3）学习管理　优秀的员工是企业发展的基础；组织的智商取决于员工的素质和组合；学习管理使员工个人学习和企业的发展需求相结合，并提高员工学习效率。

全员培训体系的建设、完善的领导人才输送渠道及企业文化建设对企业的人力资源管理都至关重要。

【案例8】　联想——中国第一个学习型组织

联想集团创建于1984年，现已发展成为拥有19家国内分公司，21家海外分支机构，近千个销售网点，职工6000余人，净资产16亿元，以联想电脑、电脑主板、系统集成、代理销售、工业投资和科技园区六大支柱产业为主的技工贸一体、多元化发展的大型信息产业集团。1997年销售总额达125亿元人民币，并在各主要业务领域都取得了显著成绩，其中联想电脑闯入亚太十强排名第五，联想QDI主板跻身世界板卡供应第三位，联想系统集成公司成为国内优秀系统集成企业之一。1995年至1997年连续三年在全国电子百强企业中排名第二，全国高新技术百强企业排名第一。

联想成功的原因是多方面的，但不可忽视的一点是，联想具有极富特色的组织学习实践，使得联想能顺应环境的变化，及时调整组织结构、管理方式，从而健康成长。

早期，联想从与惠普（HP）的合作中学习到了市场运作、渠道建设与管理方法，学到了企业管理经验，对于联想成功地跨越成长中的管理障碍大有裨益；现在，联想积极开展国际、国内技术合作，与计算机界众多知名公司，如英特尔（Intel）、微软、惠普、东芝等，保持着良好的合作关系，并从与众多国际大公司的合作中受益匪浅。

除了能从合作伙伴那里学到东西之外，联想还是一个非常有心的"学习者"，善于从竞争对手、本行业或其他行业优秀企业以及顾客等各种途径学习。

柳传志（联想控股公司总裁）有句名言："要想着打，不能蒙着打。"这句话的意思是说，要善于总结，善于思考，不能光干不总结。

问题：

1. 联想是一个什么样的公司？
2. 它有几种学习方式？

3. 你如何概括？

提示：① 联想是一个非常善于从合作中学习的公司；联想是一个非常善于从自己过去的经验中学习的公司。

② 从合作中学习；向他人学习；从自己过去的经验中学习。

（资料来源：豆丁网）

3. 人本管理

人本管理就是基于科学的人性观基础上的"以人为中心"的管理，人本管理是文化管理运作和实践的核心，它要求理解人、尊重人，充分发挥人的积极性、主动性和创造性。作为一种现代管理方式，相对于传统的管理方式而言，它是一种根本性的跨越，是更高层次的管理方式。

其一，以人为本，是品牌的核心价值观。人既是管理的主体，又是管理的客体，任何对客观事物的管理只有通过人才能实现。只有企业员工整体素质全面提高，才能适应国内外市场不断发展的需要，才能在国际竞争中立于不败之地。比较典型的例子有惠普"尊重个人价值"的精神、本田"人为中心"的精神、京陶"京陶哲学"、德尔塔航空公司的"团结协作精神"等。在现代市场经济环境中，客户至上已成为天经地义的定律。组织还必须树立以客户为本的理念，一切从客户利益出发，视客户为品牌生命之所在。

其二，企业管理者应主动关心爱护员工。根据马斯洛的需求理论，任何人都具有社交和尊重欲求，下层对于上层的支配绝不会像工具那样漠然接受，对员工的主动关心爱护是调动员工积极性的有效手段。因而，人的属性、人的心理、人的情绪、人的信念、人的需求、人的素质、人的价值等一系列与人有关的问题均应成为管理者悉心关注的重要问题。尊重人、依靠人、发展人、为了人，是"以人为本"管理思想的出发点和归宿。要围绕着调动人的主动性、积极性和创造性去开展组织的一切管理活动。

（三）流程管理

1. 什么是流程

《牛津词典》里的流程，是指一个或一系列连续有规律的行动，这些行动以确定的方式发生或执行，导致特定结果的实现；而国际标准化组织在 ISO 9001:2015 质量管理体系标准中给出的定义是："一组将输入转化为输出的相互关联或相互作用的活动。"

流程就是多个人员、多个活动有序的组合。它关心的是谁做了什么事，产生了什么结果，传递了什么信息给谁。这些活动一定是体现企业价值的。

流程的相对固化形式是个人经验和个人智慧，流程是集中大家的智慧和经验，并不断地积累和改进，形成标准化的操作指导性文件。

流程管理主要是对企业内部改革，改变企业职能管理机构重叠、中间层次多、流程不闭环等，使每个流程可从头至尾由一个职能机构管理，做到机构不重叠、业务不重复，达到缩短流程周期、节约运作资本的目的。

2. 流程管理的重要性

流程主要是解决怎么做的问题，它更多地是从执行的角度把个人或组织确定的目标去执行到位。所有的管理都需要通过流程来实现，流程体现了所有的管理风格和管理模式。

从客户需求到客户满意来设计流程。赢得民心是企业生存和发展的根本。企业与客户之间存在着一种相生相克的关系，既相互协调，又相互制约。企业满足了客户的需求，就能取得利润、荣誉、社会地位及知名度。企业只有通过不断地自我调节，与客户结成一个相对平衡的统一体，才能在整体上产生有利于企业的良好效果。

流程管理的目的在于使流程能够适应环境，能够有效融入公司战略要素，能够让各个部门都协调起来，使公司降低成本、缩短时间、方便客户、提升综合竞争力。

流程管理得好，企业执行力就高，企业成功的概率就大。

【案例9】 三孔啤酒有限公司

三孔啤酒有限公司位于山东曲阜，是1987年由破产倒闭的原曲阜化肥厂改建而成的。董事长兼总经理宋文俊，军人出身，授命之初，摆在他面前的是一个百废待兴的烂摊子。经过13年的持续努力，从一个年生产能力1万吨啤酒的小厂起步，走过了艰苦创业——站稳脚跟——称雄鲁西——争强山东——跻身全国的发展历程。自1994年起，三孔啤酒与德国最著名的啤酒酿造公司DAB公司进行了全方位技术合作，成为亚洲地区获准生产销售DAB公司世界名牌——汉沙啤酒的唯一厂商。公司现已形成"三孔""汉沙"两大品牌，十几个品种和十几种不同包装方式的产品系列，高中低档兼备，风格风味各异的产品线格局。市场以淮海经济区为中心，辐射到全国23个省市。

三孔啤酒厂较早就开始借鉴国际先进管理模式，按国际惯例建立组织机构，改变过去的科室建制，设立了生产部、营销部、市场部、人力资源部、技术质量部、发展部、供应部、企业文化部和公司办公室共8部一室。在三孔啤酒有限公司挂牌成立后，又以其投资中心和控制中心的职能，设立了"一办五中心"的管理机构，即办公室、研究发展中心、人力资源中心、资产管理中心、财务管理中心、企业文化中心。

十多年来，在一个个生死存亡的关键时刻，宋文俊放眼未来，综观全局，做出了一系列正确而富有成效的决策，为此人们称其为战略家；在驾驭三孔啤酒这条企业之舟时，宋文俊时刻关注着人的作用，除了重视中高层管理干部队伍建设外，还特别重视普通员工的学习和培训，除了员工的自我学习以外，努力实施企业培训，进行大面积人才开发，培养自己的专家，自我造血，为此人们称其为教育家。

宋文俊带领他的员工，坚持"以厂为家，厂兴我兴，厂衰我耻，与企业共命运，全力奉献，同心奋斗，同力拼搏，让曲阜满天下"的精神，牢记"诚信和善"的经营理念，按照"质量保生存，开发增活力，销售促生产，管理求效益，培训做保证，改革为动力"的经营方针，酿造着优质的产品。

分析： 三孔啤酒厂是如何从一个倒闭的企业转化为一个品牌企业的？给我们的启示是什么？

（资料来源：豆丁网）

三、学习现代企业管理的方法和意义

（一）学习现代企业管理的方法

1. 唯物辩证法

企业管理产生于管理的实践活动，是企业实践活动经验的科学总结和理论概括。为此，研究和学习管理学，必须坚持实事求是的态度，深入实践，进行调查研究，总结实践经验并用判断和推理的方法，使管理的实践上升为理论。在学习和研究中还要认识到一切现象都是相互联系和相互制约的，一切事物也都是不断发展变化的。因此，还必须运用历史的观点，去观察和分析问题，考察它的过去、现状及其发展趋势，不能固定不变地看待组织及组织的管理活动。

2. 系统方法

要进行有效的管理活动，必须对影响管理过程中的各种因素及其相互之间的关系进行总体的、系统的分析研究，才能形成可行的基本理论和合理的决策活动。

在分析和研究管理过程这个系统时，要把握以下几个特征：①整体性；②目的性；③开放性；④交换性；⑤相互依存性；⑥控制性。

3. 理论联系实际的方法

理论联系实际的方法，具体说可以是案例的调查和分析，边学习边实践以及带着问题学习等多种形式。通过这种方法，有助于提高学习者运用管理的基本理论和方法去发现问题、分析问题和解决问题的能力。同时，通过理论与实践的结合，使管理理论在实践中不断地得到检验，从而深化认识，发展理论。

总之，学习和研究管理学，要以马克思主义的唯物辩证法为指导，同时综合运用各种方法，吸收和采用多种学科的知识，从系统的观点出发，联系实际，实事求是，这样才能真正掌握和发展管理学，为提高我国企业管理水平做出有益的贡献。

（二）学习现代企业管理的重要意义

企业管理学是一门应用性很强的学科，它直接指导企业管理的具体实践，促进企业管理水平的提高，在我国社会主义市场经济下，努力提高管理，增强企业的竞争能力和发展能力，已成为当务之急。因此，学习现代企业管理具有十分重要的理论意义和现实意义。通过学习，应掌握现代企业管理的基本原理和基本知识，熟悉企业管理的主要职能和一般过程，掌握现代管理的科学方法和技能，为今后工作奠定一定的理论基础。

① 着眼学习力，增强创新力，创建学习型企业。当代企业之间的竞争，说到底是人才的竞争，是人才的学习力的竞争。所谓学习力就是一个人、一个企业或一个组织学习的动力、毅力和能力的综合体现。学习力贯穿于企业管理的始终，是企业获得生存与发展的基本条件。要紧紧围绕"三要素"提高学习力，针对工作的重点、难点增强创新力，实实在在从组织保证、措施落实、载体创新等方面抓好学习型企业的建设，为做大做强企业打好基础。

② 着手执行力，形成凝聚力，打造独特竞争力。执行力要求快速行动，简洁明快。在快速发展与变化的世界里，速度已经起主导作用，速度就是一切，快慢决定成败。为此，在创建学习型企业的同时，要以执行力的提高来打造企业的独特竞争力，从而为企业的长久生存和成功抓好关键。

③ 先进的科学、技术和管理是现代文明社会发展的三大支柱，管理与科学和技术三足鼎立。管理本身就是一种经济资源，没有先进的管理水平，先进的科学和技术就无法得到推广和有效运用，经济发展和社会进步也难以实现。

管理在当代社会发展中占有很重要的地位和起着极大的作用。要促进经济发展和各方面的进步，提高管理水平是当务之急。

④ 管理知识总的来说来源于经验，直接的和间接的，提高管理水平的关键在于这两种经验的有机结合。学习管理学可以在较短的时间内掌握必要的管理理论，再在实践中因地制宜地指导自己的工作，有效而又迅速地提高管理人员的管理能力。

⑤ 在现代科学技术日新月异的情况下，伴随着经济全球化和经济区域化两大趋势的不断发展，市场竞争异常激烈，环境越来越复杂，风险越来越大，原材料的价格却不断攀升，利润空间越来越低，企业经营面临着更多的"不易"和风险，所以从管理上要效益已经成为众多企业的共识。

第二节　化工企业管理概述

化工企业管理是在化工生产过程中，利用企业现有的资源，以合适的手段、方法，来计划组织产品的生产，并保证安全文明生产，它贯穿于生产安全过程，是全员参与的管理。它的管理对象是整个企业的生产资源，包括生产人员、生产设备、产品原材料等。所以化工企业管理是全方位的、具体的和有目的性的，主要包括生产过程中的成本管理、组织管理、安全管理、设备管理、质量管理、人员组织管理及产品营销等。

一、化工企业管理的特点

化工企业是资金密集型和知识密集型的企业，企业投入大，生产工艺装置复杂，要求生产管理系统到位，专业化要求高，从其生产来看，又表现在以下几个方面。

1. 系统性

生产方式的高度自动化与连续化。化工生产已经从过去落后的手工操作、间断生产转变为高度自动化、连续化生产；生产设备由敞开式变为密闭式；生产装置从室内走向露天；生产操作由分散控制变为集散控制，同时，也由人工手动操作变为仪表自动操作，进而又发展为计算机控制。连续化与自动化生产是大型化的必然结果，但控制设备也有一定的故障率。化工企业的生产，技术相对复杂，设备多而成套，工艺路线繁琐，而且必须一步步严格按工艺参数执行，不同于单一化加工生产，要求生产管理从原料到产品各个环节都要全面考虑，合理管理。

2. 技术性

化工企业的生产主要是靠化学反应来完成从一个物质到另一个物质的转变，也就是从原料到成品的转变，一种化工产品的生产往往会由一个或几个工段来完成，每个工段又包括多个生产单元，且都在严格的工艺参数下完成，同时生产装置大多是管道纵横，各种设备星罗棋布，干扰与影响因素很多，所以化工生产对设备、人员和管理技术等要求都很高。有些化学反应在高温、高压下进行，有的要在低温、高真空度下进行。如由轻柴油裂解制乙烯，进而生产聚乙烯的生产过程中，轻柴油在裂解炉中的裂解温度为 $800℃$；裂解气要在深冷（$-96℃$）条件下进行分离；纯度为 99.99% 的乙烯气体在 $294kPa$ 压力下聚合，制取聚乙烯树脂。所以化工生产要求的工艺条件苛刻。

3. 高危险性

化工生产使用的原料、半成品和成品种类繁多，绝大部分是易燃、易爆、有毒害、有腐蚀的危险化学品。这给生产中的这些原材料、燃料、中间产品和成品的储存和运输都提出了特殊的要求。与其他行业对比，不安全因素多，而且安全事故的发生率高于其他行业。如化肥生产过程中的天然气、煤气，烯烃生产过程中的乙烯、丙烯等都是易燃易爆物质，再如甲醇是重要的化工原料，它不但有毒，有腐蚀性，而且易燃易爆。

在化工生产过程中，各种反应都要在一定的温度、压力下进行，而且为了提高生产效率，大多数反应都是在高温高压下进行的，几十个大气压和几百摄氏度的温度在化工生产中都是非常常见的，这就大大增加了企业生产的危险性。

4. 生产的连续性

制取石油化工产品，生产工序多，过程复杂，随着社会对产品的品种和数量需求日益增大，迫使石油化工企业向着大型的现代化联合企业方向发展，以提高加工深度，综合利用资源，进一步扩大经济效益。其生产具有高度的连续性，不分昼夜，不分节假日，长周期地连续倒班作业。在一个联合企业内部，厂际之间、车间之间，管道互通，原料产品互相收发，是一个组织严密、相互依存、高度统一、不可分割的有机整体。任何一个厂或一个车间，乃至一道工序发生事故，都会影响全局。

5. 污染性

化工企业三废多，污染严重，不仅对环境而且对从事化工生产的人员来说都是具有危害的，所以有"沾化三分毒"的说法，化工污染已成为水污染、大气污染、土壤污染的主要根源，并且化工行业职业病发生率明显高于其他行业。

二、化工企业管理的原则

由于化工生产自身的特点，进行化工企业管理应遵循以下几条原则。

1. 安全第一

就是要求在生产经营活动中，在处理安全与生产的关系上，要始终把安全放在首要位置，优先考虑人员的安全，不仅要考虑本企业的安全，而且要考虑到对社会的影响，实行安全优先的原则。

2. 以人为本

企业的生存发展壮大关键因素在人，人是企业的核心，所以在生产管理的过程中既要发挥人的主观能动性，又要促使人员遵守制度，管好生产，要以人为本，以实际发展，高度重视人的作用。

3. 以经济效益为主线

在生产管理过程中贯彻讲求经济的原则，在生产过程中始终要紧抓经济效益主线，利用科学的方法、合理的手段，降低成本，增加效益，要根据经济状况决定生产的规模，根据市场要求来确定产品的方向。

4. 保障平稳生产

生产环节最忌工作量忽高忽低，生产组织应是平稳均衡的。平稳生产有利于保障人力和设备的均衡付出，提高效率，降低消耗，更好完成生产组织。

三、化工企业管理的内容

（一）以责任制为核心的各项规章制度

规章制度是企业制定的员工在企业工作活动中的行为责任制，是各类规章制度的核心，一切责任表现为安全责任、技术责任和经济责任,各项责任制度必须覆盖各个工作岗位;其次要相互制约,对于企业要有检查、有反馈、有追踪,出现问题一定要处理,要做到事事有人管,人人有责任,严格考核、奖罚分明。

1. 责任制度

它是各项制度的核心,内容涵盖化工生产的各个部门,贯穿于化工企业的一切规章制度之中,要做到事事有人管,人人有职责,职、责、权、利相结合,要把大指标分解成小指标,落实到每个人的头上,从车间到班级再落实到个人,使企业各个环节各单位之间的活动形成相互联系、相互保证、相互制约的完整体系。

2. 技术规范

主要是指技术标准和技术规程,就是将化工企业的技术方面的标准形成一个整体,技术参数、设备操作规程、工艺操作规程是其中的主要内容。

3. 运行制度

主要是规范化工企业各部门之间、本部门人员之间的工作程序,明确各项工作如何进行,它不是独立的,而是贯穿于整个制度之中。

(二) 人员培训

各项生产管理制度和生产过程都要靠企业的员工来进行,所以员工的培训至关重要,要对相关人员进行管理制度、生产技术和企业文化的培训。

【案例10】 非法生产违章操作致3人中毒死亡

2013年10月18日,位于山东省广饶县陈官乡的润恒化工有限公司医药中间体生产车间发生物料泄漏事故。事故共造成3人中毒死亡,直接经济损失达270.6万元。2013年10月18日4时22分,广饶县润恒化工有限公司医药中间体生产车间氯化岗位操作工于某发现一个截止阀出现异常,发生轻微渗漏,便通知员工张某进行现场查看和确认。张某使用管钳卡住截止阀阀盖,并进行紧固。截止阀阀芯突然与阀体分离并在压力作用下弹出,氟化釜内物料瞬间从截止阀阀体与阀盖螺栓接口处大量喷出,将员工武某从二层平台防护栏缺口处冲击到车间地面,同时氟化釜内物料在车间内迅速大面积扩散。事故发生后,同班操作工将武某、张某、于某3人架到水管处,采取了冲洗措施,并立即拨打120急救电话。3人被送至医院后,经抢救无效死亡。经广饶县人民医院诊断,3人为氟化氢中毒。

这是一起非法生产安全责任事故。该公司在未依法办理安全生产、环保、消防等许可手续的情况下,非法生产危险化学品、非法购买剧毒危化品氯气、非法使用未经登记注册的压力容器,并拒不执行相关部门的停产指令,擅自生产。氟化岗位操作工张某违章操作,未佩戴必要的劳动防护用品,在氟化釜处于带压状态下,使用管钳对已关闭到位的截止阀进行压紧阀盖作业,致使截止阀连接螺纹受力过大引起结构失稳(滑丝),造成含有氟化氢的有毒物料喷出。氟化氢为反应性极强的物质,能与各种物质发生反应,腐蚀性极强。吸入较高浓度氟化氢,可引起眼及呼吸道黏膜刺激症状,严重者可发生支气管炎、肺炎或肺水肿,甚至发生反射性窒息。因此,操作人员必须经过专门培训、严格遵守操作规程、佩戴劳动防护用品。

教训: 广饶县润恒化工有限公司非法生产、对从业人员安全教育培训不到位,是导致事故发生的重要原因。由此可见,当地政府要把"打非治违"作为安全生产工作的一项重要内容,做到制度化、常态化,严厉打击各类非法违法生产经营建设行为。同时,要切实落实企业安全生产主体责任,强化企业内部安全管理。生产经营单位要严格执行安全生产和环境保护、特种设备等方面的法律法规,在未取得相关许可、批准和登记注册的情况下,坚决不得进行生产经营,全面彻底排查和治理安全隐患。

(资料来源:安全管理网)

(三)节能降耗

主要是要求生产在一定的产额消耗下完成,要使生产人员明白物料消耗、能源消耗、劳动消耗等指标。

(四)标准化管理

标准化工作是化工企业管理必须进行的一项基础工作。数据显示,截至 2018 年底,我国国家标准共 36949 项,国家标准样品共 1439 项。其中,强制性标准 2111 项,推荐性标准 34464 项,指导性技术文件 374 项。我国行业标准共 67 类,备案行业标准共 61854 项。我国备案的地方标准共 37066 项。截至 2019 年 6 月底,我国团体标准共 8818 项,制定标准的社会团体总数为 2470 个;企业通过统一平台自我声明公开标准约 107 万项。

中国化工信息中心近年来先后承担了中国标准化协会化工标准化分会秘书处、"CSTM 化工材料领域委员会(CSTM/FC05)"秘书处、中国石油和化学工业联合会标准化工作委员会安全生产管理工作组、中国化工情报信息协会标准化工作委员会等化工标准化组织的业务挂靠和运营管理。截至 2019 年底,中国化工信息中心共牵头制修订了 647 项标准,包括各类国家标准、行业标准、团体标准等。中国标准化协会化工标准化分会成立于 1989 年,是由全国化工行业致力于标准化工作的企事业单位、标准化机构、大专院校、科研院所以及业界专家学者自愿组成的全国性社会组织。截至 2019 年底,协会共有会员单位 118 家,其中 87 家为化工各领域生产型骨干企业或创新企业,占比超过 73.73%。我国煤化工标准体系由基础标准、管理标准、产品标准和检验检测标准 4 大类构成。截至 2019 年 1 月,据不完全统计,我国煤化工领域已颁布实施国标、行标 229 项,其中,基础标准 5 项;传统煤化工领域标准 154 项,2019 年 1 月后实施标准 3 项;现代煤化工领域标准 70 项,2019 年 1 月后实施标准 12 项。

四、化工企业管理的方法

首先,要将基础工作做好,制定的各项规章制度要覆盖于各个部门,保证制度的准确性和可操作性。

其次,制度执行时要有反馈,包括对制度不合理处的修改。

最后,制度的执行要严格,奖罚要公正明确。

五、学习化工企业管理的意义

化工企业管理主要是执行企业的一系列措施,其意义主要表现在以下几个方面。

1. 为企业实际经营的目标做保证

产品的生产是企业最基本的活动,是企业存在的基础和前提,只有搞好生产组织,才能保证企业经营的目标,保证企业的生存和发展。

2. 为企业的安全提供保证

企业中大部分安全隐患都是在生产过程中体现的，随着社会的发展，对企业生产安全的要求也越来越高，而企业安全生产恰是由企业生产管理来提供保证的。

3. 为企业决策发展提供保证

化工企业管理基本上处于执行地位，相对来说不变的东西较多。生产管理到位，可以使生产秩序稳定，可以使企业把更多的精力投入到正确的决策和发展上。

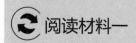 阅读材料一

联合邮包服务公司的科学管理

成立之初，联合邮包服务公司（UPS）雇用了15万名员工，平均每天将900万个包裹发送到美国各地和180个国家。为了实现他们的宗旨，"在邮运业中办理最快捷的运送"，UPS的管理当局系统地培训他们的员工，使他们以尽可能高的效率从事工作。让我们以送货司机的工作为例，介绍一下他们的管理风格。

UPS的工业工程师们对每一位司机的行驶路线进行了时间研究，并对每种送货、暂停和取货活动都设立了标准。这些工程师们记录了红灯、通行、按门铃、穿院子、上楼梯、中间休息喝咖啡时间，甚至上厕所时间，将这些数据输入计算机中，从而给出每一位司机每天工作的详细时间标准。

为了完成每天取送130件包裹的目标，司机们必须严格遵循工程师设定的程序。当接近发送站时，他们松开安全带，按喇叭，关发动机，拉起紧急制动，把变速器推到1挡上，为送货完毕的启动离开做好准备，这一系列动作严丝合缝。然后，司机从驾驶室出溜到地面上，右臂夹着文件夹，左手拿着包裹，右手拿着车钥匙。他们看一眼包裹上的地址把它记在脑子里，然后以每秒3英尺的速度快步跑到顾客的门前，先敲一下门以免浪费时间找门铃。送完货后，他们在回到卡车上的路途中完成登记工作。

这种刻板的时间表是不是看起来有点繁琐？也许是，它真能带来高效率吗？毫无疑问！生产率专家公认，UPS是世界上效率最高的公司之一。举例来说吧，联邦捷运公司平均每人每天不过取送80件包裹，而UPS却是130件。经过在提高效率方面的不懈努力，对UPS的净利润产生了积极的影响。虽然这是一家未上市的公司，但人们普遍认为它是一家获利丰厚的公司。

（资料来源：豆丁网）

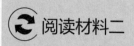 阅读材料二

医用口罩的生产及使用

化工行业与百姓生活有着极为密切的联系，为我们日常生活的衣食住行服务，塑料、橡胶、油漆、涂料、药品、化妆品、食品添加剂、服装……这些化工产品在我们身边，无处不在。当然需要把化工原料在化工装置中加工处理才能变成日常生活用品。例如，石油要变成口罩需要经过：石油→常减压蒸馏/二次焦化加氢石脑油/加氢裂化轻石脑油→裂解

制乙烯→乙烯/丙烯→环氧乙烷/聚丙烯→喷熔布→口罩。常见的医用口罩，主要由三层组成，从外到内分别是防水层、过滤层、舒适层，舒适层一般是无纺布，中间层是驻极处理的熔喷无纺布，外层是做了防水处理的无纺布；外层防水处理后可以隔绝患者喷出的液体，中间层经过驻极处理后静电吸附性强，起到过滤的作用。熔喷无纺布的主要生产过程是：原材料聚丙烯（PP）颗粒经过熔化塑形成为聚丙烯纤维料，用高速热空气对模头喷丝孔挤出的聚合物熔体细流进行牵伸，形成超细纤维并凝聚在凝网帘或滚筒上，依靠自身黏合成为熔喷无纺布；用熔喷无纺布生产口罩的中间层过滤材料时，还要进行驻极处理增加静电吸附性；口罩生产完毕后还要经过环氧乙烷消毒并静置7天以便使其挥发掉毒性。

N95型口罩，是美国国家职业安全卫生研究所（NIOSH）认证的9种防颗粒物口罩中的一种。"N"的意思是不耐油（not resistant to oil）。"95"是指在NIOSH标准规定的检测条件下，口罩滤料对非油性颗粒物如粉尘、酸雾、漆雾、微生物等的过滤效率达到95%。N95不是特定产品名称，只要符合N95标准，且通过NIOSH审查的产品就可以称为"N95型口罩"。医用外科口罩与N95口罩的区别之一是两者在熔喷布用量上，医用外科口罩一般为SMS结构（两层无纺布一层熔喷布），而能过滤95%微细颗粒的N95口罩有时则需使用SMMMS无纺布（三层熔喷布）制作，熔喷布的用量大大高于普通口罩。从这个角度看，也是普通人员一般情况下无需使用N95的原因之一。

口罩佩戴时应注意一般白色的一面朝内，蓝色（或红色）的防水层一面朝外，有金属片的一边朝上，不要戴反，橡皮筋挂上双耳后还要捏紧金属片与鼻梁贴合，抚平两颊，使口罩和面部之间尽量不留缝隙。口罩的真伪主要是看熔喷布的真伪，口罩的中间层具有良好的过滤性、屏蔽性，可以过滤空气，阻挡粉尘、飞沫病毒等。因而口罩的中间层熔喷布在卫生防护上起着至关重要的作用。熔喷布若是假的，那口罩就失去了它的防护价值也就是假的。那么怎么辨别熔喷布的真伪呢？首先我们把一个口罩剪开，取出熔喷布，用打火机尝试着把它点燃。如果只是熔化而不是燃烧起来的，那口罩应该是真的；如果它被点燃，那应该是假的。另外，口罩的生产，除了口罩自动生产线之外，一般一个小型口罩厂，主要由口罩成型机、口罩压合机、口罩切边机、呼吸阀冲孔机、鼻梁条线贴合机、耳带点焊机、呼吸阀焊接机等设备组成。

阅读材料三

工匠精神与企业寿命

北京时间2018年10月1日下午17：30，2018年诺贝尔生理学或医学奖揭晓，来自得克萨斯大学的研究者James P. Allison教授和日本京都大学的Tasuku Honjo因发现抑制负向免疫调节的新型癌症疗法而获得此奖。至此，日本已经有25个人获得过诺贝尔奖，其中22个为自然科学奖。日本获得自然科学奖的人数，超过了德国、英国、法国，成为仅次于美国的第二大"诺奖大户"。到底是什么原因造就了日本的科技成就？首先当然是政府重视。其次，是日本人令人敬佩的"工匠精神"。工匠精神在我国具有悠久的历史和深厚的文化积淀。中国古代的工匠推崇以"学艺先做人""德艺兼修，以德为先"和"精益求精，止于至善"为代表的工匠精神。新时代下的工匠精神是一种在设计上追求独具匠心，质量上追求精益求精，技艺上追求尽善尽美的职业态度和品质。工匠精神的时代内涵主要包括爱岗敬业的职业精神、精益求精的品质精神、协作共进的团队精神和追求卓越的创新精神等内容。也有一种理解就是把工匠精神看作一辈子只做一件事，而且将这件事做到极致。有一项统计显示，截至 2013 年，全球寿命超过 200 年的企业，日本有 3146 家，为全球最多，德国有 837 家，荷兰有 222 家，法国有 196 家。跟日本人的"工匠精神"不同，很多人崇尚的是善变的思维。总是希望走捷径、抄近道，而不屑于"扎硬寨、打硬仗"。当然，日本科技水平不断提高，还有一个重要秘密，就印在他们的钞票上，不信让我们看看：世界上大多数国家货币上印的是政治人物或者开国领袖，只有日元纸币印的是思想家、教育家、文学家和科学家。这是现在流通的一万日元纸币，上面的人是福泽谕吉，他是日本明治时代最有影响力的思想家和教育家，曾经深深地影响了明治维新运动。自 1984 年以来，日元纸币历经了多个版本，但是一万日元上印着的始终是他。

（资料来源：腾讯网）

课后练习题

【案例分析一】 鼎立建筑公司原本是一家小企业，仅有 10 多名员工，主要承揽一些小型建筑项目和室内装修工程。创业之初，大家齐心协力，干劲十足，经过多年的艰苦创业和努力经营，目前已经发展成为员工过百的中型建筑公司，有了比较稳定的顾客，生存已不存在问题，公司走上了比较稳定的发展道路。但仍有许多问题让公司经理胡先生感到头痛。

创业初期，人手少，胡经理和员工不分彼此，大家也没有分工，一个人顶上几个人用，拉项目，与工程队谈判，监督工程进展，谁在谁干，大家不分昼夜，不计较报酬，有什么事情饭桌上就可以讨论解决。胡经理为人随和，十分关心和体贴员工。由于胡经理的工作作风以及员工工作具有很大的自由度，大家工作热情高涨，公司因此得到快速发展。

然而，随着公司业务的发展，特别是经营规模不断扩大之后，胡经理在管理工作中不时感觉到不如以前得心应手了。首先，让胡经理感到头痛的是那几位与自己一起创业的"元老"，他们自恃劳苦功高，对后来加入公司的员工，不管现在公司职位高低，一律不看在眼里。这些"元老"们工作散漫，不听从主管人员的安排。这种散漫的作风很快在公司内部蔓延开来，对新来者产生了不良的示范作用。鼎立建筑公司再也看不到创业初期的那种工作激情了。

其次，胡经理感觉到公司内部的沟通经常不顺畅，大家谁也不愿意承担责任，一遇到事情就来向他汇报，但也仅仅是遇事汇报，很少有解决问题的建议，结果导致许多环节只要胡经理不亲自去推动，似乎就要"停摆"。另外，胡经理还感到，公司内部质量意识开始淡化，对工程项目的管理大不如从前，客户的抱怨也正逐渐增多。

上述感觉令胡经理焦急万分，他认识到必须进行管理整顿。但如何整顿呢？胡经理想抓纪律，想把"元老"们请出公司，想改变公司激励系统……他想到了许多，觉得有许多事情要做，但一时又不知道从何处入手，因为胡经理本人和其他"元老"们一样，自公司创建以来一直一门心思地埋头苦干，并没有太多地琢磨如何让别人更好地去做事，加上他自己也没有系统地学习管理知识，实际管理经验也欠丰富。

出于无奈，他请来了管理顾问，并坦诚地向顾问说明了自己遇到的难题。顾问在做了多方面调研之后，首先与胡经理一道分析了公司这些年取得成功和现在遇到困难的原因。

（资料来源：CIO、企业信息管理师官方网站）

思考分析：
1. 鼎立建筑公司取得成功的因素。
2. 鼎立建筑公司目前出现问题的原因。
3. 结合本章内容从管理学角度分析案例。

【案例分析二】 一个机床操作工，把机油洒在机床周围工作的地面上，车间主任叫他把机油清扫干净，操作工不干，理由是什么呢？他说工作说明书里面没有包括清扫的条文。车间主任也没时间去查到底有没有，他就找到一名服务工来做清扫，服务工同样也拒绝，理由也是一样。这时车间主任火了，他就威胁服务工：你要是不干，我可能就要解雇你。他为什么会说这句话呢？因为服务工是安排到车间里面来做服务、杂务的临时工。服务工考虑到他是做临时工的，所以就勉强同意，但干完后，立即就向公司投诉。有关人员看了投诉之后，审阅了三类人员的工作说明书，找到机床操作工的、服务工的、勤工的说明书来看，机床操作工里面有这样一项规定：操作工有责任保持机床的清洁，使之处于可操作状态。但没有提到要清扫地面。服务工的工作说明书里面规定：服务工有责任以各种方式协助操作工，如领取原材料和工具，随叫随到，及时服务。但也没有明确到要做清扫工作。勤杂工的工作说明书里包括了清扫，但是在工人下班之后清扫。所以，三个说明书里面都没有清扫地面这一条，谁来做清扫？

（资料来源：豆丁网）

问题：
1. 对服务工的投诉你应该如何解决？有何建议？
2. 如何防止类似问题的发生？
3. 你认为该公司在管理上需要做什么样的改进？

课后思考题

1. 生产管理的核心是什么？
2. 化工生产管理的指导原则有哪些？
3. 请说明化工生产为什么必须依托于现代企业管理理念。
4. 学习现代企业管理对我们有什么现实意义？

5. 选择你所在城市的一个大型化工企业和一个中小型化工企业,通过访谈与观察的方式,分析该化工企业主要依据的是哪些管理理论来指导管理活动的。大型化工企业和中小型企业有什么不同吗?然后写一份调查报告。

6. 根据化工企业特点编制一份合理可行的职工培训计划书。

第二章 化工企业组织管理

 引导案例 2-1

有个叫《西邻五子》的寓言,说的是:西邻有五子,一子朴,一子敏,一子蒙,一子偻,一子跛。乃使朴者农,敏者贾,蒙者卜,偻者绩,跛者纺。五子皆不愁于衣食。这位古代的西邻公对自己的五个孩子,根据不同的情况,进行引导,让朴实无华的务农,机智敏捷的经商,盲目的卜卦算命,驼背的搓麻绳,跛脚的纺纱。如此组织,发挥了各人的长处,避开了各人的短处,可以说是精妙组织的典范。

思考:《西邻五子》对现代企业的组织管理有哪些借鉴意义?

第一节 化工企业组织方式

一、组织的含义

随着生产活动的复杂化和语言文化的进步,组织一词便被人们借用来说明社会现象。

1. 组织的概念

管理学意义的组织,就是人们为了达到共同目标,通过责权分配和层次结构所构成的一个完整的有机体。这个定义包含以下含义。

(1) 人是组织的主体。任何组织都是由各种各样的人通过分工协作而组成的。

(2) 组织是有目标的。任何组织都是为了实现某种目的而建立起来的,它都会在自己的活动中表现出一定的方向或者共同的目标。

(3) 组织要有不同的权利层次和责任制度,因为权利和责任是达成组织目标的必要保证。

(4) 组织是一个有生命力的有机体,它会成长、发展、衰落甚至消亡。

2. 组织的有效性

一般来说,组织由三个成分组成,即目标、劳力分配和权威层次。但在这三者之上,有效性才是重要的组成活动指标。所谓有效性,就是共同努力去完成一个已知目标,完成的程度就表明了有效程度的大小。有效性标准主要包括以下几个方面。

(1) 产量 反映了组织为环境需要而生产出一定数量与质量产品的能力。它包括利润、销量、市场占有量、毕业生数、治愈病人数、文件处理量、接待客人数等。

(2) 效率 主要指输入输出比。

(3) 满意度 组织对员工的满意程度包括雇员态度、调入调出情况、出勤率、怠工等。

(4) 可变性　组织能够也确实可以对外界变化作出反应，如改变政策和结构。
(5) 发展　能根据环境的需求而增进自身的发展，如培训等。

二、化工企业生产组织方式

生产过程中劳动力、劳动工具和劳动对象之间组合的方法和形式，也就是生产过程中人、机、料三者组合的方法和形式，通称为生产组织方式和劳动组织方式。

生产组织方式也叫生产过程组织方式，它侧重设备、原材料等物的方面，即设备如何布置，原材料、半成品如何流动，国外叫物流方式。

劳动组织方式侧重人的因素，研究生产工人的劳动分工和协作以及如何发挥劳动者的效率问题。

通常可以用以下三个方面对生产组织方式进行分析：
(1) 生产过程组织；
(2) 生产过程的空间组织；
(3) 生产过程的时间组织。

第二节　化工企业组织机构

 引导案例 2-2　德国伍德公司的组织与管理

德国伍德公司，创建于 1921 年，是目前世界十大化工工程公司之一。该公司原是工程师 Uhde 开办的设计所，后来被大化工公司赫斯特收买。赫斯特集团内各子公司实行专业分工，而伍德公司则是赫斯特公司的专业设计公司。伍德公司的工程设计部门有职工 2100 人，承包炼油、合成氨、化肥、有机化工原料、合成树脂、合成纤维、氯碱、酿造食品、环境保护和核技术等方面的工程建设，是一个比较全面的化工工程公司。伍德公司的业务特点主要有三项。

1. 业务范围广泛，服务机动灵活

伍德公司是一个完全企业化的工程设计公司，是一个在激烈竞争中求生存的企业。因此，它的业务活动要在最大可能的活动场所寻找机会。其工程设计业务活动的范围广泛，反映在以下几个方面。

(1) 能够承担设计的工艺品种多。从无机化工产品到有机化工产品，从原料生产到产品加工，而且跨越到炼油、食品、纺织、轻工和核能等其他行业。

(2) 公司规模大，部门多。

(3) 公司业务面向世界。伍德公司只有 20% 的业务是在德国内为厂家服务，大部分业务在国外。

(4) 工作范围广。为顾客提供多方面的服务，包括市场调查、可行性研究、调查专利、厂址选择、资金筹集、人力计划、基础设计、详细设计、采购设备、施工指导、培训和开车等，均可向顾客提供分项或联合服务。它的各种服务，按项目计，有 70% 是做到设计，25% 是做到安装，5% 是从头到尾的全包合同。按工作量和金额计，后两类服务占 70% 以上。

2. 企业战略三要点：时间、技术、管理

伍德公司经理雅什克博士说："经营工程设计公司有3个原则，控制时间、抓先进工艺技术、选择领导人才。"

伍德公司对工程的战略计划管理和各项工作的时间控制给予了高度的重视。公司的目标脱离不开追求利润，由于工程工作的特点，伍德公司每天都要组织几百个制造、装运和施工安装单位的工作，平均每天现金流通量达300万马克，如果这些工作发生脱节或时间耽搁，都会造成经济损失，使公司原来可望获得的利润付诸东流。因此，伍德公司把时间控制放在经营管理工作的首位，计划工程师是经理的主要助手。

伍德公司为了节约时间，提高各部门反应的灵敏性和准确性，从战略高度重视时间控制工作，其主要措施有二：一是建立大型计算机中心，不惜巨资装备计算机和配备人力为管理服务。二是设置计划和时间控制专职机构，直属经理领导。伍德公司的组织结构也是符合战略规划要求的：以6个工艺技术部为纵向骨干，其他各专业和商务等部门为横向辅助部门。而且，有时为了获得先进的工艺技术，即使是竞争中的老对手，伍德公司也可能与之进行暂时的合作。

工程公司业务活动的多样性和复杂性，只有在符合现代组织结构原则的组织管理下，才能顺利实现企业的战略目标。伍德公司十分重视各部门领导的选择，其部门领导都是熟悉业务的工程技术人员。16个部门主任除1人外都是大学毕业生，其中有6人取得博士学位。每个部门只设1个主任，没有副主任和其他同级人员，在业务活动中充分相信和发挥这些领导人员的作用。

伍德公司的管理人员不仅有资历和懂专业技术，同时也具备管理技术的学历。技术人员被提拔到领导岗位之前，先要接受管理技术的教育，取得管理知识学习合格证以后，才能晋升到领导岗位。

伍德公司由于从战略高度抓住了控制时间、先进工艺技术和管理人才这3项工作要点，使公司的基本素质和劳动生产率都有较高的水平，形成了很强的竞争能力。

3. 负责全面工程，内部配合紧密

伍德公司是以设计工作为中心，工程技术全面负责的承包商。它承担工程建设各个环节的组织工作，可为顾客提供完善的"全包服务"。其顾客除化工厂外，还有许多只有资金而毫无化工生产知识的外行，向他们提供平地起家的"交钥匙"工厂。就是说，顾客只要筹好建厂资金和装备好生产人员，不必为基本建设操心，在预定的竣工时间内就能得到一个立即能生产合格化工产品的工厂。这种服务特别受到第三世界国家的欢迎。现在，伍德公司有60%以上的业务是在发展中国家和地区。要全面提供服务，一个"全能机构"的建立是必要的前提，即把工程建设的各个环节，包括规划、设计、采购、施工组织、计划、财务和销售等业务有机地组织在一个公司内。伍德公司适应这个战略要求而建立了合理的组织机构，主要部门及其业务有：销售部门负责对外联系、宣传广告等销售活动；商务部承担会计、税务、财务、商务报价、法律、保险和专利等事务；工艺技术分为6个业务部，分别从事化工各行业技术业务，在技术部内，项目实行项目负责人制，每个部又设4个组，即报价组、工艺组、工艺安装组、项目负责人组；中心技术部包括各个公共专业，有电气、仪表、土建、设备，此外还有采购、检验、装运、现场工作等业务。

这种全能机构把设计和采购紧密地结合在一起，各项工程实行独立经济核算。在伍德公司内，设计和采购不仅是工作上的顺序关系，而且也是反复联系的配合关系。设计部门完成设计后，向采购部门提交设备清单和技术规格表。采购部门把每台或每类设备，分别向至少4家以上的制造厂商发询价书。询价书中除设备的技术要求以外，还有商务条件，如交货日期、借款条件等。采购部门在收到各制造厂报价后，根据既要满足技术要求又要满足商务要求的标准，选出3家制造厂报价，送到技术部门作技术评价。技术部门推荐出一家制造厂，再返回采购部门。采购部门商务人员根据价格、交货日期等商务条件做出比价报告。技术部门和采购部门对制造厂家的意见一致就进行订货。如因价格或交货日期不能满足要求而意见不一致时，由项目经理裁决。若最后采纳的是技术部门的意见，技术部门则写一份备忘录存档，分析订货厂家的产品可能对工程带来哪些问题，以便将来发生事故时分清责任。制造厂接受订货后，车间制造部仍要返回伍德公司技术部门进行审核批准。以后在制造和检验过程中，技术部门也要和采购部门配合工作。由于设计和采购在一个公司内，各项工程容易进行独立经济核算，同时项目的花费也能得到计划控制。

这种全能的工程组织机构具有很多优点。首先是对工程全面负责，责任明确，工作效率高；其次是建设项目的技术问题从头到尾归口管理，整个工程统一组织，避免了建设中各个环节脱节；第三是人、财、物计划统一管理，能有效地控制工程进度、质量和费用，保证工程在规定的投资内如期竣工。一个现代化的化工生产装置，它的先进性不仅仅体现在工艺流程上，而是机械、材料、控制仪表、能量综合利用、"三废"处理等多方面技术的综合反映。早期附属化工厂的小型专业设计队伍，很难胜任建设这类大型先进装置的需要。伍德公司组织机构和经营管理的特点，能够适应现代化化工装置工程建设的要求，因此业务发展很快。特别是目前发展中国家大力发展化学工业，不仅需要化工生产技术知识，同时也很需要这些知识的工程技术服务。这些都给伍德公司的业务发展提供了广阔的空间。

思考分析：面对公司业务范围广、工程负责全面的情况，伍德公司设计了具有什么特点的组织结构？

（资料来源：豆丁网）

一、组织机构设置的原则

1. 组织合理

化工企业组织机构设置、职责划分、人员配备应根据化工企业的性质、规模、经营特点与管理方式来确定。

2. 机构精简

企业组织机构的设置，应防止机构臃肿、人浮于事的现象，要"因事设岗"，而不能"因人设岗"，应避免出现运作过程中的"交叉地带"。但机构精简并不意味着机构的过分简化，不能出现职能空缺现象和"无人问津的地带"。

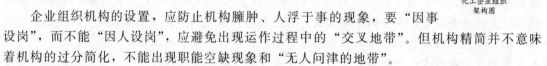

化工企业组织架构图

3. 分工明确

企业组织各机构及各岗位人员的职责和任务应明确，指挥体系应高效、健全，信息传达的渠道应畅通，避免出现管理职能的空缺、重叠或相互扯皮现象。

4. 便于协作

组织机构的设置不仅要便于生产部门各岗位、各环节间的协作，而且要有利于和其他企业间的协调和合作。

【案例 1】 王厂长的等级链

王厂长总结自己多年的管理实践,提出在改革工厂的管理机构中必须贯彻统一指挥原则,主张建立执行参谋系统。他认为,一个人只有一个婆婆,即全厂的每个人只有一个人对他的命令是有效的,其他的是无效的。如书记有什么事只能找厂长,不能找副厂长。下面的科长只能听从一个副厂长的指令,其他副厂长的指令对他是不起作用的。这样做中层干部高兴,认为是解放了。原来工厂有十三个厂级领导,每个厂级领导的命令都要求下边执行就吃不消了。一次有个中层干部开会时在桌子上放一个本子、一支笔就走了,散会他也没回来。事后,我问他搞什么名堂,他说有三个地方要他开会,你这里热,所以就放一个本子,以便应付另外的会。此事不能怨中层领导,只能怨厂级领导。后来我们规定,同一个时间只能开一个会,并且事先要把报告交到党委和厂长办公室统一安排。现在我们实行固定会议制度。厂长一周两次会,每次 2h,而且规定开会迟到不允许超过 5min。所以会议很紧凑,每人发言不许超过 15min,超过 15min 就停止。

上下级领导界限要分明。副厂长是我的下级,我作出的决定他们必须服从。副厂长和科长之间也应如此。厂长对党委负责,我要向党委打报告,把计划、预算决算弄好后,经批准就按此执行。所以我跟党委书记有时一周一面也不见,跟副厂长一周只见一次面,我认为这样做是正常的。我们规定,报忧不报喜,工厂一切正常就不用汇报,有问题来找我,无问题各忙各的事。王厂长认为,一个人管理的能力是有限的,所以规定领导人的直接下级只有 5~6 个人。我现在多了一点,有 9 个人(4 个副厂长,两个顾问,3 个科长)。这 9 个人我可以直接布置工作,有事可直接找我,除此以外,任何人不准找我,找我也一律不接待。

思考: 你对王厂长的做法有何评论?

(资料来源:豆丁网)

二、化工企业组织机构设置的形式

化工企业生产组织机构如图 2-1 所示。

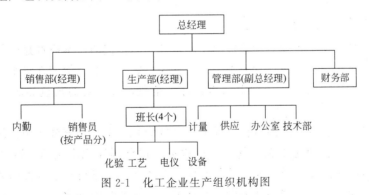

图 2-1 化工企业生产组织机构图

三、化工企业组织机构形式的选择

企业组织机构有许多种形式可以选择,这些组织形式,各有其使用范围、使用条件和特点。不存在唯一的适用于所有组织或所有情况的最好组织机构。选择哪种组织机构,必须根据下列一些具体情况予以分析选择。

① 企业自身的情况，如规模、难度、复杂程度和结构状况等。
② 企业组织状况。
③ 应采用高效率、低成本的组织机构，能使各方面有效地沟通，各方面责、权、利关系明确，能进行有效的生产控制。
④ 决策简便、快速。
⑤ 不同的组织机构可用于生产周期的不同阶段，即生产组织机构在生产期间可不断地改变。

【案例2】 联想的组织结构选择

昨天的成功不能保证今天和明天的成功，因为昨天的经验可能已经不适应今天的形势。因此，在科技、社会日新月异的今天，企业要想生存和发展，就必须根据内外环境的变化，及时调整组织结构，绝不能因循守旧，故步自封。在短短十几年时间里，联想的组织结构变了好几茬：从大船结构到舰队模式；从众多的事业部到整合为六大子公司；从北京联想、香港联想分而治之到统一平台……联想几乎每年都在变。但经过几次"折腾"，联想已经摆脱了大多数民营企业小作坊式的经营模式，走向大集团、正规化、协同作战的现代企业管理模式。通过调整，联想不断打破阻碍自己发展的"瓶颈"，从而不断走向成熟。

为加强横向综合管理力度，联想计划于今年陆续成立投资委员会与技术委员会，规划、领导和协调集团重大投资活动和研发工作。这是联想适应环境变化和公司发展需要的重要举措。委员会将由来自不同部门的领导、技术人员和专家学者组成，便于加大企业对投资和研发工作的领导力度。同时还将针对具体工作成立专门委员会与工作小组，确保重点工作快速推进，协调一致。建立这种工作机制虽然着眼点并不是为了进行组织学习，但却会在客观上产生这种效果。

思考： 它是委员会制吗？

（资料来源：豆丁网）

四、化工企业组织机构中领导的角色与职责

1. 化工企业领导的角色与职责

化工企业领导是化工企业生产管理的主要责任人。他们的根本职责是确保化工企业的全部工作在成本预算范围内按时、优质地完成，从而使客户满意。他们在整个化工生产管理中是核心人物，他们在化工生产管理中承担着许多角色，最主要的角色和职责包括下列几个方面。

（1）他们是化工企业生产的直接领导者　其领导职责主要是充分运用自己的职权和个人权利去影响他人，为实现化工企业的目标而服务。这种领导职责包括：适时地做出正确决策，适时地开展团队激励，及时充分地与本流水线团队成员进行沟通等方面的工作。

（2）他们是化工企业生产的计划者　其计划职责主要是明确化工企业生产目标，界定化工企业生产的任务和编制化工生产的各种计划。具体地说，他们要决定：化工企业要实现哪些目标，这些目标相互如何协调；化工企业要完成哪些任务，这些任务哪些由自己的团队完成，哪些由其他团队完成，并负责流水线生产全过程的计划调整与管理。

（3）他们是化工企业生产的组织者　其组织职责主要是努力为生产的实施获得足够的人力资源、物质资源和财力资源，并组织建设好化工企业生产团队，合理地分配生产任务，积

极地向下授权,及时地解决各种矛盾和争端,开展团队成员的培训等。

(4) 他们是化工企业生产的控制者　其控制职责主要是全面对生产进行监控,集成控制生产的工期进度、生产成本和工作质量,通过制定标准、评价实际、找出差距和采取纠偏措施等工作,使生产的全过程处于受控状态。

(5) 他们是化工企业生产利益的协调者　要协调供货商、顾客和员工的利益,在协调这些利益关系的同时,他们还需要通过自己的工作,努力促进和增加化工企业的总体利益,从而使所有利益相关者都能够从中获益。

2. 化工企业中层领导的技能要求

企业的成功主要取决于管理高层的理念,而中层领导必须把企业的理念贯彻下去,因此中层领导必须具备保证企业成功所需的各种技能。这些技能主要包括三个方面。

(1) 中层领导的概念性技能　中层领导在产品实现过程中遇到各种意外或特殊情况时,能具有根据具体情况做出正确的判断,提出正确的解决方案,并做出正确的决策和安排的技能。这项技能要求一个总经理必须具备如下几个方面的能力。

① 分析问题的能力。即从复杂多变的各种情况中发现问题和分析找出问题实质与问题原因的能力。这方面的能力包括:发现问题的敏锐性、准确性和全面性;分析问题的逻辑性、可靠性和透彻性。

② 正确决策能力。即在各种情况下能够找出解决问题的可行性方案,并挑选出最佳方案的能力。这方面的能力包括:首先是搜集信息的能力,其次是加工处理信息的能力,然后是根据各种信息确定行动备选方案的能力,最后是抉择最佳方案的能力。

③ 解决问题的能力。中层领导这一职务和岗位就是为解决生产过程中不断出现的各种问题而设立的。一个中层领导解决问题的能力包括:解决问题的针对性;解决问题的正确性;解决问题的完善性。

④ 灵活应变的能力。化工生产本身的可变因素很多,相对开放的环境是可变的,工期进度的时间和各种资源是可变的,生产任务的范围和内容是可变的,生产的组织和团队成员是可变的,客户的要求与期望是可变的,面对这么多的可变因素,中层领导必须具有灵活应变的能力。这是一种控制和处理各种变动的能力,一种在各种变动中确保企业生产目标得以实现的能力。

(2) 中层领导的人际关系能力　这是指中层领导在与各种人员打交道时,能够充分地与他人沟通,能够很好地进行激励,能够因人而异地采取领导和管理的方式,能够有效地影响他人的行为,以及处理好各方面的人际关系的技能。这项技能要求一个中层领导必须具备如下几个方面的能力。

① 沟通能力。中层领导必须具备很强的沟通能力,因为他需要不断地与生产相关的各种人员进行沟通。在这些沟通中,既包括管理方面的沟通和技术方面的沟通,也包括商务方面的沟通和思想感情方面的沟通;既包括书面语言的沟通,也包括口头语言的沟通和非语言沟通。他们必须能够掌握各种沟通的技能,以便在生产管理中能够充分地进行信息传递和思想交流。

② 激励能力。这包括对他人的激励和自我激励两个方面的能力。中层领导需要不断地激励团队中的每个成员,使整个团队都能够保持士气和工作的积极性,共同为实现企业的目标而努力。同时他还需要不断地激励自己,使自己能够去面对和解决生产过程中的各种

问题。

③ 影响他人行为的能力。中层领导要管理好一个流水线，最重要的是要有影响他人行为的能力，这包括运用职权影响他人行为和运用个人权利影响他人行为的能力两个方面。在生产管理中，他需要使用自己拥有的权利，通过各种各样的方式去影响他人的行为，为实现企业的目标服务。中层领导运用权力去影响他人为实现企业的目标所做的努力是他在一定的条件下为实现企业目标所开展的一种管理行为，这是根据企业生产的具体情况和环境的发展变化，按照权宜之变的原则所采取的各种相应的领导方式。

④ 人际交往能力。中层领导是一个企业的核心人物，他必须与各种相关利益者以及企业生产团队的全体队员打交道，因此他必须具备较高的人际交往能力，否则他将无法领导他的团队，也无法与企业相关利益者保持正常的工作关系。

⑤ 处理矛盾和冲突的能力。中层领导是一个企业矛盾和冲突的中心，因为所有的利益相关者以及企业团队的各种矛盾多数需要他们进行协调和处理。因此他们必须具备处理矛盾和冲突的能力，否则就会陷入各种矛盾和冲突之中，那样不但无法完成生产任务，而且会引发各种各样的纠纷甚至诉讼。

(3) 中层领导的专业技能　这是指中层领导在整个生产过程中所需的处理生产所属专业领域技术问题的能力。一个车间主任不但要有上述生产管理和一般管理方面的能力，还必须要有与生产项目相关的专业领域的知识和技能。因为化工生产都是属于一定专业领域中的高科技性产品，这就要求化工企业的生产主管，必须具备足够的相关专业领域中的知识和技能，在化工生产管理当中"外行领导内行"是非常困难的，所以多数化工生产企业的经理都是由相关领域中的专家担任的。

3. 化工企业各级领导的素质要求

(1) 要有勇于承担责任的精神　一个企业的管理责任是很重的，而各级领导所负有的责任尤为重要。所以在化工生产管理的过程中，随时都需要做出决策和选择。因此他们必须具备勇于承担责任的素质，不负责任、推卸责任和逃避责任都是不允许的。

(2) 要有积极创新的精神　在生产的实现过程中，生产管理几乎处处需要创新和探索，所以各级领导必须具备创新精神，任何保守的做法、教条的做法和墨守成规的做法都会给生产带来问题和麻烦，甚至是行不通的。

(3) 要有实事求是的作风　由于在生产管理中需要具备创新精神，而创新的前提必须是实事求是，尊重客观规律，所以各级领导还必须具有实事求是的作风。他们必须要具有根据各种情况报告分析和发现事物的客观规律的能力，以及坚持实事求是原则的作风。不管是供货商、客户，还是自己的上级提出的要求、作出的决定和给出的指示，他们都必须首先分析这些指示是否符合事物的本来面貌和客观规律，凡是有问题的一定要认真说明和据理力争，并且一定要忠于事实，尊重科学，实事求是，决不能唯唯诺诺、唯命是从，更不能贪污腐败，违背客观规律。

(4) 任劳任怨积极肯干的作风　领导的主要工作是现场指挥，这就要求他们需要具有吃苦耐劳、任劳任怨、身先士卒、积极肯干的作风。因为在生产管理中有许多需要解决的矛盾和冲突，团队成员对他们会有各种各样的抱怨，如果他们没有任劳任怨的作风就无法承担企业领导的重担。同时，他们必须具备积极肯干和敬业的精神，因为企业领导在许多时候既要承担一般团队成员的责任，又要完成领导的工作，如果没有积极肯干的作风是很难胜任的。

（5）要有自信心　化工企业领导另一个重要的素质就是要有自信心，如果没有自信心就会犹豫不决，就会贻误战机，就会耽误工作，所以他们一定要有自信心。

第三节　化工企业生产准备工作

 引导案例 2-3　一起准备不充分引发的事故

1995年5月18日下午3点左右，江阴市松桥化工厂在生产对硝基苯甲酸过程中发生爆燃火灾事故，当场烧死2人，重伤5人，数日后又有2名伤员因抢救无效死亡。化工厂主营甲硫醇钠，兼营织布、拉绒。1994年2月，该厂甲硫醇钠停产，同年5月份开始改造，转产对硝基苯甲酸，并于1994年11月至1995年1月期间生产对硝基苯甲酸。1995年2月21日，该厂与北京世桥新技术发展公司签订了租赁经营合同，明确自1995年3月1日起至2000年2月28日由北京世桥新技术发展公司租赁经营江阴市松桥化工厂。1995年3月北京世桥新技术发展公司派出总经理颜某全面负责松桥化工厂的生产、经营、管理，并对生产工艺作了部分改造，重新招用操作工人，1995年4月下旬开始投产，5月7日起正式投产。事故发生前，全厂职工32名，其中生产车间操作工人均为1995年4月后新进厂的外来劳动力。

5月18日下午2点，当班生产副厂长王某组织8名工人接班工作，接班后氧化釜继续通氧氧化，当时釜内工作压力0.75MPa、温度160℃，不久工人发现氧化釜搅拌器传动轴密封填料处发生泄漏，当班长文某在观察泄漏情况时，泄漏出的物料溅到了眼睛，文某就离开现场去冲洗眼睛。之后工人刘某、李某在副厂长王某的指派下，用扳手直接去紧搅拌轴密封填料的压盖螺栓来处理泄漏问题，当工人刘某、李某对螺母拧紧了几圈后，物料继续泄漏，且螺栓已跟着转动，无法旋紧，经副厂长王某同意，工人刘某将手中的两只扳手交给在现场的工人陈某，自己去修理间取管钳，当刘某离开操作平台约45s，走到修理间前时，操作平台上发生爆燃，接着整个生产车间起火。当班工人除文某、刘某离开生产车间之外，其余7人全部陷入火中，副厂长王某、工人李某当场烧死，陈某、刘某在医院抢救过程中死亡，3人重伤。

分析：①事故的直接原因。②北京世桥新技术发展公司总经理颜某，自从租赁松桥化工厂以来，没有制定出各项安全管理制度及工艺操作规程就组织化工生产；在压力容器等设备资料不齐全的条件下就盲目开工，违反国家关于危险化学品管理的规定，生产原材料与成品混放，作为松桥化工厂的生产经营指挥者对这起事故的发生应负有什么责任？

（资料来源：安全管理网）

生产准备工作，是在生产过程开工前所进行的一切准备工作，目的是为生产过程创造有利条件，是一个建设项目全过程中的一项重要工作（在工程总体网络计划图中有明确的时间节点要求）。对于化工行业来说，一般在施工图设计会审结束后，生产准备工作就展开了。生产准备具体包括技术准备、物资准备、劳动组织准备三个方面的内容。

一、技术准备

技术准备主要是参与技术谈判、技术协议、技术服务合同等方面的工作,大的工艺设备、工艺路线等在基础设计中都已经定好了,现在只是完善补缺。

1. 审查和熟悉化工工艺流程

① 审查化工工艺流程设计是否合理,是否符合国家有关设计和生产的规范,在现有的工艺生产技术条件下,能否实现设计所要达到的质量要求,并向设计单位提出修改建议。

② 工艺流程示意图是否完整和齐全,工艺流程的落实,包括工艺流程中设备的选型和工艺设计、仪表的设置、管道管件阀门的选择设计和排布设置等与说明书在内容上是否保持一致,图样与其流程图示方法之间有无矛盾和错误。

③ 工艺流程图图样与其他相关的工程图(如工艺设计修改、设备安装、施工技术、设计概算等)在说明方面是否一致,对技术要求是否明确。

④ 复核反应条件(工艺操作条件)、反应场所(厂房建筑和各种设备)以及分离提纯的方法,包装为成品的方案和治理三废保护环境的措施等能否满足化工生产流水线要求;对于工艺复杂、技术要求高的部分流水线车间,要审查现有的生产技术和管理水平能否满足产品质量要求和人身安全等等。

2. 现场资料调查分析

当化工企业准备安装新的工艺流水线,生产新的化工产品时,必须对现场周围的政治、经济、地理等情况进行深入调查,并分析其特点,为能否在本地生产某种化工产品提供理论依据。通常调查的内容包括以下几项:①地理条件;②气候条件;③交通运输条件;④资源条件;⑤能源供应条件;⑥水源与排水条件;⑦环境保护要求;⑧职工的生活、医疗条件;⑨开展教育、科研和生产协作的条件;⑩劳动力来源;⑪产品的销售条件和所处的竞争环境。

3. 编制化工工艺流程和化工生产工艺流程组织设计

当研究生产某种化工产品时,只知道它的化学反应和反应方程式远远不够,必须解决它的反应条件(工艺操作条件)、反应场所(厂房建筑和各种设备)以及分离提纯的方法,包装为成品的方案和治理三废保护环境的措施等,有了这些,并将之形成可以生产运行的流水线,才有可能形成生产能力。把这些内容逐一落实,并且使之能够建设成为一个工厂、车间或一条生产线,这就是化工工艺设计要完成的任务。

工艺流程的组织或合成是化工过程的开发和设计中的重要环节。组织工艺流程需要有化学、物理的理论基础以及工程知识,要结合生产实践,借鉴前人的经验。同时,要运用推论分析、功能分析、形态分析等方法论来进行流程的设计。

4. 编制本化工工艺生产项目预算,确定工料定额

根据图样所确定的工程量、生产组织设计所拟订的生产工艺,参考国家劳动定额资料计算各主要生产工序的人工工时、材料消耗数量,并汇编成册,为开展成本控制管理做好技术上的准备。

二、物资准备

物资准备里的物资,不是指已经建成的塔、罐、机泵等设备,而是自身所负责的单元、

工序或装置在开工时所需要的所有的备品备件、化工原材料、工器具等，前两项要求必须对详细设计图纸中的相关材料规格型号、单位数量等非常熟悉，从里面汇总出来，核对合适即可；对工器具，设计图纸中不会提供任何数据，需要自己结合装置实际生产需要来提计划，要结合生产周期、采购运输周期、当地物资市场等情况统筹考虑，要相对周全。

1. 物资准备的工作内容

原料选择的原则，首先分析原料的资源、来源、市场供应、原料性质和价格等因素，从国情出发，优先选用国内资源丰富、产量较大、已形成规模并有重要企业生产、原料运输方便、价格低廉的原料；其次应尽量选用大型企业生产的无毒害、无污染或不易造成污染的原料；第三还应考虑合成工艺对原料的苛刻程度，因为原料要预先处理，这些原料预备和处理的难度不同；此外，还要研究不同原料在合成中动力能源和物料的消耗，合成产物的分离困难与否，排放的三废数量品种及其治理的难易等情况，进行综合设计。

（1）原材料准备　根据工艺流程材料表计算出所需各种材料的数量，加上一定数量的合理损耗，提出材料预算计划，结合生产进度计划，编制各种主材、辅材、外购原料需求量及供应计划，为生产备料、确定仓库和堆场面积以及组织运输提供依据。

（2）生产设备准备　根据生产工艺和进度计划的要求，编制设备需要量计划、设备检修计划、各种设备配件定额、消耗定额等。

2. 物资准备工作程序

① 编制各种物资需要量计划。
② 选择信誉好、价廉物优的供货商家，签订物资供应合同。
③ 确定物资运输方案和计划。
④ 组织物资按计划进厂（场）和保管。

三、劳动组织准备

1. 建立生产组织机构

根据化工工艺规模、结构特点和复杂程度，确定此工艺领导机构的人选和名额，遵循合理分工与密切协作、因事设职与因职选人的原则，建立有现场生产工作经验、有开拓精神和工作效率高的领导机构。

2. 组织精干的作业班组

作业班组的组建，应根据化工工艺组织设计中所拟订采用的生产组织方式来确定，在化工工艺生产中，主要的生产组织方式是生产过程中人、机、料三者的有效组合。

（1）单班制　企业根据其工艺技术特点或生产任务要求，每天只安排一个班次进行生产活动的一种劳动组织。通常采用常日班制。实行单班制，便于企业利用非生产时间进行设备维护和检修工作，但不利于机器厂房设备的充分利用。

（2）轮班制　亦称"倒班制"或"接班制"。企业在实行多班制条件下，各班按规定时间间隔和既定班次顺序反复轮班进行生产活动的一种组织方式。

（3）多班制　企业每天安排两个或两个以上班次进行生产活动的一种劳动组织形式。通常有两班制、三班制和四班制等。将每天分为早班、中班的称为两班制；将每天分为早班、中班、夜班的称为三班制；将每天分为四个班次的称为四班制。一般多采用两班制或三班制。

(4) "四八交叉作业" 四八交叉制,亦称"四班交叉作业"。指在原有设备和劳动力的基础上,每昼夜组织四班生产,每班工作仍为 8h,前后两班之间工作时间相互交叉的一种劳动组织形式。以交叉 2h 为例,第一班工作时间定为 8 点至 16 点,第二班为 14 点至 22 点,第三班为 20 点至 4 点(次日),第四班工人为次日 2 点至 10 点。在交叉时间内,接班工人进行生产准备工作,了解和研究完成本班生产任务的关键,并与上班工人共同进行生产活动,以加强各班之间的协作,缩短生产准备和接班时间,更充分地利用工时和设备。

(5) 四班三运转 企业在连续生产的情况下,开设四个班,每班工作 8h,每天工作 8h,每天三班生产,一班休息,进行轮换。其换班办法是:每两天一换班,工作六天,休息两天(早班两天,中班两天,夜班两天,休息两天)(见表 2-1)。

表 2-1 四班三运转

班次	1	2	3	4	5	6	7	8	9	10
早	甲	甲	丁	丁	丙	丙	乙	乙	甲	甲
中	乙	乙	甲	甲	丁	丁	丙	丙	乙	乙
夜	丙	丙	乙	乙	甲	甲	丁	丁	丙	丙
休	丁	丁	丙	丙	乙	乙	甲	甲	丁	丁

(6) 四六倒班制 是在换班日将三班分为四个班,每班工作 6h,进行倒班的一种劳动组织形式(见表 2-2)。

表 2-2 四六倒班制

星期一至六	星期日(换班日)	星期一至六
乙 0 点~8 点	乙 0 点~6 点	丙 0 点~8 点
丙 8 点~16 点	丙 6 点~12 点	甲 8 点~16 点
甲 16 点~24 点	甲 12 点~18 点	乙 16 点~24 点
	乙 18 点~24 点	

多班制适合生产劳动条件较差和对身体健康影响较大的工种,如化工、煤炭等工业部门的某些工种。采用多班制的原因主要有:充分利用机器设备;根据生产和工艺特点,要求连续不间断地进行生产,如化工、冶金厂;社会公众需要,必须日夜服务,如发电厂、煤气厂等。

因为化工生产都是流水作业,每一道工序之间密切联系,但各工序之间分工明确,所做的工作相对稳定,定机、定人进行流水作业,作业班组是专业班组。因此应选择专业技能较强的人员组成各个作业班组,实行四六倒班制。

3. 做好职工教育工作,组织技能考核

化学工业是以技术密集为特征的现代化工制造业,对劳动者的技能素质要求相对较高,而劳动者的专业知识的提升和专业技术的培养,除职前教育外,一个主要的培训途径就是职后培训。通过培训使劳动者拥有较深厚的专业知识和熟练的技能,以适应化工企业产业调整和发展。

加强对生产人员的职业技能培训考核、安全与文明生产教育,是保证按时、按质、按量完成生产任务的重要工作。

同时,为落实生产计划和技术责任制,应按管理系统逐级进行技术交底。交底内容包括生产进度计划和日、月、旬计划;各项安全技术措施、降低成本措施和质量保证措施;质量标准和验收规范要求。必要时,要举办培训班,进行现场示范。此外,要建立健全各项规章制度,加强遵纪守法教育等。

第四节 生产计划、生产作业计划与调度管理

引导案例 2-4 爱默森电器公司提高管理效率的奇招

美国管理学家哈利顿·爱默森被人们誉为"效率工程师"。他一贯认为创造财富不能简单依靠劳动力、资本、土地资源,而应当设法减少单位产品的劳动和物资消耗,建立杜绝浪费和富有效率的工作体系。爱默森在节约时间和降低成本方面成绩斐然。他创办的爱默森电器公司曾被美国杂志评为经营管理最有效率的五家公司之一。该公司制订了包括内部和外部两个方面的周密计划。这种计划不但力求提高公司的销售和利润额,而且,还促使公司的生产水平每年都有所提高。该公司还建立了一套内部管理制度,这种管理制度能使该公司在竞争中用降低价格的办法来增加销售额,并同时维持良好的质量和较高的利润率。

该公司的计划从事业部开始做起,每一位事业部的经理必须为本事业部的每条生产线制订1~5年的增长计划,其内容包括利润额、国内市场销量的增加额、新产品的开发、国际市场和政府业务部门的开拓等。公司在制订计划时,采用 ABC 预算控制制度,这种制度的最大特点是富有弹性。该公司将经过总经理和各生产部门集体讨论后制订的利润目标,称作预算 A;当销售额降低 10% 时,为获取同样多的利润所制订的应变计划,称作预算 B;当销售额降低 20% 时,为获取同样多的利润而制订的应变计划,称作预算 C。

至于全公司各项工作的先后次序和下一年战略,则在总公司领导人和各事业部经理参加的公司高层管理会议上决定。每次高级管理会议都对公司的工作进行周密的策划和深入的讨论。一旦在会议上制定出某些产品的制造方案,该方案就成为各事业部共同遵守的准则。

这些周密的计划和管理制度以及有效的高层管理会议正是"效率工程师"爱默森提高经营管理效率的秘密。

启示: 这个案例说明,一个好的计划决策,就是成功的开始。

(资料来源:中国人力资源网)

企业的生产计划,是企业生产管理的依据。它对企业的生产任务做出统筹安排,规定着企业在计划期内产品生产的品种、质量、数量和期限。因此,编制生产计划是企业生产管理的一项主要工作。

一、化工生产计划

化工生产计划制订的依据是需要与可能。需要指的是市场需要,化工企业要根据市场需要安排生产任务;可能指的是企业所拥有的生产能力和资源的保证程度。化工企业只有正确地平衡市场需要与自身的生产能力,才能编制合理可行的生产计划。

在竞争激烈的市场中,化工企业必须深入分析市场,掌握详尽的信息,最大程度满足客

户需求，并转化为企业的生产活动。因此，化工企业需要制订科学完善的生产计划来达到以下目的：一是规定在计划期内企业的生产目标任务，包括生产的化工产品品种、质量、数量和时间进度等，以调配生产能力；二是合理组织企业内外部资源，使它们之间协调配合，保证生产过程顺利进行，并力求消耗成本最低。生产计划来自市场需求和生产能力，又科学地组织和服务于现场生产经营活动。

在编制生产计划时，要综合考虑诸多因素，如化工原料供应、能源供应、设备运行、各生产环节之间的联系和衔接情况、产品质量、消耗、物流情况和市场销售等。因此，生产计划编制人员的责任心和实际工作经验非常重要，生产计划质量取决于编制人员的素质和丰富的经验。

化工生产计划是化工企业年度经营计划的重要组成部分。生产指标是生产计划的核心，编制生产计划的过程也就是确定生产指标的过程。

（一）化工生产计划的主要指标

化工生产计划中涉及的主要指标有化工产品品种指标、质量指标、产量指标和产值指标。

1. 化工产品品种指标

化工产品品种指标是指化工企业在计划期内应出产的化工产品品种和品种数。它表明化工企业在产品品种方面满足社会、市场需要以及消耗者需求的程度，同时也反映着化工企业技术水平和管理水平提高的情况及其专业化协作程度。

2. 化工产品质量指标

化工产品质量指标是指化工企业在计划期内各种产品应当达到的质量标准。化工产品的质量标准有国际标准、国家标准、行业标准和企业标准以及所订合同规定的技术要求等等，企业不能随意修改，自行降低标准。产品质量标准按其反映问题的角度不同，可分为两类：一类是反映化工产品本身质量的指标，即反映化工产品使用效能的大小，它决定于化工产品的内在质量（如耐酸碱性能、机械性能、使用寿命、使用中的经济性等）与外观形态（如化工产品的外形、样式、着色油漆、装潢、包装等），一般通过产品质量标准的等级率指标反映出来。另一类是反映生产过程工作质量的指标。

化工产品质量是反映化工产品能否适合社会需要的一个十分重要的指标，每个化工企业都应当努力提高其产品质量，更有效地创造和实现其产品的社会价值。

3. 化工产品产量指标

化工产品产量指标是指化工企业在计划期内应当出产的合格化工产品实物数量。化工产品产量指标体现了化工企业最直接、最基本的生产成果，表明了化工企业把社会资源转化为适应社会需要的物质产品的数值度量，反映了化工企业生产发展的速度和水平。化工产品实物量是化工企业进行产销平衡、物资平衡、计算实物劳动生产率、原材料消耗、成本、利润等指标的基础，也是安排化工企业生产作业计划与组织日常生产活动的重要依据。

4. 化工产值指标

它是综合反映化工企业生产总成果的价值指标。它用货币来度量化工企业生产的产量。化工产量指标可以分为化工品产值、总产值与净产值。

（1）化工品产值　它是以价值形式表现的化工企业计划期内生产可供销售的化工产品产

量和工业性劳务数量,一般按现行价格来计算。它表明化工企业在计划期内为国民经济提供的商品总量,并构成化工企业经济收入的来源,是编制成本与利润计划的重要依据。化工品产值包括的内容可用下式表示:

$$\text{化工产品产值} = \text{自备原料生产的化工品价值} + \text{外销半成品价值} + \text{用订货者来料生产化工品的价值} + \text{对外承做的工业性劳务价值}$$

(2) 总产值 它是用货币表现的化工企业在计划期内应当完成的工作总量。一般采用不变价格计算,以消除各个时期价格变动的影响,保证化工企业在不同时期总产值资料的可比性。它反映了一定时期内化工企业生产总的规模和水平,是化工企业计算其增长速度与劳动生产率等指标的重要依据。总产值包括的内容可用下式表示:

$$\text{总产值} = \text{商品产值} + \left(\text{期末在制品、半成品自制工具、模件的价值} - \text{期初在制品、半成品自制工具、模件的价值} \right) + \text{订货者来料的价值}$$

(3) 净产值 它是从化工企业总产值中扣除各种物资消耗的价值后的余额,即化工企业在计划期内创造的新价值,一般按现行价格计算,以避免受转移价值的影响,通过它能正确表现出化工企业的生产劳动成果。它包括的内容可用下述两种计算公式来表示:

① 按生产法计算

$$\text{净产值} = \text{总产值} - \text{各种物资消耗的价值}$$

② 按分配法计算

$$\text{净产值} = \text{工资} + \text{税金} + \text{利润} + \text{其他属于国民收入初次分配性质的支出}$$

(二) 化工生产计划编制的步骤

化工企业在面向市场实行以销定产后,其生产计划的编制是与安排产品销售计划的设计结合进行的,为了正确处理产与销、供给与需求之间的矛盾关系,化工企业销售计划的安排必须全面考虑生产方面的条件,同时,生产计划的制订也必须依据销售计划,以保证产销的衔接。化工企业生产计划的编制通常分为以下四个步骤进行。

1.调查研究,收集资料,分析内外环境

编制生产计划所需信息很多,可归纳为需求分析、资源分析、能力分析三类。

(1) 需求分析 即分析和收集社会对化工产品需要的信息,这可通过以下三个途径去进行。

① 根据国家计划指导和社会需求,摸清生产能力、物资供应以及其他生产环境条件,同时应充分重视国家、政府部门在一定时期内,为适用社会主义市场经济建设、经济发展需要而制定生产发展的调控数字。这些数字对化工企业制订生产计划具有重要的指导意义。

② 开展用户的直接订货活动,作好订货分析。化工企业通过订货会、展销会、用户座谈会、用户咨询等方式,可以收到用户的直接订货,具体了解到用户对化工产品品种、规格、质量、数量、交货期等的需要。这些订货就可直接纳入化工企业生产计划中去。

③ 市场需要预测。有许多化工产品销售面广量大,最终消费者分布比较分散,仅靠上述两种方式获得的信息很不充分,因此需要通过市场需求预测和企业在计划期内可能的销售量,调查研究市场对产品的具体需要,作为编制生产计划的依据。

(2) 资源分析 生产所需的资源主要指:化工原料、燃料、电力、设备、工具等的供应情况,外协件、配套件、外购件的协作和供应的保证程度以及化工企业从外部获得资金、外汇的可能性的条件。

化工企业外部的资源条件，在很大程度上取决于宏观经济形势和政府各个时期的经济政策以及化工企业所处地区的经济发展状况和生产力的组织水平。因此，化工企业在分析资源条件时，不仅要看到本企业从各种渠道获得资源的可能性的一面，也要看到企业受宏观经济制约和限制的一面。

（3）能力分析　主要分析化工企业内部有没有把外部所获得的资源转化为化工产品的生产能力以及企业的销售能力。需要着重分析以下因素：工程技术人员和技术工人的水平、结构、数量及其技术开发能力，设备的性能、比例构成及数量，新产品开发及生产技术准备工作状况，各种物资的库存和在制品的储备情况，企业管理水平，企业家的领导素质和艺术，以及全体职工的士气等。

显然，化工企业的生产能力既包含着物的因素，也包含着人的因素。在某种意义上讲，人的因素对资源的转化、生产能力的形成、生产效率和经济效益的提高以及生产计划的实施有更重要的作用，这是进行能力分析时不能忽视的。

2. 统筹安排，拟订和优化出生产计划方案

化工生产计划方案主要是指各种化工产品生产指标的方案。相同的内外部环境条件下，可以有多种不同的生产方案。计划编制工作在这一阶段的任务就是制定出多种不同的方案，并从中选择一个比较满意的方案。在生产计划方案的优化和选择过程中，化工企业可进行以下两方面分析：一是化工产品品种分析；二是计划方案的定量技术分析。

（1）化工产品品种分析　化工生产计划的核心是确定化工产品的品种和数量，只有确定了品种、数量以后，化工企业才能计算商品的产值和总产值。化工产品品种分析可分为两方面内容：一是要对现有化工产品品种作总体分析；二是要对每种化工产品作个体分析。

① 化工产品品种总体分析。主要是通过调研，综合分析报告期内化工企业的各种产品的销售与利润情况，寻找出既适销对路又效益较佳的品种，淘汰销路窄、效益低的品种。

现举例介绍化工企业产品品种的选择及其排序分析法。

假设某化工企业生产10种化工产品，报告期内这10种产品的销售收入和利润数据见表2-3。

表 2-3　产品销售收入和利润统计表　　　　　　　　　　　　　　单位：万元

项目	A	B	C	D	E	F	G	H	I	J
销售收入	460	370	120	108	65	40	29	14	11	8
利润	25	48	16	27	−2	9	12	2	−1	4

分析步骤如下。

第一步：按销售收入大小和利润大小排序，列出各产品次序，见表2-4。

表 2-4　销售收入和利润次序表

产品名称	A	B	C	D	E	F	G	H	I	J
销售收入	1	2	3	4	5	6	7	8	9	10
利润	3	1	4	2	10	6	5	8	9	7

第二步：根据表2-4数据绘制产品销售收入和利润次序图，如图2-2所示。

由图2-2可以看出，有些化工产品处于45°的斜虚线下方，有些化工产品处于其上方，

还有些化工产品正处于 45°的斜虚线上。正常情况下，化工产品的销售收入大，利润也应大，二者的次序应一致，即应位于 45°虚线上。如果有化工产品处于斜虚线上方，表明销售收入的次序在前，利润的次序在后，说明该化工产品利润不理想，比正常情况要少。这时化工企业应分析和研究其产生的原因，是成本高了，还是售价低了，还是产品积压了？所以，应考虑是否可能降低成本或提高售价或减少库存。反之，在 45°虚线下方的化工产品，表明利润比正常情况要多（或亏损比正常情况要少）。显然，对于后一种情况的化工产品，企业不应再考虑增加售价、降低成本问题，而应着重考虑能否增加销售额，以及怎样来增加其销售额的问题。通过上面的分析，就可以决定生产那些销售

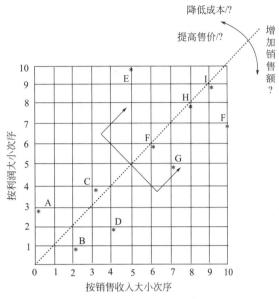

图 2-2　产品利润与收入次序关系图

额和利润额均大的化工产品，而不生产销售额高但利润小甚至亏损的产品。这样对化工企业现有化工产品品种进行总体分析，可以选择几种较精良的品种，减少计划期内产品品种数，这将有利于化工企业生产的组织管理开展，提高化工企业的经济效益。

② 化工产品个体分析。这种分析是对每一个化工产品进行寿命周期分析。根据各种化工产品所处寿命周期各个阶段及相应的环境特点，分析并预测其发展前景，然后判断是否有必要采取延长其寿命周期的措施或进行技术创新、更新换代等活动，进而来确定计划期应生产的化工产品品种和数量。

（2）定量技术分析　为了能使化工企业在生产决策中寻求一个有效的数量解，对拟订的化工生产计划指标进行优化选择，化工企业需将定量、定性分析结合起来，这对正确地选择可行的生产计划指标是一种行之有效的途径。

① 量本利（CVP）分析。化工企业的产量规划、产品定价、成本控制和利润目标预测均可通过量本利分析方法来选择和判断。这种方法是对化工企业产量、成本、利润相互间的内在联系进行分析的一种定量技术工具。

② 线性规划。简单地说，线性规划就是满足一定的线性约束条件下，使所要求的线性目标达到最优的一种优化工具。线性规划是运筹学中研究比较早、理论比较完整、应用最广的一个分支。在化工生产中，线性规划可以解决两个方面的问题：一方面利用有限的化工资源获取最大的收益；另一方面是在获取给定的收益时做到各种资源的最省。总之线性规划就是从以上方面入手以获取最大经济效益为目标，并对化工企业有限的人力、物力、财力资源加以充分合理的利用。化工企业在进行经营决策时，可以借助线性规划这一优化工具来作最优生产计划安排、资源估计等。线性规划主要应用于生产计划与组织问题（也称资源最优利用问题）和资源的估价问题。

3. 综合平衡，编制计划草案

在拟订和优化计划方案时，由于种种原因，很难把所有约束条件和各种目标都考虑进

去，只能考虑最主要的目标和最主要的约束条件。任何数学模型只有简化后才能使用于具体生产过程。但实际组织生产时，任何一项微小的约束条件的疏忽，都可能带来严重的后果。计划的目标实际上也不可能只是利润最大化，必须考虑同时完成其他各项主要的技术经济指标。因此，要把需要同可能结合起来，将初步提出的生产计划方案同各方面的条件进行平衡，使生产任务得到落实。

以化工企业年度生产为例，综合平衡的主要内容如下。

(1) 年度生产任务与生产能力的平衡　制订年度生产计划，必须核算生产能力对完成计划的保证程度，也就是测算企业设备、生产面积对生产任务的保证程度。平衡的方法，可按下列公式进行。

设备组能力与生产任务平衡结果＝有效台时数－需要台时数
　　　　　　　　　　　　　　＝计划期制度工作日×全天工作小时数×
　　　　　　　　　　　　　　　设备组台数×设备投产率－计划产量×
　　　　　　　　　　　　　　　该工序单台定额台时×(1－定额压缩系数)

车间计划期内生产面积平衡结果＝有效平方米小时数－需要平方米小时数
　　　　　　　　　　　　　　＝车间生产面积平方米×计划期内制度生产时间总数－
　　　　　　　　　　　　　　　单位产品所需生产面积平方米×单位产品所需生产时间

进行生产能力平衡，必须要加强定额管理，完善工艺工作。当生产计划有局部变动时，只对关键设备进行核算即可。

(2) 年度生产任务和物资的平衡　化工企业的物资，是指生产资料而言，一般包括化工原料、燃料、动力、外购配套件和外协加工件，以及工艺装备、工具和设备等。生产任务与物资的平衡，就是测算原材料、动力、工具、外协件对生产任务的保证程度及生产任务同材料消耗水平的适应程度。化工生产计划安排的产品品种、规格、交货期，都必须有相应物资的品种、规格、质量、数量、供应期来保证。

在编制化工生产计划时，要对物资供应条件进行考察，要验算主要原材料、动力、工具、外协配套件等对生产任务的保证程度及生产任务同材料消耗水平的适应程度。只有当物资的可供量大于或等于物资需要量时，生产任务的完成才能得到保障。

生产与物资的平衡，必须保持供应、消费和库存之间的平衡。实际平衡时，要编制物资综合平衡表，定期分析各个时期物资收、支、存的动态信息，供货渠道变化和市场供应信息，做到物资供应切实保证生产。

(3) 年度生产任务与劳动力的平衡　安排生产任务要考虑到劳动力的保证程度，它是通过对各生产部门、各生产环节劳动力的需要量进行全面预算（主要测算劳动力的工种、数量、劳动生产率水平跟生产任务是否相适应，测算各类人员需要量的合理比例），以保证计划的完成。制订生产计划时，既要使总体任务完成，又要使所有劳动力的工作满负荷。具体可按下式计算。

劳动工时平衡结果＝劳动力可供工时－产品需要定额工时
　　　　　　　　＝全员劳动生产力×全部员工数－产品产量×单件工时定额

4. 讨论、修正、批准、实施

根据综合平衡的结果编制的年度计划草案，需经有关科室、车间组织员工认真讨论和论证，作必要的修正，并经厂长、经理或董事会批准，才可组织实施。

二、化工生产作业计划

化工生产作业计划指导和指挥化工企业日常生产活动,生产作业计划制订的好坏直接关系到企业的资源能否得到合理的利用,从而影响到化工企业的生产、经营和管理效率。

1. 化工生产作业计划的概念

化工生产作业计划是根据化工企业年、季度生产计划所规定的生产任务和进度,并考虑到各个时期企业内部条件和外部环境,把企业全部的生产任务分配给各个车间、工段、班组,以至工作地和个人,并按日历顺序安排生产进度的具体计划。生产作业计划是企业生产计划的具体执行计划,是生产计划的延续和补充,是组织企业日常生产活动的依据,是企业计划管理的重要环节。与生产计划相比,生产作业计划具有计划期短、计划内容具体、计划单位小等三个特点。它的主要任务包括:生产作业准备的检查;制定期量标准;生产能力的细致核算与平衡。

2. 化工生产作业计划的形式

根据化工企业的具体情况,化工生产作业计划有厂部、车间和工段(班、组)三级作业计划形式。厂部生产作业计划由化工企业生产科负责编制,确定各车间的月度生产任务和进度计划;车间级生产作业计划由车间计划调度室负责编制;工段级生产作业计划由工段计划调度员负责编制,分别确定工段(班、组)或工作地月度、旬(或周)以及昼夜轮班的生产作业计划。

3. 编制化工生产作业计划的信息资料

化工生产作业计划编制需要详尽的资料,主要有:总体(中期)计划和订货情况变化、前期生产作业计划完成情况、成品和外购件的库存、设备状况和维修计划、产品制造等技术文件、生产能力和劳动力的负荷、原材料能源等的供应、成本、费用核算资料以及技术组织措施安排等等。

4. 化工生产作业计划的作用

① 化工生产作业计划是建立化工企业正常生产秩序和管理秩序,提高经济效益的一项重要手段,具体体现在:工人心中有数,使干部的日常管理有了秩序;保证了各部门和车间之间的衔接配合;及时检查和解决生产中遇到的问题,保证了生产任务的完成。

② 化工生产作业计划起着具体落实化工生产计划的作用,在空间上、时间上和计划单位上细分了生产任务,更利于生产计划的实施落实。

③ 化工生产作业计划能使平衡试算更细致,有利于充分地利用生产能力。

④ 化工生产作业计划是化工企业计划管理的重要环节,确保了企业年度经营计划的顺利实现。

⑤ 化工生产作业计划规定了全体职工的奋斗目标,是调动职工积极性的重要手段。

⑥ 化工生产作业计划有利于实现均衡生产。

三、调度管理

生产调度就是组织执行生产进度计划的工作。生产计划和生产作业计划编制出来之后,还仅仅是纸上的东西,要组织计划的实施,把纸上的计划变成现实的可供销售的产品,就需要一个部门去组织实现这项任务,这就是生产调度。生产调度以生产进度计划为依据,生产进度计划要通过生产调度来实现。生产调度的必要性是由工业企业生产活动的性质决定的。加强生产调度工作,对于及时了解、掌握生产进度,研究分析影响生产的各种因素,根据不同情况采取相应对策,使差距缩小或恢复正常是非常重要的。

生产调度管理是化工企业生产经营管理的中心环节,生产管理部作为生产调度管理的职能部门,是企业生产的指挥中心。

1. 化工生产调度工作的主要内容

化工生产调度工作要以化工生产作业计划为依据,通过调度管理使生产作业计划按规定的要求得到实现。调度工作主要有以下内容。

① 检查、督促和协助有关部门及时做好各项生产作业的准备工作。

② 根据生产需要合理调配劳动力。要根据生产的需要,从现有人力资源的实际出发,合理地配置各工作地各岗位的人员,使劳动在工种上形成最佳的组合,使劳动生产水平与生产任务相适应。

③ 对生产设备、工装用具、生产工具的使用进行统一安排,对厂区内部的动力供应和运输工作实行统一指挥。

④ 对生产的进度情况进行控制。掌握各工序的工作状况和进度,使工序间、班组间、车间之间在制品的流动衔接正常,保证生产的连续性。

⑤ 对轮班、昼夜、周、旬或月计划完成情况的统计资料和其他生产信息(如由于各种原因造成的工时损失记录、机器损坏造成的损失记录、生产能力的变动记录等)进行分析研究。

⑥ 检查生产作业计划的完成情况。要对生产过程的各个环节包括原料、工艺过程、半成品的投入和出产情况全面掌握,及时发现生产作业计划执行中的各种问题,并积极采取有效措施及时解决。

2. 调度工作的要求

(1) 计划性的原则 是生产调度工作的基本原则,要求生产调度工作必须以生产作业计划为依据,生产调度工作的灵活性必须服从计划的原则性,调度工作要围绕完成计划任务来进行。企业完成生产计划才能为市场提供商品,才能实现销售,完成利润目标。调度人员还应不断地总结经验,协助计划人员提高生产进度计划的编制质量。

(2) 预防为主的原则 调度人员的基本任务是预防生产活动中可能发生的一切脱节现象,保证生产作业计划顺利进行。贯彻预防为主的原则,就是要抓好生产前的准备工作,避免各种不协调的现象产生。在组织生产的过程中,不仅要抓配套保证装配需要,还要抓毛坯保证加工需要,防止只抓出产不抓投入,抓后不抓前的做法。总之,只有提前发现问题,才能取得调度工作的主动权。

(3) 集中原则 生产调度工作必须高度集中和统一。大生产中生产者成千上万,生产情况千变万化,没有统一的意志、统一的指挥、统一的行动,企业就会是一盘散沙,生产管理同样如此。贯彻集中性原则,要从两方面去做:一是生产调度系统要做到集中统一,各级调度职能人员要顾全大局,工作要协调,步调要一致;二是各级调度机构应该是各级领导指挥生产的有力助手,应根据同级领导人员的指示,按照作业计划和临时生产任务的要求,行使调度权力,发布调度命令。各级领导人员也应当充分发挥调度部门的作用,维护调度部门的

(4) 及时性原则　调度中发现问题时,要及时采取措施加以解决,使生产顺利进行。在生产过程中如果不能及时发现问题,则会随时产生不良后果,甚至导致问题越来越大越来越多。贯彻及时性原则,首先是做好信息管理工作,使信息畅通,及时掌握生产的各种动态情况。二是调度人员要有雷厉风行的工作作风,特别是值班调度人员,要用最快的速度及时处理好生产一线的突发事件。

(5) 求实性原则　生产调度工作要从实际出发,贯彻群众路线。为此,调度人员必须具有深入实际、扎实果断的工作作风和敢于负责的精神,要经常深入生产第一线,亲自掌握第一手资料,及时了解和准确地掌握生产活动中千变万化的情况,摸清客观规律,深入细致地分析研究所出现的问题,动员群众自觉地克服和防止生产中的脱节现象,出主意想办法,克服困难,积极完成生产任务。只有这样,才能防止瞎指挥,使调度工作达到抓早、抓准、抓狠、抓关键、一抓到底的要求。

3. 化工生产调度工作制度

(1) 调度值班制度　为了组织调度,及时处理生产中出现的问题,厂部、车间都应建立调度值班制度,处理生产过程中的问题,规模较大的企业可设中央调度控制台。特别是那些两班制、三班制的生产单位,更要安排调度人员轮换值班。值班调度要经常检查车间、工段作业计划的完成情况及科室配合情况,要填写调度日志,把当班发生的问题和处理情况做出记录,并要严格实行交接班。

(2) 调度报告制度　调度报告制度能更好地做好信息反馈,使各级生产指挥人员能及时了解生产情况。因此,企业各级调度机构要把每日值班调度的情况报告给上级调度部门和有关领导。企业一级生产调度机构要把每日生产情况、库存情况、产品配套进度情况、商品出产进度情况等,报企业领导和有关科室、车间掌握,使各项工作都能有效地协调配合好。

(3) 调度会议制度　生产中发生的问题错综复杂,为了能更好地协调、正确地处理,有时需要通过讨论的方式,达成共识,才能产生更好的处理效果。调度会议要充分发扬民主、集思广益,做到统一指挥生产。

(4) 现场调度制度　就是在车间的生产现场讨论和解决生产中出现问题。领导人员亲临现场,与基层人员共同研究生产中出现的问题,可以直接掌握下情,使问题得到尽快的解决。这种方法有利于领导人员改善工作作风,深入实际,密切上下级之间的关系,调动各方面的积极性。

(5) 班前、班后会制度　这是工段或班组进行生产调度的一种方式。小组通过班前会布置任务,调度生产进度;通过班后会检查生产进度计划完成情况,总结工作。在班前、班后会上,所有人员都可以参与讨论,提出己见,有利于集思广益,是全员参与管理的一种较好的形式。

4. 充分利用科技手段,提高调度工作效率

生产调度人员应能充分利用和正确使用各种现代化技术设备,以提高调度工作的准确性、及时性和效率。化工企业也应创造条件逐步为调度部门配置必需的技术设备,一般有以下几种。

(1) 调度机构应配备调度电话,调度人员应配置移动电话。这样有助于在全厂形成畅通

的调度通信网，可以进行远距离的调度工作联络，迅速发送调度命令、通知，报告生产情况，还可以用来举行调度电话会议等。

（2）远距离文件传递设备，包括传真机及网络等方式，主要用于远距离传送技术文件、图纸资料、计划说明、统计报表等。

（3）现代化的数据监控设备，包括：①工业电视。在需要特别监控位置安装摄像装置，调度人员可以在电视屏幕上看到有关工作现场的实际情况。这主要是用来观察有危险的生产过程，或是大片面积上进行的过程，或者难以接近的地方。②电子数据系统。这是更为先进的技术设备，由各种计数器、自动记录器、电子计算机以及系列电子数据资料处理设备等组成。有条件的单位，企业内部配备局域网络，可以利用网络程序方便地查询工作数据，进行动态管理。

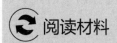

杜邦公司组织机构改革案例

美国杜邦公司（Du Pont Company）是世界上最大的化学公司，建立至今已有200多年。这200多年中，尤其是21世纪以来，企业的组织机构历经变革，其根本点在于不断适应企业的经营特点和市场情况的变化。杜邦公司所创设的组织机构，曾成为美国各公司包括著名大公司的模式，并反映了企业组织机构发展演变的一般特点。

1. 成功的单人决策及其局限性

历史上的杜邦家族是法国富埒王室的贵族，1789年在法国大革命中化成灰烬，老杜邦带着两个儿子伊雷内和维克托逃到美国。1802年，儿子们在特拉华州布兰迪瓦因河畔建起了火药厂。由于伊雷内在法国时是个火药配料师，与他同事的又是法国化学家拉瓦锡，加上美国历次战争的需要，工厂很快站住了脚并发展起来。整个19世纪中，杜邦公司基本上是单人决策式经营，这一点在亨利这一代尤为明显。

亨利是伊雷内的儿子，军人出身，由于接任公司以后完全是一套军人派头，所以人称"亨利将军"。在公司任职的40年中，亨利挥动军人严厉粗暴的铁腕统治着公司。他实行的一套管理方式，被称为"恺撒型经营管理"。这套管理方式无法传授，也难以模仿，实际上是经验式管理。公司的所有主要决策和许多细微决策都要由他亲自制定，所有支票都得由他亲自开，所有契约也都得由他签订。他一人决定利润的分配，亲自周游全国，监督公司的好几百家经销商。在每次会议上，总是他发问，别人回答。他全力加速账款收回，严格支付条件，促进交货流畅，努力降低价格。亨利接任时，公司负债高达50多万美元，但亨利后来却使公司成为此业的首领。

在亨利的时代，这种单人决策式的经营基本上是成功的。这主要是因为：①公司规模不大，直到1902年合资时才2400万美元；②经营产品比较单一，基本上是火药；③公司产品质量占了绝对优势，竞争者难以超越；④市场变化不甚复杂。单人决策之所以取得了较好效果，这与"将军"的非凡精力也是分不开的。直到72岁时，亨利仍不要秘书的帮助；任职期间，他亲自写的信不下25万封。但是，正因为这样，亨利死后，继承者的经营终于崩溃了。

亨利的侄子尤金，是公司的第三代继承人。亨利是与公司一起成长的，而尤金一下子登上舵位，缺乏经验，晕头转向。他试图承袭其伯父的作风经营公司，也采取绝对的控制，亲自处理细枝末节，亲自拆信复函，但他终于陷入公司的错综复杂的矛盾之中。1902年，尤金去世，合伙者也都心力交瘁，两位副董事长和秘书兼财务长终于相继累死。这不仅是由于他们的体力不胜负荷，还由于当时的经营方式已与时代不相适应。

2. 集团式经营的首创

正当公司濒临危机、无人敢接重任、家族拟将公司出卖给别人的时候，三位堂兄弟出来力挽家危，以廉价买下了公司。

三位堂兄弟不仅具有管理大企业的丰富知识，而且具有在铁路、钢铁、电气和机械行业中采用先进管理方式的实践经验，有的还请泰罗当过顾问。他们果断地抛弃了"亨利将军"那种单枪匹马的管理方式，精心地设计了一个集团式经营的管理体制。在美国，杜邦公司是第一家把单人决策改为集团式经营的公司。

集团式经营最主要的特点是建立了"执行委员会"，隶属于最高决策机构董事会之下，是公司的最高管理机构。在董事会闭会期间，大部分权力由执行委员会行使，董事长兼任执行委员会主席。1918年时，执行委员会有10个委员、6个部门主管、94个助理，高级经营者年龄大多在40岁上下。

公司抛弃了当时美国流行的体制，建立了预测、长期规划、预算编制和资源分配等管理方式。在管理职能分工的基础上，建立了制造、销售、采购、基本建设投资和运输等职能部门。在这些职能部门之上，是一个高度集中的总办事处，处理销售、采购、制造、人事等工作。

执委会每周召开一次会议，听取情况汇报，审阅业务报告，审查投资和利润，讨论公司的政策，并就各部门提出的建议进行商讨。对于各种问题的决议，一般采用投票、多数赞成通过的方法，权力高度集中于执委会。各单位申请的投资，要经过有关部门专家的审核，对于超过一定数额的投资，各部门主管没有批准权。执委会作出的预测和决策，一方面要依据发展部提供的广泛数据，另一方面要依据来自各部门的详尽报告，各生产部门和职能部门必须按月按年向执委会报告工作。在月度报告中提出产品的销售情况、收益、投资以及发展趋势；年度报告还要论及五年及十年计划，以及所需资金、研究和发展方案。

由于在集团经营的管理体制下，权力高度集中，实行统一指挥、垂直领导和专业分工的原则，所以秩序井然，职责清楚，效率显著提高，大大促进了杜邦公司的发展。20世纪初，杜邦公司生产的五种炸药占当时全美总产量的64%～74%，生产的无烟军用火药则占100%。第一次世界大战中，协约国军队40%的火药来自杜邦公司。公司的资产到1918年增加到3亿美元。

3. 充分适应市场的多分部体制

可是，杜邦公司在第一次世界大战中的大幅度扩展，以及逐步走向多角化经营，使组织机构遇到了严重问题。每次收购其他公司后，杜邦公司都因多角化经营遭到严重亏损。这种困扰除了由于战后通货从膨胀到紧缩之外，主要是由于公司的原有组织对成长缺乏适应力。1919年，公司的一个小委员会指出：问题在于过去的组织机构没有弹性。尤其是1920年夏到1922年春，市场需求突然下降，使许多企业出现了所谓存货危机。这使人们认识到：企业需要一种能力，即易于根据市场需求的变化改变商品流量的能力。继续保持那种使高层管理人员陷入日常经营、不去预测需求和适应市场变化的组织机构形式,显然是错误的。一个能够适应大生产的销售系统对于一个大公司来说,已经成为至关重要的问题。杜邦公司经过周密的分析,提出了一系列组织机构设置的原则,创造了一个多分部的组织机构。在执行委员会下,除了设立由副董事长领导的财力和咨询两个总部外,还按各产品种类设立分部,而不是采用通常的职能式组织如生产、销售、采购等等。在各分部下,则有会计、供应、生产、销售、运输等职能处。各分部是独立核算单位,分部的经理可以独立自主地统管所属部门的采购、生产和销售。

在这种形式的组织机构中,自治分部在不同的、明确划定的市场中,通过协调从供给者到消费者的流量,使生产和销售一体化,从而使生产和市场需求建立密切联系。这些以中层管理人员为首的分部,通过直线组织管理其职能活动。高层管理人员总部在大量财务和管理人员的帮助下,监督这些多功能的分部,用利润指标加以控制,使他们的产品流量与波动需求相适应。

由于多分部管理体制的基本原理是政策制定与行政管理分开,从而使公司的最高领导层摆脱了日常经营事务,把精力集中在考虑全局性的问题上,研究和制定公司的各项政策。

新分权化的组织使杜邦公司很快成为一个具有效能的集团,所有单位构成了一个有机的整体,公司组织具有了很大的弹性,能适应需要而变化。这使杜邦公司得以在20世纪20年代建立起美国第一个人造丝工厂,以后又控制了赛璐珞生产的75%～100%,垄断了合成氨。而且在30年代后,杜邦公司还能以新的战略参加竞争,那就是致力于发展新产品,垄断新的化学产品生产。从30年代到60年代,被杜邦公司首先控制的、有着重要意义的化学工业新产品有:合成橡胶、尿素、乙烯、尼龙、的确良、塑料等,直到参与第一颗原子弹的制造,并迅速转向氢弹生产。

4."三驾马车式"的体制

杜邦公司的执行委员会和多分部的管理机构,是在不断对集权和分权进行调整的情况下去适应需要的。例如,20世纪60年代后期,公司发现各部门的经理过于独立,以致有些情况连执行委员会都不了解,因此又一次作了改革:一些高级副总经理同各工业部门和职能部门建立了联系,负责将部门的情况汇报给执委会,并协助各部门按执委会的政策和指令办事。60年代以后,杜邦公司的组织机构又发生了一次重大的变更,这就是建立起了"三驾马车式"的组织体制。

新的组织体制是为了适应日益严峻的企业竞争需要而产生的。20世纪60年代初,杜邦公司接二连三地遇到了难题:过去许多产品的专利权纷纷期满,在市场上受到日益增多的竞争者的挑战;道氏化学、孟山都、美国人造丝、联合碳化物以及一些大石油化工公司相继成了它的劲敌。以至于1960～1972年,在美国消费物价指数上升4%、批发物价指数上升25%的情况下,杜邦公司的平均价格却降低了24%,使它在竞争中蒙受重大损失。再加上它掌握了多年的通用汽车公司10亿多美元股票被迫出售,美国橡胶公司转到了洛克菲勒手下,公司又历来没有强大的金融后盾,真可谓四面楚歌,危机重重。

1962年,公司的第十一任总经理科普兰上任,他被称为危机时代的起跑者。公司新的经营战略是:运用独特的技术情报,选取最佳销路的商品,强力开拓国际市场;发展传统特长商品,发展新的产品品种,稳住国内势力范围,争取巨额利润。然而要转变局面绝非一朝一夕之功，这是一场持久战。有了新的经营方针，还必须有相应的组织机构作为保证。除了不断完善和调整公司原设的组织机构外，1967年年底，科普兰把总经理一职，在杜邦公司史无前例地让给了非杜邦家族的马可，财务委员会议议长也由别人担任，自己专任董事长一职，从而形成了一个"三驾马车式"的体制。1971年，科普兰又让出了董事长的职务。

这一变革具有两方面的意义。一方面，杜邦公司是美国典型的家族公司，公司几乎有一条不成文的法律，即非杜邦家族的人不能担任最高管理职务，甚至实行同族通婚，以防家族财产外溢。现在这些惯例却被大刀阔斧地砍去，不能不说是一个重大的改革。虽然杜邦公司一直是由家族力量控制，但是董事会中的家族比例越来越小。在庞大的管理等级系统中，如果不是专门受过训练的杜邦家族成员，已经没有发言权。另一方面，在当代，企业机构日益庞大，业务活动非常复杂，最高领导层工作十分繁重，环境的变化速度越来越快，管理所需的知识越来越高深，实行集体领导，才能作出最好的决策。在新的体制下，最高领导层分别设立了办公室和委员会，作为管理大企业的"有效的富有伸缩性的管理工具"。科普兰说："'三驾马车式'的集团体制，是今后经营世界性大规模企业不得不采取的安全设施。"20世纪60年代后，杜邦公司的几次成功，不能说与新体制无关。过去，杜邦公司是向联合碳化物公司购买乙炔来生产合成橡胶等产品的，现在，它自己开始廉价生产乙炔，使联合碳化物公司不得不关闭了乙炔工厂。在许多化学公司挤入塑料行业竞争的情况下，杜邦公司另外找到了出路，向建筑和汽车等行业发展，使60年代每辆汽车消耗塑料比50年代增加3~6倍。70年代初，又生产了一种尼龙纤维，挤入了钢铁工业市场。

所以，可以毫不夸张地说，杜邦公司成功的秘诀，首先在于使企业的组织机构设置适应需要，即适应生产特点、企业规模、市场情况等各方面的需要。而且，这样的组织机构也不是长久不变的，还需要不断地加以完善和发展。

（资料来源：豆丁网）

课后练习题

【案例分析一】 巴恩斯医院

10月的某一天，产科护士长黛安娜给巴恩斯医院的院长戴维斯博士打来电话，要求立即做出一项新的人事安排。从黛安娜的急切声音中，院长感觉到一定发生了什么事，因此要她立即到办公室来。5min后，黛安娜递给了院长一封辞职信。

"戴维斯博士，我再也干不下去了。"她开始申诉，"我在产科当护士长已经四个月了，我简直干不下去了。我怎么能干得了这工作呢？我有两个上司，每个人都有不同的要求，都要求优先处理。要知道，我只是一个凡人。我已经尽最大的努力适应这种工作，但看来这是不可能的。让我来举个例子吧。请相信我，这是一件平平常常的事。像这样的事情，每天都在发生。昨天早上7:45，我来到办公室就发现桌上留了张纸条，是杰克逊（医院的主任护士）给我的。她告诉我，她上午10点钟需要一份床位利用情况报告，供她下午在向董事会作汇报时用。我知道，这样一份报告至少要花一个半小时才能写出来。30min以后，乔伊斯（黛安娜的直接主管，基层护士监督员）走进来质问我为什么我的两位护士不在班上。我告诉她雷诺兹医生（外科主任）从我这要走了她们两位，说是急诊外科手术正缺人手，需要借用一下。我告诉她,我也反对过,但雷诺兹坚持说只能这么办。你猜,乔伊斯说什么?她叫我立即让这些护士回到产科部。她还说,1h 以后,她会回来检查我是否把这事办好了!我跟你说,这样的事情每天都发生好几次的。一家医院就只能这样运作吗?"

(资料来源:豆丁网)

问题:

1. 这家医院的组织结构是怎样的?
2. 有人越权行事了吗?
3. 从这个案例中发现了什么问题?

【案例分析二】 D 公司面向市场优化企业组织机构

不断改革企业管理体制,是适应不同产品结构、人才结构和科技结构,发挥企业各种资源效率的内在要求。D 公司近年来在组织机构方面的改革主要有以下几项。

(1) 逐步推行事业部制。为了适应快速多变的市场需要,提高企业的应变能力与管理效率已势在必行。D 公司精心研究和策划企业组织机构的改革方案,作出了先实行模拟事业部制,而后实行独立事业部制的决定,将厂部的八个职能部门重新合并成八部一室,压缩或分流 102 名处室人员。这一措施激发了各经营分厂的活力,管理效率得以提高,而厂部的工作则着重于制定企业的发展战略及协调各经营分厂的经营战略、技术战略等更高层次的决策。

(2) 生产组织管理从工艺专业化转向产品专业化。早在 20 世纪 80 年代末期,D 公司采用以工艺专业化为核心的生产组织形式,但常常出现如下问题:①该种生产组织是跨行政部门的,在各生产工艺环节出现生产进度不一致时,有时难以协调;②由于原料品种多,可能会引起原料组织不到位而出现停工待料现象,影响生产效率。D 公司对该公司产品的生产组织进行仔细研究后,发现其主导的三大类产品基本上是相对独立的,没有必要按照生产工艺划分车间,于是打破了原来低效率的工艺专业化生产格局,建立起产品专业化的新体系,一年内劳动生产率提高了 50%。

(3) 改革科研体制。1991 年以前,D 公司将研究所集中于总厂,负责全厂的技术开发,由于科研人员远离市场,缺乏市场意识,新产品开发的速度与品种均跟不上市场需求的变化。针对这一矛盾,D 公司作出了把科技人员推向市场的决策,即解散远离市场的集中式新产品开发研究所,而将其转移到相关的经营分厂。这一措施取得了很好的效果,表现在:①技术开发以市场为导向,消除了科研与生产、销售脱节的弊端;②由于有了经济观念,产品开发中的不合理费用得以减少。

(4) 引进多种经营机制,实行"一厂多制"。在市场经济条件下,各种所有制有其各自的优势,国有企业引进多种经营机制、提高自身活力是一种新的尝试,D 公司对此进行了初步的探索。例如,D 公司的传输分厂积极采用横向联合方式进行生产经营,一方面与某省某镇政府合办企业,解决了产业发展所必需的土地与厂房和企业富余人员的流向问题;另一方面与香港一家公司组建了合资企业——爱华达有限公司,生产具有当今国际先进水平的 SDH 同步数字传输光端机,既获得了必要的资金,又得到了先进的技术。

(资料来源:新浪财经)

根据所提供的案例做下列选择题。

1. D 公司推行事业部制的主要目的是:

  A. 减少决策层次　　　　　　　　B. 精简人员
  C. 经营自主权下放　　　　　　　D. 提高决策效率

2. 把科技人员推向市场，最可能出现的灾难性问题是：
   A. 企业科技人员地位下降　　　　　B. 企业科技人员收入下降
   C. 企业科技人员任务不饱满　　　　D. 企业长远科研项目停顿
3. 对 D 公司的组织创新效果的评判，以下哪一点不正确？
   A. 带来了经济活力　　　　　　　　B. 无显著经济效益
   C. 带来了人事变更　　　　　　　　D. 获得了新的管理方式
4. D 公司的事业部建成后，可能遇到的主要问题是：
   A. 决策混乱　　　　　　　　　　　B. 企业文化不一致
   C. 总厂资金回收困难　　　　　　　D. 企业核心竞争能力下降
5. "一厂多制"最合理的理论概括是：
   A. 多种经营体制的互补　　　　　　B. 合资合作是大势所趋
   C. 经营资源的合理化配置　　　　　D. 宏观经济体制改革的微观化

课后思考题

1. 在实践当中，针对复杂而又多样的业务活动，怎样做到各个部门配合密切又机动灵活，使组织结构完善、工作效率高？
2. 生产组织方式的形式有哪些？生产组织机构的原则是什么？
3. 化工生产准备工作包括哪些内容？
4. 假如让你组建一个年生产化肥 20 万吨的小型化工厂，你需要做什么准备？试写一份计划书。

第三章
化工企业生产过程管理

 引导案例 3-1　吉林石化公司爆炸事故

2005年11月13日下午2时至3时左右,吉林省吉林市中石油所属的吉林石化公司101双苯厂一个化工车间发生连续爆炸,有5人死亡,另有1人失踪、2人重伤、21人轻伤,数万居民紧急疏散。爆炸导致松花江江面上产生一条长达80km的污染带,主要由苯和硝基苯组成。污染带通过哈尔滨市,该市经历长达五天的停水。

该事故直接原因是当班操作工停车时,疏忽大意,未将应关闭的阀门及时关闭,误操作导致进料系统温度超高,长时间后引起爆裂,随之空气被抽入负压操作的T101塔,引起T101塔、T102塔发生爆炸,随后致使与T101、T102塔相连的两台硝基苯储罐及附属设备相继爆炸,随着爆炸现场火势增强,引发装置区内的两台硝酸储罐爆炸,并导致与该车间相邻的55#罐区内的一台硝基苯储罐、两台苯储罐发生燃烧。连环爆炸事故造成新苯胺装置、1个硝基苯储罐、2个苯储罐报废,导致苯酚、老苯胺、苯酐、2,6-二乙苯胺等四套装置停产。

分析:
1. 事故的直接原因说明吉林化工厂在生产过程中管理上存在的缺陷是什么?
2. 化工生产过程管理的根本核心是什么?

(资料来源:天涯社区)

第一节　化工生产过程的组成以及分类

一、化工生产过程的概念

化工生产过程是指从投入化工原料开始,一直到化工成品生产出来为止的全部过程。除了具体化工产品的生产过程外,化工生产过程还包括设备的安装调试、技术规范的制定、生产计划编制等生产准备,化学反应也属于化工生产过程的一部分。

生产过程的主要内容是人的劳动过程。化工生产过程是劳动者利用劳动工具,按照化学反应变化的步骤和方程,直接或间接地作用于劳动对象,生产化工产品的过程。化工生产过程的进行,还需要借助于自然力的作用,这个过程叫自然过程。如生产过程中的化学反应、自然冷却、干燥等。因此,实质上化工生产过程是许多相互联系的劳动过程和自然过程的结合。

化工生产过程按照物流的流动方向或者时间先后,还可以具体分为原料预处理、化学反应和产品分离及精制三大步骤。

1. 原料预处理

主要目的是使初始原料达到进一步反应所需要的状态和规格。例如固体的破碎、过筛；液体的加热或汽化；有些反应物要预先脱除杂质，或配制成一定的浓度。在多数化工生产过程中，原料预处理本身就很复杂，要用到许多物理的和化学的方法和技术，有些原料预处理成本占总生产成本的大部分。

2. 化学反应

该步骤完成由化工原料到化工产物的转变，是化工生产过程的核心。反应温度、压力、浓度、催化剂或其他物料的性质以及反应设备的技术水平等各种因素对化工产品的数量和质量有重要影响，是化工工艺学研究的重点内容。

化学反应类型繁多，按反应特性分，有氧化、还原、加氢、脱氧、歧化、异构化、烷基化、分解、水解、水合、偶合、聚合、缩合、酯化、磺化、硝化、卤化、重氮化等众多反应；按反应体系中物料的相态分，有均相反应和非均相反应（也叫多相反应）；按是否使用催化剂来分，有催化反应和非催化反应。

实现化学反应过程的设备称为反应器。工业反应器的类型众多，不同反应过程，所用的反应器形式不同。反应器可按结构特点分，有管式反应器（装填催化剂，也可是空管）、床式反应器（装填催化剂，有固定床、移动床、流化床及沸腾床等）、釜式反应器和塔式反应器等；反应器按操作方式分，有间歇式、连续式和半连续式三种；反应器还可以按换热状况分，有等温反应器、绝热反应器和变温反应器，换热方式有间接换热和直接换热两种。

3. 产品的分离及精制

分离及精制的目的是获取符合规格的产品，并回收、利用副产物。在多数反应过程中，由于诸多原因，致使反应后产物是包括目的产物在内的许多物质的混合物，有时目的产物的浓度甚至很低，必须对反应后的混合物进行分离、提纯和精制才能得到符合规格的产品。同时要回收剩余反应物，以提高原料利用率。

分离和精制的方法和技术多种多样，常见的有冷凝、吸附、吸收、冷冻、精馏、闪蒸、萃取、渗透膜分离、结晶、过滤和干燥等，不同生产过程可以有针对性地采用相应的分离和精制方法。分离出来的副产物和"三废"也应加以利用或处理。

二、化工生产过程的组成

不论是哪一种生产过程，其组成可按生产阶段的不同作用，分为基本生产过程、辅助生产过程和生产服务过程。化工生产过程是流程式生产过程，这个过程也可以分成以上几部分。

1. 基本生产过程

直接把劳动对象变为企业基本产品的过程。化工企业的基本产品是指化工企业直接提供给市场需要的化工产品。例如石油炼制厂生产的成品油等。基本生产过程是工厂生产过程中最主要的部分。化工生产的基本过程是操作人员利用化学反应器，直接改变劳动对象的物理和化学性质，生产出化工产品的过程。如化肥厂的基本生产过程是焦炭（渣油、天然气等）→造气炉造气→净化→合成→氨加工→各种肥料。基本生产过程包含了企业物流和信息流的运动，是企业资源的主要消耗场所之一。基本生产过程是否畅通，还影响着产品的产量、质量、成本、品种、生产周期等经济指标。

2. 辅助生产过程

为保证基本生产过程的正常进行，而从事的辅助产品的生产过程。辅助产品是化工企业为实现基本产品的生产，所必须制造的自用产品，它们不构成基本产品的实体。辅助生产过程包括工具、夹具、量具、各种动力等的生产以及设备维修等。

3. 生产服务过程

为基本生产和辅助生产所进行的各种生产服务活动，如化工原料、半成品和工具的保管、供应、运输以及试验和分析化验等。

此外，从生产过程的扩大意义来看，还可以把新产品投产前的产品设计、工艺准备、试制鉴定等生产技术准备工作包括在生产过程内，形成一个企业内完整的生产过程。

三、化工生产类型

（一）生产类型的概念及划分

生产类型是影响生产组织的主要因素，也是设计化工企业生产系统首先要确定的重要问题。

不同产品的生产过程是不相同的，即使是同种产品，由于批量不同，它们的生产过程也有很大差别。不同的生产过程需要不同的管理方式。不同特点的化工企业对工艺、生产组织与计划工作等有不同的要求。尽管实际生产过程千差万别，但某些生产过程大同小异，可视为一类。因此，有必要按生产过程的主要特征把各种生产过程划分为少数几种典型形式，找出各类化工企业的特点及规律，以便选择适宜的生产组织形式，合理地组织生产过程以及确定计划方法与工艺方法。这些典型形式就是生产类型。

在观察生产过程的主要特点时，由于观察的角度不同，因此生产类型的划分相应地有几种不同方法。按工艺过程可划分为流程式生产和装配式生产；按生产数量可划分为大量生产、单件生产和成批生产；按确定生产任务的方式可划分为备货生产和订货生产。

（二）化工生产的类型

化工企业的生产类型可以根据其使用的原料和生产的产品进行分类。化学工业最基本的原料是煤、石油、天然气、化学矿以及农林副产物和海洋资源，其中绝大部分基本有机化学工业和部分基本无机化学工业的原料主要是煤、石油和天然气。目前，世界化学工业主要以石油和天然气为原料，约占90%以上，我国的化学工业原料则以煤为主。

由于化工生产有不同的加工深度以及化学反应的可逆性，除最基本的原料外，化工原料与产品往往是相对的，有些原料与产品也是可以互换的。

1. 以煤为原料的化工生产及其产品

以煤为原料生产化工产品有悠久的历史，我国的煤炭资源很丰富，截至2019年已探明的煤炭储量超过17000亿吨。因此，发展以煤为原料的基本化学工业意义重大，特别是煤的综合利用，是今后重点开发的课题。

煤的种类多，结构复杂，主要成分是碳、氢和氧，并含有少量的氮、硫、磷等物质，组成有机化合物。煤化工工业历史发展悠久。目前，石油和天然气化工发展迅速。但是，以煤为原料的化工生产仍然起着重要的作用，原因如下：

① 世界上已探明的煤炭资源比石油和天然气丰富。

② 以煤为原料可以得到许多石油化工较难得到的化工产品。如萘、苯酚及一些带五元环的化合物如茚、苊及三个芳香环以上的化合物如蒽等。

③ 使用煤炭可以生产大量的烷烃和烯烃产品，来补充石油原料的不足。

我国煤炭资源丰富，煤的产量已经跃居世界前列。煤的综合利用途径多，主要有焦化（简称炼焦，也即干馏）、气化、液化（加氢）、生产电石等。

2. 以石油为原料的化工生产及其基本产品

石油是很重要的化工原料，石油化学工业在国民经济中占有重要地位。随着大庆、胜利、辽河、华北和中原、新疆等油田的相继开发，以及炼油和石油化学工业的发展，我国化学工业的原料和产品结构发生了极大的变化，促进了国民经济的迅速发展。

以石油为原料生产的产品很多，按其主要特征和用途可分为燃料油（汽油、煤油、柴油）、润滑油、石蜡、沥青、石油焦以及基本化工产品六大类。基本化工产品包括烯烃（乙烯和丙烯）、芳烃（苯、甲苯、二甲苯）、液化石油气和合成气等。这些物质可以作为原料进一步加工，制得各种各样的化工产品和日用产品。以石油生产的基本化工产品中，乙烯占有重要的地位。利用乙烯为原料可以制取更多产品。

石油工业与基本有机化学工业关系密切。石油在开采和加工过程中，得到许多气体和液体油品，都是基本有机化学工业的重要原料。

油田开采出来未经加工处理的石油称为原油。原油是一种有气味的黏稠状黑褐色液体。它是一种成分非常复杂的混合物，由数百种碳氢化合物组成。

按照石油中所含的主要成分，可分为烷基石油、环烷基石油和混合基石油三大类。以直链烷基为主的石油称为烷基石油（石蜡基石油）；以环烷烃为主要成分的称为环烷基石油（沥青基石油）；介于二者之间的石油称为中间基或混合基石油。

以石油或者天然气作为原料进行生产获得化工产品的工业，称为石油化学工业，简称为石油化工。

石油化工以石油和天然气为初始原料，首先经油气加工处理，将这些烷烃为主的初始原料按含碳量进行分离，得到甲烷、乙烷、丙烷、丁烷等轻烃和石脑油、重质燃料油等馏分油。这些轻烃及馏分油分别用来进一步加工，生产具有重要实用价值的石油化工产品。

石油化工生产主要是石油炼制，石油炼制是将石油加工成各种石油产品的过程。

石油化学工业与石油炼制工业都是以石油为原料，两者既有差异又相互渗透，难以严格区分，现逐步形成大型化工-炼油联合企业，既生产燃料或润滑油等油品，也生产越来越多的石油化学产品。

石油炼制主要包括常减压蒸馏、催化裂化、催化重整、加氢裂化、焦化、加氢精制等过程。常减压蒸馏（直接蒸馏、直馏）是一次加工过程，其他的属于二次加工过程。

（1）常减压蒸馏　常减压蒸馏是根据原油中所含各组分沸点的不同，分别用常压、减压的蒸馏方法把原油分离成若干不同馏程（沸点范围）的馏分。这个过程是物理加工过程。

常压蒸馏也称直馏（直接蒸馏），是在 1atm（101325Pa）、573～673K（350℃左右）条件下进行，在蒸馏塔的中上部不同高度，即不同温度段分别得到汽油、煤油、柴油等，塔釜引出重油（重柴油、润滑油、沥青等高沸点组分）的蒸馏过程。

因为重油的组分沸点较高，在常压蒸馏时则需要高温，而高温易使重油组分炭化分解，影响油品的质量。根据物质的沸点随外界压力下降而下降的原理，可以对重油采用减压蒸馏。

减压蒸馏是在20~60mmHg（5kPa左右）、653~673K（390℃左右）条件下，在塔的中上部不同高度，因沸点范围不同引出柴油、石蜡油、润滑油等油品，塔釜引出减压渣油的蒸馏过程。采用减压蒸馏具有的好处：防止分解反应；降低热能消耗；加快蒸馏速度。

单一烃在一定压力下，一个烃只有一个沸点时，分子量越大，其沸点越高。液体馏分是各种烃的混合物，其沸点不只是一个值，而是有一个较宽的范围，称为沸程。蒸馏时得到第一滴油品的气体温度称为初馏点。蒸馏时得到某油品的气体最高温度称为终馏点（干点）。初馏点到终馏点的温度范围称为馏程。

(2) 裂化　裂化就是将常减压装置所得到的沸点在煤油馏分以上的石油馏分（如重柴油、重油、减压馏分油等）经过化学加工，使包含的长碳链烃分子在隔绝空气的高温条件下发生分解反应，生成短碳链分子，从而生产出汽油、煤油和柴油的过程。

裂化不仅提高了汽油、煤油、柴油的产率，而且提高了汽油的辛烷值（即提高了汽油的质量）。辛烷值是表示汽油抗爆性的单位。一般选择两种烃作为标准物测量，一种是异辛烷（2,2,4-三甲基戊烷），它的抗爆性好，规定其辛烷值为100；另一种是正庚烷，它的抗爆性差，规定其辛烷值为0。如果某种汽油与90%的异辛烷和10%正庚烷的混合物的抗爆性相同，此汽油的辛烷值即为90。深度裂化还能提供大量廉价的裂解原料，制取芳烃。

裂化方法很多，根据所用催化剂以及温度、压力等条件不同，可分为：热裂化，没有催化剂存在时，在一定压力和温度下进行的裂化过程称为热裂化；催化裂化，在催化剂存在下进行裂化的过程；加氢裂化，在氢存在下进行的催化裂化反应。

(3) 催化重整　催化重整是以一定馏分的直馏汽油作原料，使其碳键结构重新调整，正构烷烃发生异构化，非芳烃转化为芳烃。重整的目的是提高汽油辛烷值。

(4) 焦化　焦化是一种深度热裂化，它是使重质油加热裂化并伴有聚合反应而生成轻质油、中间馏分油和焦炭。

3. 以天然气为原料的化工生产及其产品

天然气是埋藏在深度不同的地层中的气体。大多数气田的天然气具有可燃性，主要成分是气态烃类，还含有少量的二氧化碳、氮气和硫化物等杂质。

天然气根据来源可分为伴生气和非伴生气。伴生气是伴随石油共生，通称为油田气。非伴生气为单独的气田资源，纯气田的天然气主要成分是甲烷。

天然气有干气和湿气以及贫气和富气之分。一般每立方米气体中C_5以上重质烃含量低于$13.5cm^3$（液体）的为干气，高于此值为湿气；含C_3以上烃类超过$94cm^3$（液体）的为富气，低于此值为贫气。

用天然气作为化工原料主要是制取合成气，并进一步加工制成各种化工产品。湿天然气和油田气中C_2以上的组分是用于裂解制取乙烯和丙烯的重要原料。用天然气作为原料加工的基本化工产品，成本一般比较低。

4. 煤、油、气原料的互换性

煤、石油和天然气作为化学工业原料生产化工产品时，具有互换性，即同一产品可以用不同原料来生产。这体现了化工原料多样化的特点，典型的例子是合成氨的生产。天然气、焦炉气、各类油品以及煤都可以生产出合成气（$CO+H_2$），利用合成气又可以生产出许多化工产品。

采用的原料不同，生产方法和工艺流程则存在差异，过程的能量消耗和技术经济指标也存在较大的差别。生产中各项指标均最低的是天然气，最高的是煤。这说明用轻质原料可以获得更好的技术经济效果。一般说来，原料中的氢碳比例越高，加工过程越简单，成本也越低。因此，天然气和轻质油品是化学工业，特别是基本有机化学工业的理想原料。比较用石油和煤作为原料生产相同的基本有机化工产品，因为用煤为原料时首先要制取合成气，再进一步加工得到基本有机化工产品，其成本则高25%左右。因此，目前石油化工比煤化工要发展得快。

虽然直接用煤为原料生产化工产品的成本较高，但如果把炼焦产生的焦炉气或其他过程副产的 CO 和 H_2 作为原料来生产化工产品，其经济效益则会优于天然气和石油为原料所得的同样产品。从长远来看，石油和天然气的储藏量在逐渐减少，开采的成本将逐渐提高，而煤的蕴藏量丰富，故煤化工必将有较大发展。

第二节　化工生产过程的组织

一、合理组织化工生产过程的要求

化工企业要保证生产的正常运行，不断提高产品的质量和经济效益，就必须对产品的生产过程各阶段、各工序的工作做出合理的安排。化工生产过程组织，就是要根据化工产品的特点和化工生产类型的性质，对生产过程中的各种要素，包括生产设备、输送装置、工序、工作中心、在制品存放地点等进行合理的配置，使得产品在生产过程中的行程最短、通过时间最快和各种耗费最小，获得最大的经济效益。因此，组织生产过程必须符合四个基本要求。

1. 保持生产过程的连续性

化工生产是高度连续作业。化工原料投入生产以后，在化工装置内处于物流型的运动状态，不停地从上一道工序流向下一道工序，直至生产出最后产品。就一道工序而言，化学反应不允许中断，一旦中断，化学反应条件将失去平衡，严重影响反应的正常进行。即使再恢复反应条件，往往也不能立即以原有的速度进行反应，副反应会增加，生产率会大大降低，不安全因素会增加。就化工生产过程的整体而言，一道工序的中断会引起整个流程的不正常，各项技术经济指标下降。因此，化工生产能够连续不断地进行，就意味着节约人力、物力和财力，提高生产效率。

2. 保持生产过程的比例性

化工生产过程的比例性又叫生产过程的协调性，是指生产过程各阶段、各工序在生产能力上要保持适当的比例关系，化工产品生产过程的比例性主要表现在生产能力上的比例性、在工作时间和空间上的比例性、化学反应过程中反应物的比例性、各生产环节能量的吸收和释放比例性、生产速度的比例性、各设备能力的比例性、各类专业人才的比例性等。上述各种比例关系在工程设计中要严格核算，综合平衡，最终体现在技术文件中。组织化工生产过程要严格执行这些文件规定的要求，才能达到优质、高效、低耗、安全的预期效果。

3. 保持生产过程的均衡性

生产的均衡性又叫生产的节奏性，是指化工企业及其各个生产环节在相等的一段时间内，生产相等或递增数量的产品，各工作地点负荷相对稳定，不出现时松时紧或前紧后松的现象。

均衡性的特点是由化工生产过程的连续性和比例性的特点决定的。首先，化工生产步骤多、流程长，经过一系列化学变化，才能生成目的物。因此，只有各步骤均衡组织生产，才能保持化工生产过程的连续性。其次，各种化工中间物料有时效要求，如化学反应、澄清分层等都要经过一定的时间，只有按时效要求均衡组织生产，才能保证化学反应比例性的要求。最后，化学反应是在化学反应器内进行的，设备一直静止不动，而人工促成的各种各样的能量的物理作用、化学作用和催化剂作用则起着工作工具的作用。因此，只有均衡有节奏地按作业计划生产，才能保证各种能量作用的正常发挥。

4. 保持生产过程的适应性

生产过程组织具有相对稳定的特点，也就是化工生产工艺、设备装置、产品相对稳定。这在短时期内是完全可行的。但按照发展的观点，随着科学技术的进步，社会经济的发展，市场竞争的加剧，产品更新换代周期的不断缩短，消费水平和消费结构的变化加快，都要求化工企业在组织生产过程时要保持必要的适应性，适当地保持一定的柔性，以适应社会、市场、经济持续发展的要求。化工企业的生产组织必须适应市场需求的多变性，在满足企业短期稳定发展的条件下，要满足和适应未来的、长期的战略变化的要求。

以上四个基本要求相互联系、相互制约，比例性和均衡性是连续性的前提，连续性和比例性又为实现均衡性创造条件，而适应性则是连续性、比例性、均衡性在一定程度上的调整和发展。达到这些要求，就可使化工生产过程获得良好的经济效益。

二、化工生产过程的时间组织

生产过程的时间组织，主要是研究劳动对象在工序间的移动方式。化工生产过程的时间组织是指化工原料等劳动对象经过各生产部门、工序时，在时间上配合和衔接方式的组织。时间组织的任务是尽量缩短产品的生产周期。

化工生产周期是指化工产品从原材料投入生产开始，到化工产品最终产出为止，所占用的日历时间，以天数或小时表示。生产周期是表示化工企业生产技术经济水平高低的一个重要指标，缩短生产周期，有利于减少资金的占用，减少在制品的数量。提高企业的生产能力，缩短生产周期应以提高经济效益为前提，以科技创新和科学管理为手段，使缩短生产周期不增加或少增加生产费用。如果缩短生产周期，带来总工时的增加和加大设备投资，那么，就需要进行认真的经济核算，以确定生产周期的缩短和投入的增加二者的投入产出比，看能否从降低生产成本和提高市场竞争力方面补偿投入的增加，从而确定方案的取舍。

化工产品生产周期时间由工艺过程时间和非工艺过程时间两大部分组成。工艺过程时间的组成，可用下式表示：

$$T_{工}=\Sigma t_{基} + \Sigma t_{辅} + \Sigma t_{断}$$

式中　$\Sigma t_{基}$——各工序基本作业时间总和；

$\Sigma t_{辅}$——各工序辅助作业时间总和，指分析、化验、检验、设备调整的时间；

$\Sigma t_{断}$——工艺上必须发生中断的时间总和，指产品转换、物料转换、工艺参数调整所占用的时间。

对于像轮胎、塑料加工品等类的成批生产而言，整批制品的工艺过程时间还包括用于整批制品的准备和结束工作的时间。

生产周期的另一个组成部分是非工艺时间。因此，整个或整批制品的生产周期时间由下列时间组成：

$$T_{生} = T_{工} + T_{自} + T_{运} + T_{检} + T_{停}$$

式中　$T_{工}$——工艺过程时间；

　　　$T_{自}$——自然过程时间，如陈放、冷却以及沉淀等；

　　　$T_{运}$——半成品在工序之间的运送过程时间；

　　　$T_{检}$——半成品和成品的检验过程时间；

　　　$T_{停}$——等待加工、运送、检验和积聚成批的停顿时间。

应该考虑到，整批制品的生产周期长度不是各部分过程时间的简单算术总和，还要考虑到某些过程有时间上重叠的情况。例如在工艺加工过程中伴随的抽样检验（无需停工），则检验所花的时间与工艺过程时间重叠。因此，由于生产过程中制品的运送和检验等工作的组织方式不同，整批制品生产周期的长短也受到影响。

对于连续大量生产的产品，如化肥、硫酸、硝酸、盐酸、烧碱、纯碱、合成橡胶、树脂等，仅需计算从投料开始到出产品为止所经过的各工序加工过程延续时间，以此来表示生产周期的长短，并根据整条生产线生产能力综合平衡而确定的日产量来安排生产计划进度。

缩短化工生产周期具有重大的技术经济意义。生产周期缩短后，单位时间的产品产量将增加，设备利用率和劳动生产率相应提高，减少了中间贮备，加快了流动资金的周转，从而最终带来产品生产成本的下降，因此，缩短生产周期意味着生产技术和管理工作的改进，以及经济效益的提高。

由于各种化工产品生产周期的决定因素不同，因此缩短生产周期的措施手段也不同。对于机械化和自动化的化工生产来讲，生产周期的长短主要取决于工艺过程时间，非工艺过程时间所占的比重较小。在这种条件下，要缩短生产周期，首先在于加快或强化工艺过程以缩短工艺过程时间。如进行技术革新以提高自动化控制水平，强化工艺条件等。对于化肥和酸、碱、盐等产品，要求采用先进的生产方法与改进工艺流程，改变设备布局等措施，使用优质的原材料和改进产品质量以提高生产机械化自动化程度，保证设备的安全运转等等。对于如轮胎、塑料制品等产品，还需改进产品的结构，以提高其工艺性。

生产周期中的自然过程，如陈放、冷却、晾干以及沉淀等环节，可以通过人工或机械处理，使自然过程变为工艺过程而缩短其时间。

对于运输所用的时间，则可以通过改善车间和厂内的运输工作来实现。主要是缩短各生产阶段和联动机之间的距离，尽量将若干个单一结构连成一个总的联动生产线。

在工艺过程中改善检验、分析方法，实现自动检测和不停工检测，也可以达到缩短生产周期的目的。

三、化工生产过程的空间组织

化工生产过程的空间组织，是指化工生产过程中的生产工序在空间上的配合与衔接方式。空间组织的任务是合理、充分利用空间，保证生产过程的连续性，保证生产的安全和维修，尽量缩短生产对象的流动路线。化工企业常用的生产过程空间组织有两种基本形式。

1. 工艺专业化组织形式

工艺专业化组织形式就是把工艺相同的工序或工艺阶段组织在一起，形成一个生产单位，如工艺专业化车间（工段）、班组。在这种生产单位内集中了相同类型的生产设备、相同工种的化工操作人员，用相同的工艺方法对不同类型产品进行部分加工。如烧碱厂把化盐、电解、蒸发和蒸煮划为生产单位。

按工艺专业化原则组建化工生产单位有以下优点：①化工产品的工艺路线有一定弹性，能较好地适应产品品种的变化；②在同一地点可以用同类设备来代替发生故障的设备，不易导致生产中断，也有利于提高设备利用率；③技术力量集中，专业设备集中，有利于技术交流和提高技术水平；④工艺和设备管理较方便。

同时，按工艺专业化组织形式组建化工生产单位也存在缺点：①产品在生产过程中的运输路线较长，运输费用增加；②产品在生产过程中停放、等待的时间增多，延长了生产周期，增加了在制品，多占用了流动资金；③各生产单位之间的协作关系复杂，生产作业计划管理、在制品管理，以及产品的成套性管理的工作难度增大。

对比以上优缺点，工艺专业化组织形式适用于品种多、批量小、生产过程变化大的生产单位，和市场需要变化大、产品更新快的环境。

2. 对象专业化组织形式

对象专业化组织形式就是把某种产品的全部或大部分工艺过程集中起来，组成一个生产单位。如对象专业化车间（工段）、班组。在这种生产单位内各工作地的加工对象相同，但工艺方法、生产设备、工人种类不相同。

按对象专业化组织形式组成的生产单位具有以下优点：①产品集中在一个生产单位完成，加工流程短，可以缩短产品运输距离，节省运输消耗，减少仓库和生产面积的占用；②可以减少产品在生产过程中的停放、等候时间，缩短生产周期，减少生产过程中的在制品库存，减少流动资金的占用数量；③有利于按期、保质、保量完成生产任务；④便于使用专用高效设备和工艺装备，形成如流水生产、生产线、成组加工单元等先进生产组织形式；⑤生产单位之间的生产联系简化，有利于生产管理控制，生产调度比较简单；⑥有利于提高产品质量。

按对象专业化组织的生产单位也存在如下缺点：①不利于技术开发，很难适应产品品种的变化要求；②一台设备发生故障，就会导致生产过程中断，同一生产线上设备生产能力很难完全平衡又充分利用，某些设备的生产能力利用不足；③工艺和设备管理较复杂。

对比以上优缺点，对象专业化组织形式适用于品种少、批量大、专业方向明确的生产单位，以及市场需求量很大又比较稳定的环境。

由上述可知，完全按这两种形式组建车间各有利弊。实际生产中，很多车间是综合运用这两种形式建立的。在关键的、有共性的环节采用工艺专业化组织形式，在其他环节采用对象专业化组织形式。

第三节　化工工艺管理

企业的日常生产中，为了达到高产、优质、低消耗、安全等目的，需要伴随大量的工艺管理工作。化工工艺管理工作，主要是指组织制定并执行化工生产工艺技术规程，同时组织制定并执行其他与生产工艺技术规程相关的各项规程制度；监督和检查以生产工艺技术规程为中心的各项技术规程的执行情况，总结经验，改进生产条件；组织开展合理化建议的活动，负责技术措施的实施。通过生产实践，使各种规程制度不断得到修订和完善。

鲁南化工净化车间基层管理

一、化工工艺操作规程

化工工艺管理的重点是管好生产工艺操作规程。它是生产中的共同技术依据，各级生产指挥人员、生产技术管理人员和技术经济管理人员要依据它开展工作。化工生产工艺操作规程是用文字、表格和图纸，将产品、原料、工艺过程、工艺设备、工艺指标、安全技术等主要内容，给予具体规定和说明，是一项综合性的技术文件，具有技术法规的作用。

化工生产工艺操作规程应包括以下具体项目。

① 所生产化工产品名称、物化性质、技术标准及用途。

② 原材料名称及质量标准或技术规格。

③ 生产基本原理及反应方程式。

④ 生产工艺流程的描述。

⑤ 岗位操作及控制：岗位操作内容；开车前准备工作；开、停车操作；各岗位控制要点。

⑥ 不正常现象及应对策略。

⑦ 安全生产要点及保障措施。

⑧ 主要原材料、动力消耗定额。

⑨ 生产过程中的"三废"排放和治理。

⑩ 设备一览表及主要设备的生产能力。

⑪ 带控制点的详细工艺流程图。

⑫ 关键设备的结构图。

不同化工产品的生产工艺操作规程可以包含以上不同的项目，要根据生产产品的性质和工艺特点的需要来确定工艺和工艺操作规程的具体项目。

工艺操作规程是科学技术和生产经验的总结。但是随着生产的发展和科技的进步，经验的积累和技术措施的实行，以及市场对产品质量要求的变化，它需要不断补充和修订。

为了保证化工工艺操作规程既能保持先进技术水平，又能保证工艺操作规程的相对稳定性，化工企业要求有定期修改工艺操作规程的制度，修订周期一般是2～3年。

工艺操作规程的制定和修改，都应按照一定的程序进行，最后经有关部门和领导审批后方可实施。

工艺操作规程一旦生效，即可作为制定其他一系列技术文件的依据。如安全操作规程、分析规程等，要根据工艺操作规程的要求具体制定。

【案例1】 2001年3月13日，美国佐治亚州奥古斯塔BP-阿莫科聚合物工厂（以下简称奥古斯塔工厂）发生一起爆炸事故，并引发大火，造成3名工人当场死亡。

3月13日，奥古斯塔的3名工人在打开装有热熔塑料工艺储槽的端盖过程中不幸遇难，原因是他们不知道储槽内是有压力的，部分螺栓被拆掉的端盖突然迸发并喷出热熔塑料导致工人死亡，喷射出的能量造成邻近的管线断裂，管线内流出的热液体被引燃，酿成火灾。

直接原因：

① Amodel 生产工艺的危险分析不足且不完整：在最终设计阶段危险分析中，没有发现化学反应的危险，如副反应；在设计和施工阶段进行的危险分析期间，挤塑机的运行以及它对其他生产过程的总体影响没有得到足够的审查；聚合物回收槽可能被充满的情况没有被鉴别出来。

② 设计资料没有充分地描述 Amodel 的工艺：工艺描述没有充分地说明聚合物回收槽的设计基础和操作原理，结果导致操作人员对其特性的误解；没有清楚地指定最大的充装液位，没有对超装操作设置警报；运行管理部门没有反映更新的程序和变化的实际操作文档资料。

③ 设备拆开程序没有指明当安全措施没有达到时应采取什么行动。在事发当天以及日常生产 Amodel 期间，按公司程序和职业安全健康署（OSHA）的锁断/挂牌的规定认为聚合物回收槽内是不可能没有压力的。固化的聚合物堵塞排放管使操作工人认为槽内没有压力。在这种情况下，没有一个规定要求管理上的审查和授权体系规范工人的操作。尽管并未绝对确认槽内没有压力，工人还是继续进行打开槽盖的工作。

间接原因：

① BP-阿莫科集团公司，作为 Amodel 的生产工艺开发者，没有通过全面审查工艺设计来发现化学反应的危险，无论是 BP-阿莫科集团公司的研发部门，还是工艺设计部门都没有明确的系统化的程序来鉴别和控制源于副反应或缺少控制反应的反应危险。

② 奥古斯塔工厂没有实施为改正设计缺陷而进行的全面审查过程。

③ 类似事故已有发生，奥古斯塔工厂的事故和未遂调查系统没有充分地鉴别出原因或相关的危险，而改进导致事故重复发生的系统设计上和操作上的缺陷却需要这些信息。

（资料来源：百度文库）

二、安全操作规程

化工生产有别于一般工业生产，生产环境中客观上存在着高温、高压、低温、负压、易燃、易爆、易中毒、易腐蚀、放射性物质、粉尘等不安全因素，因此化工生产中的安全管理意义重大。制定生产的安全操作规程是安全管理的重要内容，它分析和研究生产过程中存在的各种不安全因素，从技术上、操作上采取强制措施，消除各种隐患，防止事故发生，保证生产顺利进行和职工的人身安全。

安全操作规程应包括以下内容：
① 产品主要原材料、中间体及产品的物化性质；
② 正常生产操作中的安全注意事项；
③ 检修（包括安全停车时）操作中的安全注意事项；
④ 中断生产（突然停电、停水、停汽）时安全停车注意事项；
⑤ 产品设备中压力容器安全操作注意事项；
⑥ 其他注意事项（包括环境保护）。

安全操作规程是化工产品工艺操作规程在安全技术方面的详细体现，企业要依据它进行安全教育，企业领导及有关部门要根据它指挥生产，岗位工人遵循它进行生产操作和检修，出现安全事故时，有关部门要依据它进行调查、处理。安全操作规程既要体现国家的安全法规，又要体现产品的安全技术，更要总结和体现过去安全事故的教训。严格执行安全操作规程，既能保证产品优质、高产，又能保证设备安全运行，以及操作者在生产过程中的安全和健康。

国家制定的劳动法律法规，化工部门对安全生产的有关要求和禁令，是制定安全操作规程的基本原则。

【案例2】 北京市东方化工厂"6·27"特大火灾事故

1997年6月27日，北京东方化工厂储罐区发生特大爆炸和火灾事故，死亡9人，伤39人，直接经济损失1.17亿元。

事故的直接原因是：在从铁路罐车经油泵往储罐卸轻柴油时，由于操作工开错阀门，使轻柴油进入了满载的石脑油A罐，导致石脑油从罐顶气窗大量溢出（约637m^3），溢出的石脑油及其油气在扩散过程中遇到明火，产生第一次爆炸和燃烧，继而引起罐区内乙烯罐等其他罐的爆炸和燃烧。

事故的直接原因暴露出北京东方化工厂安全生产管理混乱，岗位责任制等规章制度不落实。此外，也反映出罐区自动控制水平低，罐区与锅炉之间距离较近且无隔离墙等问题。

【案例3】 20世纪80年代，某硫酸厂对98%硫酸循环酸槽进行检修，操作工打开进酸阀门，但计量槽液位计显示始终没有变化，操作工手持铁锤敲击标杆，标杆被敲断。后来车间派1名钳工用电焊来切割标杆，电焊弧刚响两下，计量槽立即发生爆炸，把正在切割的钳工抛出七八米远，送医院抢救无效死亡。

这是一起典型的违章操作引发的事故。

（资料来源：安全管理网）

第四节　化工企业技术管理

技术管理是化工企业对其生产过程全部技术活动进行科学管理的总称。化工企业通过加强和完善技术管理，进行技术改造、采用新技术、开发新产品，可以充分利用现有物质条件，提高劳动生产率，提高企业经营水平，增强企业竞争能力。

化工企业技术管理

一、化工企业技术管理的主要任务

(1) 组织企业的各项技术工作，建立良好的生产技术工作秩序，保证生产正常进行。技术管理部门要建立健全各项技术管理制度，及时为生产提供合理的技术文件，对职工进行技术培训，要求职工严格遵守工艺操作规程和技术标准。

(2) 积极开展科研工作，加速科学研究的进程，尽快把科研成果转化为生产产品，使之转化为现实的生产力。

(3) 利用企业现有的物质技术条件进行创新，采用新技术、新工艺、新材料提高产品质量，研究开发新产品。

二、化工企业技术管理的范围

1. 化工企业日常工艺管理工作

主要是组织制定、执行各种化工产品的生产工艺技术规程以及以此为中心的其他各项规程制度；督促和检查各项技术规程的执行情况，总结经验，改进生产技术；通过生产实践，使各种规程制度不断得到修订和完善。

2. 组织编制技术措施计划及实施

为了提高化工企业的生产技术水平，提高质量，增加产量，提高劳动生产率，降低消耗，改善劳动条件，搞好环境保护和安全生产，企业可采取各项措施，包括新技术、新工艺。企业的技术组织措施应起到以下作用。

（1）克服生产技术上的薄弱环节，充分挖掘企业发展潜力。为了克服薄弱环节，使生产在新的水平上达到平衡，就要采取一定的技术措施，使生产进一步发展，保证计划的完成。

（2）对广大职工提出的合理化建议和技术革新，制定技术措施，在生产过程中推广应用。

（3）改善劳动条件，消除生产中隐患，保证安全生产和消除环境污染。

（4）改善劳动组织，提高企业管理水平，合理利用资源，扩大品种，提高产品质量。

技术措施项目的编制要遵循一定的程序，一般是先选项，通过审批后再编制立项。

企业技术措施的实施，目的是保证全面完成生产计划任务。在立项审查时，应进行必要的经济核算。

3. 组织和实施企业技术改造

企业要利用现代化的技术装备，改造陈旧的设备和工艺，实现扩大再生产。企业的技术改造，一定要以提高经济效益和可持续性发展为目标，主要从四方面来进行：

① 从节约的角度来考虑，要节约能源、原材料，降低消耗，降低生产成本；
② 从满足市场需要来考虑，要改革产品结构，使产品升级换代，提高性能和质量；
③ 合理地利用资源，提高综合利用水平；
④ 注意促进安全生产，改进环境保护，减轻重体力劳动。

【案例4】 山东省平原永恒橡胶厂"4·20"重大爆炸事故

平原永恒橡胶厂厂长武忠义，为了多回收产品，在2004年4月19日下午4时左右，安排甲氧基胺盐酸盐车间主任王春雷改造精馏塔排空管，把精馏塔大冷凝器后排空管上的小冷凝器拆下，并将排空管封堵，拆下的小冷凝器安装到甲氧基胺、二甲氧基胺、三甲氧基胺三个储罐总排空管上；在甲氧基胺、二甲氧基胺、三甲氧基胺储罐排空管上分别加装了阀门。改造后的生产系统，原来的两套排空系统只剩一套。由于加装了阀门，原来的自行排空变成了由人工操作阀门控制排空。20日8时上班后，甲氧基胺盐酸盐车间工人开始投料生产，三个储罐排空管上新安装的阀门均处于关闭状态。10时左右，压力表发生异常现象，几分钟后，车间突然发生爆炸，造成3人当场死亡，3人受重伤，5人受轻伤，生产车间报废，企业停产。20日下午6时左右和27日13时左右，又有两人经抢救无效死亡。这起事故共造成5人死亡，6人受伤，直接经济损失80万元。

事故的直接原因是未经科学论证，私自对现有设备进行改造。

（资料来源：安全管理网）

企业技术改造工作量很大，涉及企业内部方方面面，是一项长期的任务，企业要根据自己的能力和需要，拟订出适合企业发展的总体规划，采取切实可行的措施，分期分批地实施改造。

4. 技术引进和国际技术合作

技术引进又称技术输入，引进内容广泛，采取形式多样，如购买技术，购买成套设备，派人出国培训，或请外国专家来授艺，都是技术引进的内容和形式。

引进技术，是吸取国外先进技术的重要途径之一。利用现有的成熟技术，比开发新技术所花的时间短、代价小、见效快。为了加快企业的技术改造，一方面要发挥现有技术力量的作用，搞好技术开发。另一方面，也要积极吸收国外的先进技术知识，引进国外先进设备，把学习和创新结合起来，少走弯路，加快企业现代化进程。

技术引进的方式主要有：①引进成套设备。这种方式时间短、见效快，一次投产成功，快速抢占市场，但投资大。②进口主机，自制辅机。从国外引进精度高的关键设备和仪器，由自己制造一般的配套设备和设施，可以节省外汇，有利于企业尽快独立管理更新设备，有利于技术人员培养。③许可证交易或购买专利，主要购买专有技术、专利使用权和商标使用权，进行某种形式的国际技术合作。

引进技术的目的是增强企业的市场竞争能力，要积极组织科研力量，对引进的技术和设备进行消化、吸收、改进和创新。

5. 科技信息工作

在当前经济全球化形势下，企业发展不仅要考虑本地区和国内市场竞争，而且要考虑国外竞争。企业要想在竞争中保生存、求发展，就必须了解本行业科技发展动态。科技信息工作就是系统地有针对性地收集、整理、分析、储存、传递科技信息，为企业预测技术发展趋势，选择科研方向，技术改造，发展新技术提供有关资料。

6. 知识产权管理

知识产权主要包括三项内容：①版权即著作权；②专利权；③商标权。专利权和商标权又总称为工业产权。

依据专利法的规定，发明创造人对自己的发明、实用新型和外观设计，向专利局提出专利申请，经专利局审核批准，发明创造人即对自己的发明创造享有专利权。

7. 技术档案管理

化工企业中的产品配方、各种计算标准和技术规程、技术资料、工艺装备图、工艺规程和工艺守则等，都属于技术档案的范畴。它不仅是技术工作成果的记录，而且也是现代工业企业生产技术活动的技术依据和必要条件。技术档案的管理工作，主要有以下三点。

（1）技术档案的归档、分类、编号 对企业不同阶段使用的图纸和技术文件，及时分类编号，立卷归档。企业中使用的图纸一般分成产品图纸、工艺装备图纸、自制专用设备图纸、工艺图纸、机修配件图纸等几大类。在分类的基础上要加以编号，以简化技术档案的管理工作。

（2）技术档案的保存、分发和复制 企业的技术档案资料室负责保管成套的和主要的图纸和技术文件，技术科室和生产车间也应该设专职机构，专职人员或兼职人员负责保管图纸和技术文件。图纸和技术文件不得随便分发，不准丢失，作废后要及时收回，并加标识。图纸和技术文件的复制要经过一定的手续，由厂部集中处理。

（3）图纸和技术文件的修改 生产活动中内在因素和外部条件变化时，需要修改有关技术文件。修改工作务求及时准确，使技术文件与生产实际相一致。技术文件的修改权力要集中，要有严格的修改审批和会签制度，以保持技术文件的完整性和统一性。技术文件的修改，要有明确的手续和严格的技术责任。负责修改的部门应在修改之前，提出修改理由，经有关负责人批准。通常由原技术文件的制定单位统一负责修改，其他单位有权利和责任提出修改意见，但不得自行修改。在修改过程中，必须经有关部门会签，以便有关单位为实现新技术文件准备条件，并修改其他相应技术文件。

8. 正确选定科研项目，搞好技术开发

科技是第一生产力，企业要提高产品竞争力，就要依靠科技，搞好研究，搞好新产品、新技术开发。

企业进行科学研究、技术开发一定要按照新产品、新工艺研究开发的程序来进行，切不可盲目选题，不顾自己条件，急于上马，又不注意经济评价。化工企业技术开发，一般要经过三个阶段：

① 首先在实验室进行小试研究，复核和扩充数据，探索采用何种生产方法改善工艺配方，肯定新产品、新工艺的效果；

② 通过中间试验验证小试研究所取得的数据，进行经济评价，选定生产流程；

③ 在中间试验基础上进行扩大试验，考察由于规模放大后的各种影响，大量进行工业生产工程问题的研究，改进设备，处理污染，完善工艺，提出设计数据，编写工艺规程。

以上三个阶段相互紧密衔接，循序渐进。

总之化工企业的科研开发工作，要认真选题，做好必要的试验工作，把科研与设计密切结合起来，使新产品、新工艺的开发建立在可靠的实验研究的基础上。在进行研究工作时，不仅要搞工艺、设备、分析等研究，而且要进行技术经济评价和工程研究，以便使科研技术成果转化为生产力，达到经济合理的要求。

另外，为了扩大产品的用途和使用范围，企业的科研工作还应包括产品的应用研究，从而有效地指导用户，及时解决用户应用中遇到的问题。

9. 编制企业技术发展长远规划

企业的技术发展长远规划，是企业整个长远规划的一部分，是编制生产规划的技术依据。

企业技术发展长远规划的内容，主要包括：

① 确定企业生产专业发展的方向和综合利用的深度，生产发展的规模和技术水平；
② 确定扩建规模和增加新装置；
③ 试制新产品和推广新技术；
④ 消除污染和节约资源；
⑤ 调整和改造原有生产工艺路线，改造旧设备；
⑥ 培训和补充技术力量以及加强技术管理工作。

化工企业在制订技术发展规划时，要分析研究现代科技发展的方向，找出科学技术未来发展的目标和任务，为制订规划找出实际差距和最佳赶超途径，并估计规划执行过程中可能出现的问题和对策。评价不仅仅在规划之前进行，还需在规划执行过程中反复进行，以便及时发现问题，采取措施，加以修改补充，确保规划能正确反映市场和科技发展的实际情况。

三、标准和计量管理

标准和计量管理是质量管理的基础工作,也是化工企业管理最基础的工作。

在我国,对标准定义为:为了在一定的范围内获得最佳秩序,经协商一致制定并由公认机构批准,共同使用的和重复使用的一种信息化文件。国际标准化组织(ISO)的标准化原理委员会(STACO)给"标准"的定义作出统一规定:标准是由一个公认的机构制定和批准的文件。它对活动或活动的结果规定了规则、导则或特殊值,供共同和反复使用,以实现在预定领域内最佳秩序的效果。

我国已加入世贸组织。世界贸易组织贸易技术壁垒协定(WTO/TBT)中明确指出,国际标准和合格评定体系能为提高生产效率和便利国际贸易做出重大贡献。随着全球经济一体化进程的加快,标准化在国际贸易乃至经济各个领域中的重要作用更加显现出来。在适当的时候采用标准与选择技术同等重要,标准化不仅能在提高企业生产效率中发挥作用,而且能为企业带来更多的贸易机会和提高经济效益。在国际贸易中,谁拥有标准,谁就拥有国际竞争优势,拥有核心竞争力。所以企业要重视标准化管理。

1. 产品标准

GB/T 20000.1—2014《标准化工作指南 第1部分:标准化和相关活动的通用术语》中给出了如下定义:规定产品应满足的要求以确保其适用性的标准。

概言之,为保证产品的适用性,以产品必须达到的某些或全部要求所制定的标准。其范围包括:品种、规格、技术性能、试验方法、检验规则、包装、贮藏、运输等。这些作为产品生产、检验、验收、使用、维护以及贸易洽谈等方面的技术依据。

我国的有关法律、法规和规章对于企业产品执行标准有明确的规定。《中华人民共和国质量法》第十四条规定:"生产者应对其生产的产品质量负责。"按照规定,产品质量应符合下列要求:

① 不存在危及人身、财产安全的不合理的危险,有保障人体健康,人身、财产安全的国家标准、行业标准的,应当符合该标准。

② 具备产品应当具备的使用性能。当对产品存在的使用性能的瑕疵作出说明时除外。

③ 符合在产品或者其包装上注明采用的产品标准,符合以产品说明、实物样品等方式表明的质量状况。

《中华人民共和国标准化法》也规定:"企业生产的产品没有国家标准和行业标准的,应当制定企业标准,作为组织生产的依据。"在《中华人民共和国标准化法实施条例》第五章"法律责任"中还明确规定:"企业未按规定制定标准作为组织生产依据的要追究其法律责任。"

2. 化工产品标准的种类

按使用的范围,标准可分为国际标准、国家标准、行业标准和公司企业标准;按内容划分有基础标准、产品标准、辅助产品标准、原材料标准、方法标准;按成熟程度划分有法定标准、推荐标准、试行标准、标准草案。

(1) 完整的产品标准 如果在技术和生产方面都比较成熟,一般可以制定完整的产品标准。完整的产品标准应能全面、准确地判定产品质量状况,编写上应符合规定要求和格式,其构成要素除了"封面""前言""标准名称""范围"和"引用标准"五个必备要素外,还应包括下列主要规范性技术要素：分类与命名或分类和标记（选用系列产品）、要求、抽样（可并入质量评定程序或检验规则中去）、试验方法、质量评定程序或检验规则、标志、标签、使用说明书和包装、运输、贮存等。

对企业而言，为了保持产品标准的完整性，便于标准的使用和管理，一般情况下都是制定完整的产品标准。

（2）单项产品标准　以下情况可以制定单项产品标准：①同类产品的通用标准已经存在，没有必要制定完整的产品标准；②新产品正处在发展阶段，不宜制定完整的产品标准；③产品在生产和技术方面还不很成熟，尚不具备制定完整产品标准的条件。

（3）单项产品标准的内容　包括：①产品分类标准；②产品型号或代号编制方法标准；③产品技术要求标准；④产品试验方法标准；⑤产品的标志、包装、运输和贮存标准；⑥产品的技术条件标准。

3. 化工产品标准的地位与作用

产品标准是描述产品质量的基本技术文件，对化工企业来讲，企业标准是产品标准的一种，除了企业标准（Q）之外，还有行业（专业）标准（ZB）、国家标准（GB）等，都属于产品标准范围，其中国家标准最权威。某个产品如无相应的国家标准，则可采用有关行业标准；有些产品有特殊性并不适合现有的相关标准，可以制定相关的企业标准。因此，产品标准是企业标准体系的核心，是企业生产技术活动的依据，没有产品标准，企业的其他标准就无从谈起。产品标准是企业保证和提高产品质量的依据，是发展产品品种、提高劳动生产率的有效手段，是满足用户需求，获得最佳经济效益和社会效益的基础。

4. 编写产品标准的基本要求和方法

（1）编写产品标准的基本要求　①GB/T 1.1—2020《标准化工作导则　第1部分：标准化文件的结构和起草规则》的规定；②应准确、简明；③需消除一切技术错误；④应与国家法规、法令和有关标准相一致；⑤名词、术语、符号、代号等应统一；⑥切实可行，适用性强。

（2）编写标准应遵循的原则　①可行性，要从实际出发，既先进，又切实可行；②完整性，应该有标准的都予以制定，同时注意不要和国家、行业标准相矛盾，也不要造成企业内部标准的相互矛盾；③准确性，标准是判断的依据，含义应准确无误，不能含糊其词，造成多种理解。

5. 化工企业产品标准的制定程序

（1）编制计划　计划包含以下内容：①产品标准名称、适用范围和制定目的；②对标准水平的要求；③制定标准的依据和主要工作内容；④工作步骤和进度要求；⑤部门和人员分工。

（2）调查研究和试验验证　主要工作内容有：①市场调查，走访用户，征集用户对产品的使用要求、意见和建议；②搜集产品的生产、管理现状以及发展趋势方面的资料；③搜集与该产品标准有关的国内外标准，特别是先进国家和企业的标准资料；④搜集有关的科学技术成果情报和实践中有效的经验，了解科技发展趋势和最新成就；⑤分析本企业的生产能力、检测手段和技术水平；⑥综合分析所搜集的资料，确定需要试验验证的项目；⑦进行试验验证，得出结论。

（3）起草标准草案（征求意见稿）　这是标准制定工作的关键，由标准起草小组按照相关国家标准规定编写产品标准草案（征求意见稿），同时编写《产品标准编制说明》有关附件。《产品标准编制说明》是标准起草过程的真实记录，起着承前启后的作用。

（4）征求意见　征求企业内外有关部门意见。

（5）编写标准草案（送审稿）　编写标准草案，并把修改情况在《编制说明》中加以说明。

（6）产品标准草案的审查　审查一般由上级标准管理部门派人主持，邀请有关专家参加审查，企业有关部门也应派人参加。审查一般情况采用会议方式，但如果标准草案比较成熟，征求意见时分歧不大，或者等同、等效采用国际标准或国外先进标准，也可以采用函审方式。

（7）报批，发布，备案　企业产品标准由当地标准化主管部门批准发布，统一编写，并在行政主管部门备案。

6. 企业产品标准的修改与复审

修改内容如涉及主要技术指标或试验方法，则修改程序与制定程序相同。化工企业产品标准实施 2～3 年后，应进行一次复审，复审结果有以下几种。

（1）确认　标准内容仍然符合当前科技水平，能适应生产、使用要求，不需修改。确认不改变标准的顺序号和年代号。

（2）修改　标准内容的修改不影响标准技术水平和产品互换性，仅对标准的某些条文、参数、符号和图表等进行个别的少量的修改和补充，用"修改通知单"的方式发布。

（3）修订　标准内容的主要技术内容需要作较大的修改才能适应当前生产、使用需要，标准需要进行修订。修订程序与制定程序相同，修订后标准顺序号不变，只改变年代号。

（4）废止　标准内容已不适应当前需要，或已有新标准代替，应予以废止。

复审结果也应报送当地主管部门备案。

7. 计量管理

计量管理是保证产品质量的重要手段，是贯彻执行技术标准的重要依据。计量管理具有如下三大作用。

（1）收集产品质量信息的作用　产品质量通过计量测试，可以收集质量信息，掌握各工艺阶段产品质量动态，以便进行质量统计分析。

（2）预防作用　通过计量测试，能够发现问题和不正常的苗头，及时采取措施加以预防，对已出现的问题及时总结经验教训，防止类似情况重复发生。

（3）把关作用　通过计量测试，控制投料，防止不合格的物料投入生产，防止不合格的产品继续流转和出厂。

计量管理工作的主要内容如下。

① 配备必要的计量测试用具，保证器具稳定准确无误，并妥善地保管和使用。

② 保证计量与测试工作的质量，确保计量测试的准确。

③ 逐步实现化工行业计量测试手段的自动化。计量测试手段的自动化、计算机化以及检测方式由抽样向全数检验方式的发展已成为必然的趋势。

④ 配备计量、测试专业人员，做好培训工作，不断提高他们的业务水平。

> 阅读材料

大连中石油国际储运有限公司"7·16"输油管道爆炸火灾事故分析

2010年7月16日18时许，位于辽宁省大连市保税区的大连中石油国际储运有限公司（以下简称国际储运公司）原油罐区输油管道发生爆炸，造成原油大量泄漏并引起火灾，导致部分原油、管道和设备烧损，另有部分泄漏原油流入附近海域造成污染。事故造成1名作业人员轻伤、1名失踪；在灭火过程中，1名消防战士牺牲、1名受重伤。事故造成的直接财产损失为22330.19万元。

一、事故发生经过

2010年5月26日，中油燃料油股份有限公司与中国联合石油有限责任公司（与中石油国际事业有限公司合署办公）签订了事故涉及原油的代理采购确认单。在原油运抵大连港一周前，中油燃料油股份有限公司得知此批原油硫化氢含量高，需要进行脱硫化氢处理，于7月8日与天津辉盛达石化技术有限公司（以下简称天津辉盛达公司）签订协议，约定由天津辉盛达公司提供"脱硫化氢剂"，由上海祥诚商品检验技术服务有限公司（以下简称上海祥诚公司）负责加注作业。7月9日，中国联合石油有限责任公司原油部向大连中石油国际储运有限公司下达原油入库通知，注明硫化氢脱除作业由上海祥诚公司协调。7月11日至14日，大连中石油国际储运有限公司、上海祥诚公司大连分公司和中石油大连石化分公司石油储运公司的工作人员共同选定原油罐防火堤外2号输油管道上的放空阀作为"脱硫化氢剂"的临时加注点。

7月15日15时30分左右，"宇宙宝石"油轮开始向国际储运公司原油罐区卸油，卸油作业在两条输油管道同时进行。7月15日15时45分，外籍"宇宙宝石"号油轮开始向原油库卸油。20时左右，上海祥诚公司和辉盛达公司作业人员开始通过原油罐区内一条输油管道（内径0.9m）上的排空阀，向输油管道中注入"脱硫化氢剂"。天津辉盛达公司人员负责现场指导。7月16日13时左右，油轮暂停卸油作业，但注入脱硫剂的作业没有停止。上海祥诚公司和天津辉盛达公司现场人员在得知油轮停止卸油的情况下，继续将剩余的约22.6t"脱硫化氢剂"加入管道，18时左右，在注入了88m^3脱硫剂后，现场作业人员加水对脱硫剂管路和泵进行冲洗。18时8分左右，靠近脱硫剂注入部位的输油管道突然发生爆炸，引发火灾，造成部分输油管道、附近储罐阀门、输油泵房和电力系统损坏和大量原油泄漏。事故导致储罐阀门无法及时关闭，火灾不断扩大。原油顺地下管沟流淌，形成地面流淌火，火势蔓延。事故造成103号罐和周边泵房及港区主要输油管道严重损坏，部分原油流入附近海域。

二、事故发生原因及性质

1. 直接原因

中国石油国际事业有限公司（中国联合石油有限责任公司）下属的大连中石油国际储运有限公司同意、中油燃料油股份有限公司委托上海祥诚公司使用天津辉盛达公司生产的含有强氧化剂过氧化氢的"脱硫化氢剂"，违规在原油库输油管道上进行加注"脱硫化氢剂"作业，并在油轮停止卸油的情况下继续加注，造成"脱硫化氢剂"在输油管道内局部富集，发生强氧化反应，导致输油管道发生爆炸，引发火灾和原油泄漏。

2. 间接原因

(1) 上海祥诚公司违规承揽加剂业务。

(2) 天津辉盛达公司违法生产"脱硫化氢剂"，并隐瞒其危险特性。

(3) 中国石油国际事业有限公司（中国联合石油有限责任公司）及其下属公司安全生产管理制度不健全，未认真执行承包商施工作业安全审核制度。

(4) 中油燃料油股份有限公司未经安全审核就签订原油硫化氢脱除处理服务协议。

(5) 中石油大连石化分公司及其下属石油储运公司未提出硫化氢脱除作业存在安全隐患的意见。

(6) 中国石油天然气集团公司和中国石油天然气股份有限公司对下属企业的安全生产工作监督检查不到位。

(7) 大连市安全监管局对大连中石油国际储运有限公司的安全生产工作监管检查不到位。

3. 事故性质

该事故是一起特别重大责任事故。

（资料来源：安全管理网）

课后练习题

【案例分析一】 对可口可乐生产过程的研究表明，从铝矾土的采掘开始到制成易拉罐，制造可口可乐的原汁，加水，再把它装到罐里，销售出去，直到顾客把它放到家中的冰箱，一共要花费319天，而实际创造价值，即加工制造所花费的时间只有3小时，其余318天21小时干什么了？答案是用于交易而运输和储存原材料和成品。这就是说，在整个生产过程中，产品加工制造所需的时间大大少于产品和原材料交易所需的时间。据调查，在西欧制造企业，纯粹的加工制造时间只占整个生产过程所需时间的2%，原材料、半成品和制成品的运输时间占5%，其余93%的时间是生产准备产品交易的时间。显然要节约成本，在只占时间2%的加工上下工夫，难度已经相当大，在其余93%的时间上下工夫余地则很大，即节约交易成本对增加企业利润的作用更大。

思考分析：本案例说明一个什么问题？作为企业应如何解决这个问题？

【案例分析二】 1989年12月25日，国内某高等化工院校的高级研究人员，在只认为苯氧化生产过程中有发生爆炸事故的危险性，而马来酐后处理脱水精制系统的生产过程没有发生爆炸事故危险性的错误思想指导下，为浙江省某县一乡镇企业设计了1000t规模马来酐生产装置，导致脱水精制工艺过程和管路配置不合理的设计错误。在开车过程中，恰恰在马来酐后处理系统的脱水精制过程中发生爆炸，$25m^3$ 的脱水精制设备撕断数根 $\Phi 159 \sim 325mm$ 的管道后，炸成三段飞出176m远，造成两名操作人员当场死亡，四人重伤、致残和生产装置报废的重大、恶性事故。

思考分析：导致该事故的直接原因和间接原因是什么？如何避免类似的事故发生？

课后思考题

1. 化工生产过程分几部分？
2. 化工企业技术管理的范围是什么？
3. 调查一个化工企业的现状，根据该企业生产的主要产品，分析研究该企业生产过程的具体管理办法。该企业是如何根据市场和自身生产能力制订生产计划的？生产计划在实施过程中如何实现？该企业在工艺管理上有什么特点，质量控制上有什么措施？

第四章
化工企业质量管理

 引导案例 4-1　生产国家淘汰农药

1992年7月甘肃某县技术监督站接到告急电话,该站工作人员汪某在查处一起禁用淘汰农药时被当地农民围攻,速去解决处理。

站上的人员立即赶到出事地点,发现汪某正被农民围住,衣服被撕破。大家马上冲上去,将汪某解救出来,并检查了地上的农药,确定为淘汰农药——滴滴涕。

技术监督站的站长向围攻及围观的农民解释,根据《中华人民共和国产品质量法》(以下简称《产品质量法》)和1991年国务院67号文件规定,滴滴涕等6种农药是国家明令淘汰的,已经禁用。

农民们愤怒了,向站长叫喊,农药是县化工厂生产的并卖给他们,化工厂并没有向他们指明农药是淘汰的,不能施用。而且,正值农时,买了大批不能使用的农药,误了农时,谁赔;不让用,谁又来赔我们买农药的钱呢?与此同时,农民陈某等5人不顾站上人员的解释和阻拦,强行施用,并向前来阻止的站上人员掷石头,混乱之中造成站上技术人员两人受伤。

技术监督站只好求救于当地公共安全专家部门,才平息下这场混乱。

事情发生后,技术监督站人员走访调查了部分购买农药的农民,终于查明农药是本地一家化工厂生产并销售的。

当技术监督站人员向化工厂厂长讲明一切后,工厂方承认农药是他们生产并销售的,同时也收到过国务院1991年67号文件,之所以还生产淘汰的农药,是因为当地农民还不知道这一文件内容,趁农忙需要农药,再最后生产一批,为工厂增加效益。

处理结果:技术监督部门对化工厂做出处罚,责令其停止生产国家明令淘汰的农药,没收出售淘汰农药的非法所得。

人民法院根据当地受害农民对县化工厂的起诉,判决化工厂赔偿农民买农药的损失。

分析:这是一起明显违反《产品质量法》第17条规定并给当地农民造成损失的典型案例。

在本案中化工厂不仅要接受技术监督站对它的行政处罚,而且还要承担对农民的赔偿责任。

《产品质量法》第17条规定生产者不得生产国家明令淘汰的产品,化工厂是知道这一法律规定的,而且还收到国务院1991年的67号文件。在国务院67号文件内容中指明了国家淘汰6种农药,其中滴滴涕是属于淘汰范围的。化工厂的行为显然是为追求一时的生产利润,严重违反了《产品质量法》对生产者应履行的产品质量责任和义务的规定,县技术监督站对其做出的行政处罚是正确的。

由于该化工厂生产并经销的农药属国家明令淘汰的产品,农药不能施用,贻误了农时,给购买此药的农民造成了巨大的损失。人民法院对其判处承担赔偿受害农民的全部损失是适用《中华人民共和国民法》和《产品质量法》第 31 条第 2 款规定的。化工厂该从这次教训中明白，违反了《产品质量法》不仅没有给工厂带来更多地利益，相反只能更多地去承担各种处罚和赔偿责任。

（资料来源：杨李、刘延岭主编《生产经营消费者权益法律保护案例精析》）

第一节　化工企业生产工序质量的影响因素及对策

对化工企业生产管理来说，着力抓好生产过程的工序管理，提高产品质量，是管理中的一个重要方面。工序管理，简单地说就是运用统筹方法，对某一工作流程的具体过程进行控制，缩短整个流程的用工时间，减少成本，提高效率的过程。在化工生产过程中就是通过在工艺流程中对操作参数进行控制调节，使各个环节的操作条件都达到控制要求，才能保证最终的产品质量，为发展奠定可靠的基础。虽然近年来化工企业在工序管理工作的理论研究和实践探讨中取得了一定进展，积累了不少好的经验和做法，但我国化工企业的工序管理相对还处在较低水平上，存在一些待解决的问题。

一、当前石油化工企业实施工序管理方面存在的问题

目前石油化工企业的工序管理工作主要存在如下问题。

1. 追求形式主义，对工序管理制度生搬硬套

当前许多化工企业在这方面的主要表现如下。

一是急于求成。对不同行业的工序管理程序照搬到本单位，不管是不是适合自身企业的情况，是否有利于生产发展。

二是为应付各种检查、验收或质量认证，不认真学习相关理论知识，不求应用于生产流程。

2. 发展得不平衡

（1）由于行业存在差别和各企业技术层次结构的差异，导致各企业开展工序管理的深度不同。

（2）各个化工企业对工序管理的认识深度不同，有些企业对工序管理认识深刻，但还有某些企业质管部门里，竟没人能说清工序管理的具体概念以及实施方法。

3. 理论脱离实际

化工企业中的有些单位在开展工序管理时，忽视或根本认识不到各行业之间的差别，强行照搬机械行业的工序管理模式对自己企业进行咨询、检查和诊断，使理论严重脱离实际，造成错误。

【案例 1】　某化工厂五硫化二磷车间黄磷酸洗锅在生产中发生爆炸，死亡 8 人，伤 9 人，直接经济损失 300000 余元，产值损失达 730000 余元。爆炸后，炸塌厂房 300 余平方米，五硫化二磷车间全部毁坏，全厂停产。黄磷酸洗工艺是新工艺，目的是通过酸洗，提高黄磷纯度。

分析：①对黄磷酸洗工艺缺乏科学知识，特别是对黄磷与硫酸反应会引起爆炸没有认

识。这次事故是由于黄磷在浓硫酸中清洗时发生放热反应，在特定条件下引起的化学爆炸。②厂领导对这一重大的新工艺没有引起充分重视，认为是小改小革，没有专门成立班子，考虑经济报酬也没有争取科研部门支持，也不积极争取上级部门的帮助，没有经过小试、中试，直接移交生产。③没有充分收集国内外科技情报，仅根据杂志上的简要报道就组织试制工作，自行设计制造，直接投入生产。投产后，又没有认真制定和掌握操作规程，试用只有五天，就发生爆炸。④酸洗锅上无压力表、安全阀、防爆装置等安全附件，只看到生产出来的产品质量有提高，而未注意生产中的许多不正常现象，急于下达生产计划。

二、化工企业生产的特点以及实行工序管理要注意的问题

工序管理对化工产品的质量具有举足轻重的作用。工序管理的基本思想、理论和技术方法对化工生产是适用的，但化工生产具有自身鲜明的行业个性。化工生产过程主要为连续生产的过程，产品加工是连续进行的，按照相对固定的工艺线路，通过一系列设备和生产装置进行加工，物料流、能量流、信息流始终不间断地贯穿整个生产过程。能量流在生产中交错使用，物料流需要循环、反复加工等生产特点使得生产装置间存在十分严重的耦合作用，且生产过程在高温、高压、易燃、易爆甚至有毒的苛刻条件下运行，生产过程经常受到原料供应量、反应条件、原料组分的变化、成品市场需求变化等干扰因素的影响，需要改变生产负荷，甚至需要调整生产过程的结构。

（1）化工多为装置性生产，具有连续化、产品品种稳定、生产量大、系统性强等特点，其产品常常不是以新取胜，而是以质量和价格取胜。

一般的化工生产过程都是在一系列装置中连续进行的，例如化工生产中常见的合成氨生产，是以天然气等作原料，将它们经加氢转化、高温变换、低温变换、脱硫、脱碳、甲烷化等工艺过程制得氢气，然后与空气分出来的氮气按一定比例进行混合，经过压缩、合成等过程才能制得氨。如果把整个生产装置作为一个母系统，其中的单元装置作为若干个子系统，系统与系统之间必须严格按一定的工艺条件保持平衡，任何单元操作因素都会直接影响整个生产的运行。

（2）化工生产受多种因素制约，很难准确确定各个联产品产量。

化工生产是将流体物料连续投入，使其在设备内通过物理、化学变化的方法获得一种或多种产品，除了生产主产品以外，有时还附带产生副产品，如化肥厂除了生产尿素以外，同时生产硫黄、液氧、液氨、氨水等副产品。许多化学反应是在装置内进行的，摸不着，看不见，呈"黑箱子"状态，只能依靠间接工艺指标加以控制。因此在化工生产过程中，除了必须满足工艺要求的反应温度、反应压力、物料流量、反应时间等操作控制指标外，还必须考虑到原材料的质量组成、催化剂的活性、设备和管道及其附属配件等装置的变化所引起的每一个中间生产过程状态的改变。

（3）化工工序多为动态状态，要求对产品管理控制的时效性要强。

化工产品要边进行生产、边对产品进行检测，根据检测结果来调节操作条件进而使产品达到要求。化工产品检测要经过取样、样品预处理、化验等一系列程序，然后经过一系列相关计算后才能得出我们想要的产品的质量结果。即使检测后发现了异常，不合格品可能早已进入下道工序或者贮罐和料仓中，补救非常困难。

三、化工企业生产过程中实施工序管理工作的对策

(一) 从思想上提高对生产过程中工序管理的认识

就化工企业生产管理来说,着力抓好生产过程的工序管理,提高产品质量,是管理的一个重要方面。通过工艺流程中的控制调节,使各个环节的参数都达到控制指标,才能保证最终的产品质量,为发展奠定可靠的基础。

工序质量管理工作是实现产品质量稳定性和产品质量要求的有效方法,是实现预防为主的根本措施,是企业产品质量保证工作的核心,必须要有高度的认识。

【案例2】 2007年7月11日23时50分,山东省德州市平原县德齐龙化工集团有限公司一分厂16万吨/年氨醇、25万吨/年尿素改扩建项目试车过程中发生爆炸事故,造成9人死亡、1人受伤。事故发生在一分厂16万吨/年氨醇改扩建生产线试车过程中,该生产线由造气、脱硫、脱碳、净化、压缩、合成等工艺单元组成,发生爆炸的是压缩工序2号压缩机七段出口管线。7月11日15时30分,开始正式投料试车,先开2号压缩机组,引入工艺气体(N_2、H_2混合气体),逐级向2号压缩机七段(工作压力24MPa)送气试车。23时50分,2号压缩机七段出口管线突然发生爆炸,气体泄漏引发大火,造成8人当场死亡,一人因大面积烧伤抢救无效于14日凌晨0时10分死亡,一人轻伤。事故还造成部分厂房顶棚坍塌和仪表盘烧毁。

事故发生的直接原因是2号压缩机七段出口管线存在强度不够、焊接质量差、管线使用前没有试压等严重问题,导致事故的发生。

思考: 出现这种情况的根本原因是什么?

(资料来源:安全管理网)

(二) 结合化工自身行业和生产特点,做好生产过程中的工序管理

1. 要注意生产过程所用设备的状况对工序质量具有的作用

化工行业都把连续运转时间作为衡量工序管理水平的重要尺度,化工企业都是在定型设备中进行化工生产,任一设备状态发生变化都有可能会对生产造成影响,严重时可能会阻断生产的进行。所以在生产过程中要保证设备状况良好,随时对化工生产设备运转状况进行监测以及开车前对其进行维护保养。同时要保证产品检测的准确性,要加强对检测设备的控制,定期对检验仪器进行校验,确认现有设备是否能满足产品检验所要求的功能,以确保数据准确。

2. 要适应化工生产对仪表化程度高的要求

化工生产大都是在密闭装置中进行化学或物理变化,所有这些变化,往往是看不见、摸不着的,绝大部分的反应参数只能通过仪表告诉我们,然后再依据仪表上显示的这些信号,进行判断、操作来控制反应条件,进而保证生产的顺利进行。所以,化工企业自动化程度较高,要求所使用的过程控制系统能有效地监控和控制生产过程,使生产过程处于最佳状态,提高产品收率和产品质量,提高设备的使用寿命。

3. 要选好工序管理控制点,做好安全生产

工序管理点,就是在生产现场中凡是需要重点控制的质量特性、关键部位或者薄弱环节,在一定的时间和一定的条件下强化管理,使工序处于良好的受控状态。对于选定的工序

管理控制点，要明确且严格控制工艺控制上限，建立严格的管理控制责任制度，把它视为工序管理的重点，预防安全事故，杜绝恶性事故的发生。

4. 把好物料质量关

由于化工生产的连续性，上道工序的产品是为下道工序提供原料，下道工序是上道工序的用户。如果上道工序出现不合格品，必然会造成下道工序乃至最终产品的质量问题，所以要严格把好原料和半成品、中间品的质量关，为下一道工序和最终化工产品提供优质、满意的原料和产品。

5. 要加强对操作工的培训教育

操作工在化工企业中承担着生产过程中各个环节的操作工作，化工企业依据生产过程中的操作来保证生产正常运行，达到优质高产。影响工作质量的最根本因素是人的因素，包括质量意识、技术水平、业务水平、身体与心理素质等，一般说来，这几项素质中的任一项对工作质量都有举足轻重的影响。质量意识越高，技术水平和业务水平越高，身体和心理素质越强，工作质量越有保证、越有可能提高。因此，要抓好工序管理，必须加强对操作工能力的培训教育，不断挖掘其潜能，使之具有适应工序生产的能力。

综上所述，工序管理是质量管理的核心，化工生产的特点决定了化工工序管理必定有其独特的模式。只有对化工工序管理不断地创新、前进和提高，才能创造出具有化工特色的工序管理模式。

第二节　化工企业质量管理体系

一、现今化工企业的质量、安全管理体系

1. ISO9000 质量管理体系

负责 ISO9000 品质体系认证的认证机构都是经过国家认可机构认可的权威机构，对企业的品质体系的审核是非常严格的。这样，对于化工企业内部来说，可按照经过严格审核的国际标准化的管理体系进行管理，使化工企业真正达到法制化、科学化、规范化、程序化、文件化的要求，极大地提高工作效率、工程质量和服务质量，迅速提高该企业的经济效益和社会效益，达到和国际市场接轨。对于顾客来说，当顾客得知供方按照国际标准实行管理，拿到了 ISO9000 质量管理体系认证证书，并且有认证机构的严格审核和定期监督，就可以确信该化工企业是能够稳定地生产合格产品乃至优秀产品的信得过的企业，从而放心地与企业签订工程合同，扩大了企业的市场占有率。

2. ISO14000 环境管理体系

ISO14000 环境管理标准是管理性标准。企业操作实施过程分为体系建立、体系实施和体系审核三个阶段。企业实施 ISO14000 系列标准，可以提高企业形象，企业进行文明施工，对建筑施工产生的噪声、扬尘、固体废弃物、有害气体、污水等环境因素实施有效的控制，增加企业的市场竞争力。因为在今后的市场竞争中，消费者不仅仅关心产品的价格与质量，随着他们环境保护意识的增强，价格、质量与环境保护能力将成为产品适销对路的基本条件。

3. 职业安全卫生（OHS）管理体系

OHS 管理体系国际标准尚在研讨当中，提供的是组织职业安全卫生管理标准，要求组织制定职业安全卫生方针，并为实现这一方针建立和实施职业安全卫生管理体系，从而使组织的 OHS 管理按照认可的体系要求进行运作；要求按照体系规定的手册、程序、作业文件进行操作和维护，从而保证操作和维护规范化，满足强制性国际、国内规定和规则的要求。它没有对安全技术标准做出任何规定，而是通过要求组织建立并实施职业安全卫生管理体系，来保证其生产活动符合强制性国际公约、规则和国内法规、规章所规定的安全技术和操作标准。

4. 健康安全环境（HSE）管理体系

HSE 管理是一种事前进行风险分析，确定其自身活动可能发生的危害后果，从而采取有效的防范手段和控制措施防止其发生的高效管理方法。该体系集各国同行管理经验之大成，是突出预防为主、领导承诺、全员参与、持续改进的管理标准体系，该体系把健康、安全与环境作为一个整体来管理，这是其他的管理体系所没有的优点。HSE 管理体系逐步与质量管理体系、环境管理体系接轨，最终形成一体化综合管理模式。

上述四种管理体系，都是比较先进的管理体系，其建立管理体系的原则和管理体系运行模式一致，体现了高度的兼容性，主要区别在于管理的重点内容上不同，相对而言，HSE 管理体系标准属于石油天然气的行业标准，并对健康、安全、环境进行系统管理。

二、我国化工企业质量、安全管理体系选择

化工企业在选择质量管理模式时应充分考虑下面几个因素。

1. 设计的成熟程度

在已规范化的以及整个设计过程中，被认识和证明的东西越多，说明这项设计越成熟，虽然设计的难度可能比较大，但设计成功的把握也大。

2. 生产过程的复杂性

指验证过的现行生产过程的可用性，若现行生产过程可用，该项产品的生产过程就较简单；但若现行生产过程不可用，则所需生产过程需要开发新的技术、新的过程和新的工艺，生产过程就会较复杂。

3. 产品的特性

指产品或服务的复杂性，相关特性的数量以及每个特性对产品质量的影响因素。

在选择模式、考虑各种因素时，还应对安全性、经济因素予以考虑，综合考虑后选择出符合自身企业的质量管理体系。

微课扫一扫
化工企业质量管理创新发展

第三节　化工企业生产前的质量控制

引导案例 4-2　齐齐哈尔第二制药厂假药事件

齐齐哈尔第二制药有限公司采购人员为图便宜，在从江苏省中国地质矿业公司泰兴化工

总厂购入丙二醇时,既没有索取资质证明,也没有到厂查看,致使购入假冒丙二醇共计 2t 之多,并最终作为辅料用于"亮菌甲素注射液"的生产,从而酿成多人死伤的惨剧。国家规定,药品生产企业必须有一整套自我监督机制,但假丙二醇进入这家企业后,却如入无人之境,经过验收、检验等一道道关卡,各项检验结果均认为合格,最终把药品制成了"毒品"。

思考分析:假料顺利成为出厂假药,还有一段很长的路,此环节中,原本要面临多重复杂的检验程序。但为什么在齐齐哈尔第二制药厂却一路绿灯?问题的症结出在哪里?

(资料来源:中国质量网)

为进行正常的生产和经营活动,化工企业必须购进自己所需要的且符合要求的原料和催化剂等物资,这些物资是保障企业产品质量的重要组成部分,因此对它们的采购必须做好相应的计划并加以控制,同时应与各供方建立密切的工作联系和信息反馈系统,切实保证采购物资的质量,保证采购的物资价格合理,质量符合要求。

产品质量是企业的生命,是企业赖以生存和发展的基础。而化工原料的质量和数量,不仅直接影响成品的质量和成本,更重要的是关系到整个化工生产过程能否安全、稳定、连续地进行,从而可能直接影响到企业的生存和发展。抓好化工原料的科学管理,应做好以下几方面的工作。

一、按照生产要求,制定出符合本企业化工原料的控制质量标准

制定化工原料的质量标准是对化工原料实行科学管理的重要依据。但由于企业对产品的需求和用途不同,会导致不同企业对同一物质制定的质量控制标准在很多方面不一致。

如对活性炭,由于使用目的的不同,有的需要粉状,有的需要粒状,有的需要条状。即便是粉状,还有具体的细度指标。对粒状、条状产品也分别有不同的尺寸指标,这些指标就成为产品质量的内容之一。

企业应从生产工艺要求、节能降耗以及提高经济效益等因素综合分析,确定自身企业所需要的各种化工原料的生产内部控制质量标准,来确保企业能安全、连续、均衡、稳定地进行生产。

二、按照质量标准,对进厂化工原料严格把关

化工产品的质量一般可根据外在指标和内在指标进行衡量,外在指标包括产品的外观、形态、色泽等内容,往往可以作为判别产品质量的依据之一。比如固体产品中有不少产品有一定的晶形和色泽,如食盐是无色的片状晶体,五水硫代硫酸钠为无色透明单斜晶体。质检部门在接到物资的进货通知后,及时到仓库或者现场对化工原理进行外在指标的检查,然后对原料进行取样,检验化工原料的内在质量,这往往是确定该产品规格等级的主要依据,包括主要成分含量、有效成分、杂质含量等。

质检部门根据各种化工原料的技术标准及其在生产中的用途不同,分别按规定项目进行检验,并尽快将准确的检测数据报告给供应及有关生产部门。同时将化工原料检验的原始记录、分析结果的报告以及样品等妥善保存,方便以后查用。表 4-1 是常见原料进厂的检验记录表。

表 4-1 原料进厂检验记录表

	年 月 日					编号	
物料名称		料号		数量			
采购单号		验收单号			□全批 □分批交货		
供应商		备注					
检验项目	抽样数	不良数	及格	不及格	说 明		
结果	□接受 □退货 □扣款 □检验不良品退回						

格式编号：　　　　　　　　　　　　　　　　　　主管：　　　　　检验员：

三、对化工原料出现质量问题时的处理

若对采购的化工原料进行检测后，发现实际的检测结果与购进时所述或者进厂产品合格证不符时，应及时反馈，以便采取相应的处理措施，比如可按实际检验结果的等级向供货方付款或索赔或者严重时直接做退货处理。一般情况下，质量不合格的化工原料不能入厂。但有时会存在化工市场上某些化工原料紧缺的状况，此时对所购原料中某项非主要指标不合格的问题，企业应根据具体情况进行特殊处理，在投入生产使用前必须由企业有关技术部门批准，经过技术处理或采取相应的工艺操作保证措施才能投入生产，同时在应用这些原料投入生产时则按实测含量计算配料，既能保证生产合格产品的需求，又能将企业损失降到最低限度。

四、化工原料仓库的质量管理

化工企业要制定严格的仓库管理制度，实行标准化管理，对于进入仓库的每批原料，按照验收标准及合同条款进行逐批号验收，并做好记录，保证验收检验记录项目齐全、规范，建立健全原料质量档案，以便进行跟踪检查。

原料的储存条件直接影响产品的质量，因此，仓库内储存条件，应严格按照要求进行，做到分区分类，按储存温度条件和生产批号要求进行堆放，特殊管理的原料单独存放并按特殊物资管理办法进行严格管理。对仓库温湿度进行严格监控，采取各种有效措施保证仓储条件符合原料存放标准，同时管理员还要定期对原料质量进行巡回检查，建立健全物资档案，保证在库原料的质量。

【**案例3**】 某化工厂于1999年6月创办，产品有无色促进剂、洗衣粉、过氧化甲乙酮（MEKP）、过氧化苯甲酸叔丁酯（TBPB）。

企业建有一个南北向4开间单层砖混结构的生产厂房和其他辅助用房。生产厂房内设3个车间：东面一间是过氧化甲乙酮车间，西面一间是过氧化苯甲酸叔丁酯车间，中间两间是洗衣粉车间。过氧化甲乙酮车间为一统开间，只有南面一扇双开门，西面靠南墙有一过道与其他车间相通，合成、过滤、配制、包装等均在这一开间内，没有任何隔离。过氧化甲乙酮

和过氧化苯甲酸叔丁酯车间的厂房及工艺设备系自行改造、安装,均未经具有化工专业资质的单位设计和施工安装。

2002年某月某日上午7时30分,过氧化甲乙酮车间1号釜开始生产第1批号产品。8时30分,2号釜开始生产第2批号产品。当天上午回收来的10桶(250kg)不合格过氧化甲乙酮(退货产品)临时堆放在邻间的洗衣粉车间内。约12时,2号釜开始生产第5批号产品。此时,在配制作业点上有21桶(525kg)半成品,在合成釜西侧地面手推车上有275kg成品。12时25分左右,运料工袁某看到2号釜加料口冒出大量橘黄色烟雾并冲出料液,瞬间燃烧爆炸,大约15min后,洗衣粉车间发生更猛烈的爆炸,除西面过氧化苯甲酸叔丁酯车间外,整个厂房坍塌,造成过氧化甲乙酮车间当班的4名作业人员死亡。

思考分析:
1. 事故的原因?
2. 如何避免类似事故的发生?

(资料来源:安全管理网)

对出库原料按出库凭证进行认真复核,检查质量,清点数量,核对规格、批号、有效期、包装等,做到准确无误。做好出库原料的质量跟踪记录,实行批号跟踪,以保证快速、准确。

五、化工原料消耗定额管理

物资消耗定额管理,是指对物资消耗定额的制定、审查、批准、执行、考核、修订等一系列技术经济活动进行计划、组织、指挥、监督等工作的总称。在物资消耗定额的制定过程中,要根据企业自身的生产(或工作)特点及生产技术条件,采取科学措施和适宜方法,做好深入细致的调查研究,搜集有关物资消耗定额的原始资料,进行详细分析和计算,制定综合的消耗定额。

综上所述,只要按照标准化要求,对化工原料实行科学管理,化工企业就能在市场经济中把握最佳机会,力争用较少的投入,获得较多的产出,达到优质、高产,实现最佳经济效益。

第四节 化工企业生产中的质量控制

 引导案例4-3 三鹿奶粉事件

经初步查明,导致多名儿童患泌尿系统结石病的主要原因是患儿服用的奶粉中含有三聚氰胺。在原料奶里加入三聚氰胺是牛奶收购机构为了虚增牛奶的数量,在牛奶里加水,同时为了保障牛奶中含有合格的蛋白量,加入三聚氰胺,虚增了牛奶中蛋白质的检测量。

思考分析:问题的症结在哪里?在生产过程中如何把好质量关?

任何产品的质量都有一个形成和维持的过程,化工生产过程的质量控制是指从原料进入设备开始到最终成品的整个过程的物料质量控制,它是企业产品质量控制的重要环节,是产品符合质量要求的关键,在整个过程中应着重控制以下几个环节。

一、物料

在设备进料前,对生产所用的原料进行严格的检验,是否符合相应的规范和质量标准。

为了减少不必要的无效劳动,应把好进货质量关,从采购工作做起,对供货单位产品质量情况进行检验,经严格的审批手续,并采取一定的技术措施,通过小样试验后方能投入使用。

【案例4】 某韩国独资制鞋有限公司,2004年7月22日至8月7日,接连出现3例含苯化学物及汽油中毒患者。经职业病医院确诊,3名女性中毒者都是在该公司生产流水线上进行手工刷胶的操作工。有关人员到工作现场调查确认:

在长70m、宽12m的车间内,并列2条流水线,有近百名工人进行手工刷胶作业;

车间内有硫化罐、烘干箱、热烤板等热源,但无降温、通风设施,室温高达37.2℃;

企业为追求利润,不按要求使用溶剂汽油,改用价格较低、毒性较高的燃料汽油作为橡胶溶剂,使得配制的胶浆中含苯化学物含量较高;

所有容器(如汽油桶、亮光剂桶、胶浆桶及40多个胶浆盆等)全部敞口;

操作工人没有任何个人防护用品;

经现场检测:车间空气中苯和汽油浓度分别超过国家卫生标准2.42倍和2.49倍。

分析: 为什么该公司在不长时间内,会连续发生女刷胶工苯及汽油中毒事件?

(资料来源:安全管理网)

二、工艺参数

化工生产工艺参数的控制主要指温度控制、投料速度和配比的控制、超量杂质和副反应的控制、溢料和泄漏的控制、压力的控制等,实现这些参数的自动调节和控制是保证生产安全和产品质量的重要措施。

1. 温度控制

不同的化学反应都有其最适宜的反应温度,反应温度发生变化,即使是相同反应物参加的反应,生成物都会有很大的变化,因此在化工生产过程中需要严格控制反应温度来保证产品质量和生产安全进行,反应温度过低或者过高都会对产物质量和设备产生影响,温度过低可能会造成反应速度减慢甚至停滞,即使将反应温度调节至正常,也可能因未反应的物料同时发生剧烈反应引起爆炸。如果温度过高可能会产生副产物,严重时反应物有可能着火,设备内压力升高,导致爆炸事故,造成严重后果和巨大的经济损失。

【案例5】 1991年10月8日6时50分,淮阴有机化工厂中试室,一台生产高分子聚醚的100L高压反应釜突然发生爆炸,连接釜盖和釜体的紧固螺栓被拉断,重量约为80kg的釜盖飞落到离原地80m远的地方,高压反应釜上安装的安全阀、压力表等也被炸毁。爆炸产生的气浪将房顶掀掉,约$20m^2$的中试室完全倒塌,三名操作人员当场被炸死。

事故分析: 该起高压反应釜的爆炸是由于超温超压引起的。以环氧乙烷和环氧丙烷为原料生产高分子聚醚的生产工艺要求,操作者要严格按规程操作,在加料时应采用"滴"加法,控制加料量,以避免反应剧烈后失控造成危害。但该厂操作人员违反了操作工艺,采用了"批"加法,一次投料过多,反应速度过快。1991年9月以前,该反应釜在生产过程中曾发生过超压现象,因采取了紧急放空措施,没有发生爆炸。但该厂并没有从中吸取教训,制定严格的操作工艺,按规定调好安全阀的起跳压力,也没有按规定定好爆破片压力。该厂没有对操作人员进行必要的安全教育。10月8日的高压反应釜爆炸完全是由于操作人员违章操作造成的,是一起责任事故。

(资料来源:安全资讯网)

2. 控制物料比和流量

设备的进料流量要小于设备的传热能力，否则设备内温度将会急剧升高，引起物料的分解突沸，产生事故。投入物料配比也要适宜，使反应既安全又经济。

【案例6】 某公司是一家中外合资化工企业，某年8月31日，该公司的一个分厂，在一号反应釜合成间硝基苯甲醚时，反应釜发生爆炸，反应釜上部的搅拌电机及一些附属设施飞离反应釜，釜内的化学物质喷出引起爆燃，造成3人死亡，直接经济损失89.4万元。

事故的直接原因是：在8月31日当天的中试过程中，在反应釜内压力接近工艺规定控制值的情况下，当班工人继续加大投料量，但没有向釜内盘管通冷却水和及时加入足够的氧气量控制釜内物质反应速度和温度，导致釜内压力急剧升高发生爆炸。事故的间接原因：一是该公司间硝基苯甲醚中试方案技术措施不周全，未及时从工艺、设备和操作上采取有效的安全防护措施，也没有安排专门的安全生产教育和培训；二是公司有关人员未取得上岗资格证书，员工的安全技术素质不能满足岗位要求；三是该公司未按规定认真落实各级各类人员的安全生产责任，未建立切实有效的安全操作规程，没有及时消除事故隐患。

分析： 本案例给我们提供了怎样的教训？如何避免类似情况发生？

（资料来源：安全资讯网）

3. 超量杂质和副反应的控制

化学生产过程中，经常由于反应物料中纯度问题和对反应条件控制有偏差，导致副产物生成，而超量杂质的存在和副反应的发生，对生产都是不利的。因此，在化工生产中，对原料、成品的质量及反应条件的控制都要非常严格。

【案例7】 某年1月24日10时许，在某路段发生特大汽车追尾事故，造成5人死亡5人受伤，其中一辆运输车上装载的有毒化工原料泄漏。事故发生在某高速公路自北向南方向的距某市14km处，前方4辆汽车相撞，其中一辆面包车上一家3人当场死亡，另一辆挂重庆车牌的运输车被撞坏，造成车上2人死亡、1人受伤，运输车装载的四氯化钛开始部分泄漏。四氯化钛是一种有毒化工原料，有刺激气味，挥发快，对皮肤、眼睛会造成损伤，大量吸入可致人死亡。事故现场恰逢小雨，此物质遇水后起化学反应，产生大量有毒气体。市、县有关领导闻讯后立即赶赴现场，组织公安、消防人员及附近群众200余人，对泄漏物质紧急采取以土掩埋等处置措施。

分析： 危险化学品在储运过程中应注意什么问题？类似的情况怎样避免？

【案例8】 某化工厂聚氯乙烯车间聚合工段因氯乙烯单体外泄，发生空间爆炸。现场勘察发现：3#聚合釜2个冷却水阀门均处于关闭状态（据了解，该车间有这类"习惯性"操作）。虽然当时3#釜已经反应了8h，处于聚合反应的中后期（该厂聚合反应一般为11h左右），但反应还是处于较激烈阶段，关闭冷却水阀门必然使大量反应热不能及时导出，造成釜内超温超压，由于聚合釜人孔垫未按照设计图纸的要求选用，所以人孔垫被冲开，使大量氯乙烯单体外泄，引发爆炸。同时发现聚合釜防爆片下的阀门全部关死。造成死亡12人，重伤2人，轻伤3人，其余操作工因及时从2m多高的操作台跳下逃离而未受伤害。

分析： 如何避免这种误操作而引发的事故？

（资料来源：安全资讯网）

工艺参数的控制是相互关联的，只有做好这几方面的工艺参数的控制，才能在安全的前提下保证生产的质量。

三、半成品

产品质量是通过生产过程中的质量保证实现的,工序过程中半成品的质量和产量直接影响下道工序甚至最终产品的质量,可以采用先进的检测技术和控制手段对工段内半成品进行快速准确的检测,根据结果调整操作参数。例如若某化工产品主要控制指标是含水量,那么在产品生产过程中就要控制好半成品到成品形成过程的含水量,准确检测,及时发现,及时调整。车间生产从原料投入直到成品灌装都要有一系列检验手段,严格控制不合格产品出车间。生产过程检验记录表见表4-2。

表4-2 生产过程检验记录表

产品编号								
产品名称			预定日期	年 月 日	拟订者		审核者	
项次	管理点	管理事项说明	管理标准	检验方法		抽样比	不及格处置方式	

第五节 化工产品的质量检验

化工产品的质量检验是指将产品入库前或者出厂前对其进行的检验,是全面考核产品质量是否满足市场指标和达到用户要求的重要手段。因此要根据产品的要求制定出检验规程或程序,严格按规定要求进行检验,采取全检、分析抽样和连续抽样等方法,来保证产品质量符合规定要求,同时在检验过程中应记录好检验项目、抽样数量、合格准则、检验条件、不合格项目和数量、检验人员和日期等。相关的产品质量检验信息应及时反馈,针对所发现的产品质量问题及时采取纠正措施,对不合格产品返工,返工后的产品再次检验,确定其符合质量要求后方可出厂。

抽样又称取样,从欲检测的全部样品中抽取一部分样品进行检验,基本要求是要保证所抽取的样品对全部样品具有充分的代表性。抽样的目的是从被抽取样品的分析和研究结果来估计和推断全部样品的特性,是现今科学实验、质量检验、社会调查普遍采用的一种经济有效的工作和研究方法。为了对该过程进行有效控制,应该着重注意以下几点。

一、制定出正确的抽样方案

抽样前必须做好的准备工作是制定出正确的抽样方案。

1. 抽样检验方案的设计依据

抽样检验方案是根据对化工产品总体的质量要求,用数理统计理论设计出来的。对产品总体的质量要求不同,对样品的要求也就必然不同。例如要求总体不合格品率不超过千分之一所用的抽样方案与要求总体不合格品率不超过百分之一所用的抽样方案必然不同。所以说应先有对产品总体的质量要求,才能有抽样方案;如果没有对总体提出质量要求,抽样方案也无从谈起。

2. 抽样方案的内容

① 总体物料的范围。

② 抽样单元和二次抽样单元。

③ 样品数、样品量和抽样部位。

④ 抽样操作方法和抽样所用工具。

⑤ 样品的加工、保存方法。

⑥ 抽样安全措施。

任何不必要地增加样品数或样品量都有可能造成抽样费用的增加和物料的损失，故能给出所需信息的样品数和样品量在满足需要的前提下越少越好，此时的样品数和样品量为最佳样品数和最佳样品量。

3. 抽样检验方面的国家标准

抽样检验这门科学，就是用尽量少的样本量，来尽量准确地判断总体质量状况，这是一个很复杂的领域。欲达到上述目的，根据不同情况要用不同的抽样方案或抽样系统。我国已正式颁布了二十几个关于抽样检验的国家标准，部分如下。

GB/T 2828.1—2012　计数抽样检验程序　第1部分：按接收质量限（AQL）检索的逐批检验抽样计划

GB/T 2828.2—2008　计数抽样检验程序　第2部分：按极限质量LQ检索的孤立批检验抽样方案

GB/T 2828.3—2008　计数抽样检验程序　第3部分：跳批抽样程序

GB/T 2828.4—2008　计数抽样检验程序　第4部分：声称质量水平的评定程序

GB/T 2828.11—2008　计数抽样检验程序　第11部分：小总体声称质量水平的评定程序

GB/T 2829—2002　周期检验计数抽样程序及表（适用于对过程稳定性的检验）

GB/T 6378.1—2008　计量抽样检验程序　第1部分：按接收质量限（AQL）检索的对单一质量特性和单个AQL的逐批检验的一次抽样方案

GB/T 6378.4—2018　计量抽样检验程序　第4部分：对均值的声称质量水平的评定程序

GB/T 8051—2008　计数序贯抽样检验方案

GB/T 8052—2002　单水平和多水平计数连续抽样检验程序及表

GB/T 8054—2008　计量标准型一次抽样检验程序及表

GB/T 13262—2008　不合格品百分数的计数标准型一次抽样检验程序及抽样表

GB/T 13264—2008　不合格品百分数的小批计数抽样检验程序及抽样表

GB/T 13546—92　挑选型计数抽样检查程序及抽样表

GB/T 13732—2009　粒度均匀散料抽样检验通则

GB/T 13393—2008　验收抽样检验导则

GB/T 10111—2008　随机数的产生及其在产品质量抽样检验中的应用程序

二、检验人员必须严格执行抽样方案

质量检验的过程就是由检验人员从一交验批中，依据选定的抽样方案，随机抽取一定数量的样本,借助测量仪器设备进行测量,并将测量结果与规定要求进行比较,从而推断该批产品合格与否等一系列的活动。检验人员是抽样方案的具体实施者,是抽样方案得以实施的关键,因此必须学习和熟悉抽样方案,把它作为抽样的行为准则,抽样前应熟悉产品标准,掌握产品特性,了解检验方法,并对酸碱及毒害样品采取相应的防护措施,然后对所提供的交验批进行认定,按规定的抽样方案,选择合适的抽样方法,抽取规定数量的产品作为待检样本,按规定需要实施全检、分析抽样等。

三、必须完整、规范、准确填写抽样记录

抽样记录是质量检验测量数据和结果的书面载体,是证实产品质量的依据,同时也是分析质量问题、溯源历史情况、采取纠正和预防措施的重要依据。鉴于抽样记录的重要性,要求所记录的测量信息予以规范地记载、描述,内容应当客观真实、准确全面,字迹清晰整齐,以方便再现测量过程。表格形式见表4-3。

表4-3 成品抽样记录单

月　　日　　　　　　　　　　　　　　　　　　　　　　　　　　　　页次

制造单号		产品名称		目标产量		本日产量				
抽样	外观检验		试验检验			检验包装			及格	待改善	不及格
	色泽	清洁				外观	内容	松脱			
1											
2											
3											
4											

证明_____　　　　　记录_____

(1) 记录的内容应能包含抽样活动中所有必要信息,一般应包含以下内容。
① 注明抽样产品名称、规格型号、批号、生产日期、执行标准。
② 记录抽样基数、样品数量、抽样日期、抽样地点。
③ 标注受检单位、生产单位。
④ 包含抽样人员和受检单位代表的说明、签字,受检单位联系方法。
⑤ 加盖抽样单位印章和受检单位印章。
⑥ 因其他因素影响而偏离抽样方案的说明及其他必要信息(备注)。
(2) 样品盛入容器后应立即在容器壁上贴上标签,以方便查证。

四、产品质量其他注意事项

(1) 在产品形成的每个阶段,应记录并保存好质量记录,如检验报告、分析报告、审核报告等。质量记录应字迹清晰,内容完整,应记录产品批号、检验类别、检验日期、所用设备和分析方法等。

(2) 提高检验人员素质,这是实现质量体系有效运行和达到质量目标的重要环节,定期评审检验人员的操作能力、工作态度和熟练程度,加强质量考核工作对提高职工的质量意识,保证产品质量具有积极作用。

质量检验工作是产品质量链中的重要一环,是企业质量管理中的一项重要工作,企业应做好产品质量检验的管理与控制工作,使之在企业质量管理体系的运行过程中,始终发挥着

重要的质量保证作用。

结论：强调质量检验并不能改进质量，而是要改善整个生产系统，让产品首次生产出来就没有误差，不要等到出了问题后再想办法去弥补。质量的标准是绝对优良，任何管理上的松懈都无法生产出世界级的产品，质量的衡量要从整体上来看待。

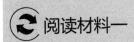

阅读材料一

对一起违章作业引起的三乙基铝着火事故的分析

一、事故经过

2003年10月11日0时48分，天下大雨，某石化公司聚乙烯装置三乙基铝进料罐出现低液位报警信号，值班长王某通知聚合班长李某到三乙基铝区现场进行三乙基铝钢瓶切换操作，李某到现场检查确认正在使用的三乙基铝钢瓶物料已用完，并开始向备用的三乙基铝钢瓶充入氮气升压，因三乙基铝进料罐低液位报警信号仍然存在，就重新检查流程。确认流程正确后，就怀疑三乙基铝进料管线堵塞，立即向值班长王某报告，王某和聚合外操赵某马上赶到三乙基铝区现场，确定三乙基铝进料线堵塞，已无法向三乙基铝进料罐中进料。值班长王某立即把现场情况分别向公司总调度室和车间副主任郑某汇报，2时20分，按照公司总调度室指令降低聚乙烯装置生产负荷。车间副主任郑某和工段长周某，于3时整赶到现场，此时，三乙基铝进料罐中物料已用完，作为聚合反应的助催化剂进料中断，聚乙烯装置生产负荷急速降低。

为了避免聚乙烯装置停车，车间副主任郑某和工段长周某决定，采用输送固体催化剂专用金属软管作跨接线，把物料引入三乙基铝进料罐，跨接线接好后，进行气密试验和氮气置换后，投用跨接线。工段长周某从三乙基铝进料罐顶部的排放视镜排气，确认已进入罐中，但得知三乙基铝进料罐液位报警信号仍未消失，仍需排气。周某准备再次排气操作时，管线突然发生爆裂，三乙基铝泄漏着火，遇雨水剧烈反应而爆炸。

值班长王某迅速关闭三乙基铝钢瓶出口阀切断物料，同时对聚乙烯装置进行停车处理，向公司消防队报火警，直至管线内残存物料烧尽，火焰才熄灭。周某因距离着火处较近被轻度烧伤。

二、事故调查与分析

1. 直接原因

① 雨天作业，临时跨接线内无法彻底置换干燥，管内存有的水分与三乙基铝发生剧烈放热反应，管内压力骤升，金属软管爆裂导致三乙基铝泄漏着火，遇水爆炸。

② 加装的临时跨接线是固体催化剂专用输送线，设计压力为0.5MPa，而三乙基铝系统管线设计要求为3.6MPa。临时跨接线软管耐压达不到要求，管线超压而爆裂。

2. 间接原因

① 与备用三乙基铝钢瓶连接的管线，用矿物油冲洗时，矿物油中的少量水分残留于管线中，未置换冲洗干净，当投用备用钢瓶时，三乙基铝与少量水分反应产生固体氧化物而堵塞管线。

② 违反在潮湿和雨天情况下，严禁三乙基铝系统现场作业的规定。

③ 日常管理不严格，矿物油桶使用后，未拧上桶盖，露天存放，致使雨水进入油桶中。

④ 职工安全意识淡薄，不按照规定穿戴专用防火隔热防护服，致使人员被烧伤。

三、教训

为避免发生类似事故，应该从以下几方面采取措施进行管理。

① 严格三乙基铝区作业管理，禁止阴雨潮湿天气下进行作业，严格穿着专用安全防护服，实行双人作业制。

② 矿物油桶应拧上桶盖，存放于化学品储存棚内，严禁现场露天存放。

③ 严格执行设备管线的变更管理规定，按照程序加设临时管线。

④ 加强职工安全教育，切实提高职工"安全第一"的思想，严防"三违"，搞好事故应急预案演练。

⑤ 保证三乙基铝区的自动干粉灭火系统能够完好备用，发生火灾时实施自动灭火，减少火灾损失和防止事故扩大。

⑥ 三乙基铝区设防雨棚，保持三乙基铝区域内的设施干燥，降低操作的风险。

（资料来源：安全管理网）

阅读材料二

江苏响水天嘉宜化工有限公司"3·21"特别重大爆炸事故分析

2019年3月21日14时48分许，位于江苏省盐城市响水县生态化工园区的天嘉宜化工有限公司（以下简称天嘉宜公司）发生特别重大爆炸事故，造成78人死亡、76人重伤，640人住院治疗，直接经济损失198635.07万元。事故调查组认定，江苏响水天嘉宜化工有限公司"3·21"特别重大爆炸事故是一起长期违法储存危险废物导致自燃进而引发爆炸的特别重大生产安全责任事故。

一、事故有关情况

事故调查组经调阅现场视频记录等进行分析认定，2019年3月21日14时45分35秒，天嘉宜公司旧固废库房顶中部冒出淡白烟，随即出现明火且火势迅速扩大，至14时48分44秒发生爆炸。

天嘉宜公司成立于2007年4月5日，主要负责人由其控股公司倪家巷集团委派，重大管理决策需倪家巷集团批准。企业占地面积14.7万平方米，注册资本9000万元，员工195人，主要产品为间苯二胺、邻苯二胺、对苯二胺、间羟基苯甲酸、3,4-二氨基甲苯、对甲苯胺、均三甲基苯胺等，主要用于生产农药、染料、医药等。企业所在的响水县生态化工园区（以下简称生态化工园区）规划面积$10km^2$，已开发使用面积$7.5km^2$，现有企业67家，其中化工企业56家。2018年4月因环境污染问题被中央电视台《经济半小时》节目曝光，江苏省原环保厅建议响水县政府对整个园区责令停产整治；9月响水县组织11个部门对停产企业进行复产验收，包括天嘉宜公司在内的10家企业通过验收后陆续复产。

事故发生后，在党中央、国务院坚强领导下，江苏省和应急管理部等立即启动应急响应，迅速调集综合性消防救援队伍和危险化学品专业救援队伍开展救援，至3月22日5时许，天嘉宜公司的储罐和其他企业等8处明火被全部扑灭，未发生次生事故；至3月24日24时，失联人员全部找到，救出86人，搜寻到遇难者78人。江苏省和国家卫生健康委全力组织伤员救治，至4月15日危重伤员、重症伤员经救治全部脱险。生态环境部门对爆炸核心区水体、土壤、大气环境密切监测，实施堵、控、引等措施，未发生次生污染；至8月25日，除残留在装置内的物料外，生态化工园区内的危险物料全部转运完毕。

二、事故直接原因

事故调查组通过深入调查和综合分析认定，事故直接原因是：天嘉宜公司旧固废库内长期违法储存的硝化废料持续积热升温导致自燃，燃烧引发硝化废料爆炸。

起火位置为天嘉宜公司旧固废库中部偏北堆放硝化废料部位。经对天嘉宜公司硝化废料取样进行燃烧实验，表明硝化废料在产生明火之前有白烟出现，燃烧过程中伴有固体颗粒燃烧物溅射，同时产生大量白色和黑色的烟雾，火焰呈黄红色。经与事故现场监控视频比对，事故初始阶段燃烧特征与硝化废料的燃烧特征相吻合，认定最初起火物质为旧固废库内堆放的硝化废料。事故调查组认定储存在旧固废库内的硝化废料属于固体废物，经委托专业机构鉴定属于危险废物。

起火原因：事故调查组通过调查逐一排除了其他起火原因，认定为硝化废料分解自燃起火。

经对样品进行热安全性分析发现，硝化废料具有自分解特性，分解时释放热量，且分解速率随温度升高而加快。实验数据表明，绝热条件下，硝化废料的储存时间越长，越容易发生自燃。天嘉宜公司旧固废库内储存的硝化废料，最长储存时间超过七年。在堆垛紧密、通风不良的情况下，长期堆积的硝化废料内部因热量累积，温度不断升高，当上升至自燃温度时发生自燃，火势迅速蔓延至整个堆垛，堆垛表面快速燃烧，内部温度快速升高，硝化废料剧烈分解发生爆炸，同时殉爆库房内的所有硝化废料，共计约600t袋（1t袋可装约1t货物）。

三、科普：江苏响水"3·21"特大爆炸事故背后的安全隐患

1. 如果危险化工品爆炸了，可能产生哪些危害

危险化工品的种类较多，爆炸后的情况也比较复杂。比如苯系，全部都易燃易爆有毒，毒性高低不同。就对人的影响而言，间苯二胺LD_{50}是130~300mg/kg，可以划为中等毒性，甲苯、二甲苯、氯苯、苯乙烯则属于低毒类。

化工品爆炸后，除了爆炸带来的直接危害，引起的火灾往往会产生有毒有害物质，传统的灭火方式是用泡沫加水，这样能起到一定冷却作用抑制爆炸云，但是会产生大量废水污染环境。如果气象条件下，有害液体扩散困难，则不溶于水的物质会漂浮在水面，或者沉积在物体、土壤表面，后续修复难度很大。

在本次事件中，根据官方消息，截至3月22日7时，3处着火的储罐和5处着火点已全部扑灭。

而且根据江苏盐城环境监测中心3月21日晚18时40分于爆点下风向3500m（海安集敏感点）监测结果，二氧化硫和氮氧化物分别超出《环境空气质量标准》（GB 3095—2012）二级标准的57倍和348倍；苯、甲苯和二甲苯、苯乙烯、丙酮和氯仿的检出浓度都未超标。二氧化硫和氮氧化物如果浓度过高容易引发呼吸系统疾病，若大量吸入会导致

窒息；甲苯、二甲苯、氯苯、苯乙烯等为低毒物质，长期接触有慢性毒性。

2. 化工品爆炸现场复杂，扑救应多部门联动

化工品爆炸后，在现场救援时，应该强调多部门联动，强调先进装备，使用对火灾现场、爆炸气体的先进处置装备。比如，现场的快速处置装备需要强调快速富集、吸收。随后采用高效催化、等离子体处置等无害化处置技术的综合协同配套应用。但目前，这项技术在国内国外都是空白，没有产品生产出来，只能采用传统的喷泡沫处置了。

在有的化工品爆炸事件中，切断能源系统，就地限制火势和可燃物质让它们烧完也是一个办法。

而正在燃烧的火焰要灭掉，必须考虑很多因素，比如燃烧状态，明火还是阴燃，火焰烈度范围乃至是何颜色，还有火焰是否还伴随爆炸等因素，再决定灭火方案，这需要非常专业的化工专家和灭火专家一起研判决定。

3. 消防员的安全需要关注

消防员和其他急救人员身处第一线，直面危险，针对救援人员的个体防护装备也需要重视。比如，口罩的作用比较有限，应该配备专门的呼吸器，必要时要向防化战士看齐；比如，消防员要降温，一般可以采用泡在水和泡沫里的方法，但如果现场燃烧物质是遇水燃烧或爆炸的，那么千万不要采用泡水的方法降温，否则后果不堪设想。

4. 如果身处现场或生活在附近，应该怎么防护

一旦发生化工品爆炸，记住，逃离是第一行为准则。

做好呼吸防护、水源防护也很有必要，其他方面，因为化工品爆炸的情况多样而复杂，无法给出针对性建议。

（资料来源：1. 江苏响水天嘉宜化工有限公司"3·21"特别重大爆炸事故调查报告，国务院事故调查组，2019 年 11 月；2. 江苏响水"3·21"特大爆炸事故背后的安全隐患，法律与生活杂志，2019.3）

课后练习题

【案例分析】

某公司在业内一直以技术领先和质量稳定而闻名于世。几年前考虑到中国市场的日益扩大和较低的工资成本等因素，遂于内地设厂。虽然这几年来产销量一直比预期要好，并且有很多产品返销国际市场，但一直困扰管理层的就是产品质量投诉一直居高不下，投诉量比本土生产时一般都高三四倍，最高时达十多倍。管理层认为：各项管理制度或作业规范与本土并无差异（比如都执行 ISO16949）。是什么原因导致如此大的差异呢？经分析后认为，主要不同的方面有：①中方工人的学历相对较高，而且年轻；②中方人员的主动淘汰率较高，达本土工人的 10 倍或以上；③中方人员的工资水平是本土人员的 1/10~1/5 或更低。因为几年来产品质量一直未有显著的好转，管理层曾按有关人员包括顾问公司的建议进行了种种尝试，比如延长入职培训时间，制定更详尽和严厉的制度，大部分管理岗位换成本土人员等，均不理想。

分析：质量无法稳定的主要原因是什么？请提供切实可行的建议。

课后思考题

1. 化工生产产品质量控制对现实生活有什么重要意义？
2. 把好生产质量关的关键在哪里？
3. 如何对化工产品进行质量监控？
4. 为什么说产品的质量检测要从原料入手？
5. 从齐齐哈尔第二制药公司的假药事件中，我们得到的教训是什么？今后应该怎样做，才能杜绝类似的事情发生？

第五章
化工企业安全文明生产管理

 引导案例 5-1　某化学工业集团总公司有机化工厂爆炸事故

　　1996 年 7 月 17 日，某有机化工厂乌洛托品车间因原料不足停产。经集团公司领导同意，厂部研究确定借停产之机进行粗甲醇直接加工甲醛的技术改造。7 月 30 日 15 时 30 分左右，在精甲醇计量槽溢流管上安焊阀门。精甲醇计量槽（直径 3.5m，高 4m，厚 8mm）内存甲醇 10.5t，约占槽体容积的 2/3。当时，距溢流管左侧 0.6m 处有一进料管，上端与计量槽上部空间相连，连接法兰没有盲板，下端距地面 40cm 处进料阀门被拆除，该管敞口与大气相通。精甲醇计量槽顶部有一阻燃器，在当时 35℃ 气温条件下，槽内甲醇挥发与空气汇流，形成爆炸混合物。当对溢流管阀门连接法兰与溢流管对接焊口（距进料管敞口上方 1.5m）进行焊接时，电火花四溅，掉落在进料管敞口处，引燃了甲醇计量槽内的爆炸物，随着一声巨响，计量槽槽体与槽底分开，槽体腾空飞起，落在正西方 80 余米处，槽顶一侧陷入地下 1.2m。槽内甲醇四溅，形成一片大火，火焰高达 15m。两名焊工当场因爆炸、灼烧致死，在场另有 11 名职工被送往医院，其中 6 人抢救无效死亡。在现场救火过程中，有 1 人因泡沫灭火器底部锈蚀严重而发生爆炸，灭火器筒体升空，击中操作者下颌部致死。共有 9 人死亡，5 人受伤。

　　分析：这是一起违章指挥、违章作业造成的重大死亡事故。在进行焊接作业前，没有与甲醇计量槽完全隔绝，进料敞口与大气相通造成空气汇流，达到爆炸极限；有机化工厂属于易燃易爆区域，为一级动火，但没有执行有关动火规定进行电焊作业，电焊火花引燃进料管口的爆炸混合物，是造成事故的直接原因。安全管理混乱是造成事故的主要原因。在甲醇技术改造项目中，没有施工技术方案和相应的安全技术措施；没有执行一级动火项目规定，擅自下放动火批准权限，动火管理失控；焊接现场没有组织监护措施。领导安全意识淡薄是造成事故的重要原因。根据化工行业《安全管理标准》规定，企业须按 3‰～5‰ 比例配备安全管理人员，百人以上车间应设专职安全人员，但有机化工厂没有设安全科室和专职安全管理人员，安全措施不落实；没有按规定对职工进行教育培训，职工安全素质差（溢流管上下两头都是法兰螺丝连接，如把两头螺丝卸下，把溢流管搬到非禁火区焊接，完全可以避免事故的发生）。

　　（资料来源：安全管理网）

　　改革开放多年来，我国化学工业取得了长足的进步。但是，化学工业在大幅增长的同时，化工企业管理也存在着很多问题，其中对化工企业发展起决定和制约因素的是化工企业安全文明生产的问题。随着我国对安全文明生产的日益重视，化工企业必须改变现有的管理模式，把安全文明生产管理纳入到企业长期发展的管理战略和日常管理工作中。

　　化工企业安全文明生产的管理水平是化工企业素质的综合表现，也是化工企业形象的活广告。安全生产是文明生产的前提，文明生产是安全生产的保证，安全生产、文明生产相辅相成，不可偏废。安全文明生产既是有形资产，也是无形资产。化工企业凭借自身管理水平和安全文明生产的程度，控制污染排放，保证安全生产，取得经济效益，是有形资产；进一步提高企业社会信誉是无声的宣传，是无形资产。

实现安全文明生产，是使企业提高凝聚力、树立良好形象、保持健康发展的必由之路。因此进行化工企业安全文明生产管理不仅是市场经济条件下企业参与生产竞争、增强市场竞争力的需要，也是化工企业提高自身素质和经济效益的有效途径。

第一节 化工企业安全生产管理概述

安全工作是随着工业革命的发展而发展起来的。1919年，国际劳工局ILO宣告成立，并开始组织国际范围内预防事故的情况交流和制定工业卫生安全法规，使安全管理渗透到各工业企业管理中。《中华人民共和国安全生产法》中明确规定，生产经营单位要"建立、健全安全生产责任制，完善安全生产条件，确保安全生产"。

安全生产是社会经济建设的重要组成部分，关系到企业的生存发展和社会秩序的稳定，良好的安全生产环境和秩序是经济发展的重要保障。

一、安全生产管理的概念

（一）安全生产

安全生产是指劳动生产过程中的人身安全、设备和产品安全，以及交通运输安全等。即企业按照社会化大生产的客观要求，在符合安全要求的物质条件和工作秩序下，采取各种措施科学地从事生产活动，防止伤亡事故、设备事故及各种灾害的发生，保障劳动者的安全健康和生产、劳动过程的正常进行。它既包括对劳动者的保护，也包括对生产、财物、环境的保护，使生产活动正常进行。

安全生产是安全与生产的有机统一。安全是生产的前提，生产必须安全，没有安全企业的生产就无法进行。安全能够促进生产，安全的生产环境可以减少职工伤亡，减少财产损失，增加企业经济效益，从而促进生产的发展。

（二）安全生产管理

安全生产管理是指依照国家法律、行业和企业规章及技术标准，努力改善劳动条件，预防在生产经营过程中人身和物资损伤事故的发生，以及事故发生后得到及时处理而所做的一系列管理工作。

1. 安全生产管理的对象

安全生产管理的对象是生产过程中的一切人、物和环境。

2. 安全生产管理的目的

安全生产管理的目的是保护工人在生产中的安全与健康，防止各类事故发生，保护财产不受损失，确保生产装置安全、稳定、长周期运转。

安全生产管理是状态的管理和控制，是一种动态管理。安全生产管理是企业生产管理的重要组成部分，是综合性的系统科学。它关系着企业经营状况的好坏和企业的整体形象，是企业振兴与发展的一项重要工作。

二、化工企业安全生产管理的重要性

化工生产是一个高风险的行业，有其自身的行业特点。化工生产从原材料购进到产品售出的各个环节，具有易燃、易爆、易中毒、高温、高腐蚀、生产装置规模大、反应路线复杂、生产连续化等特点，生产中潜在的不安全因素远高于其他行业，稍有不慎或任何细微疏忽，都极易酿成安全事故，且事故的损坏和危害性大、持续时间长。化工生产离开安全生产这个前提，化工生产就难于进行。

1. 从原材料和产品的性质看

在化工生产过程中，不仅有很多易燃、易爆、有毒、有害物质参与到生产过程中，而且有些甚至是最终产品，所以有"沾化三分毒"之说。如氯碱行业，其产品就是盐酸和烧碱，强腐蚀性显而易见；如石化行业、合成氨行业中的液化气、汽柴油、氨水，这些易燃易爆物质贯穿于整个生产过程中，一旦管理失控就会对操作者自己、周围人员以及环境造成重大危害。

2. 从工艺条件看

化工生产工艺技术复杂，运行条件苛刻，具有高温、高压等特点。

对于多数化学反应，高温高压会使反应向正方向进行，产品收率提高，几百摄氏度和几十兆帕的压力，对于很多反应过程是必备的条件。如乙烯裂解的温度高达1000℃，高压聚乙烯的聚合反应压力高达350MPa，这在日常生活中是不可想象的。

苛刻的生产工艺条件对生产设备以及人员操作的规范提出了严格的要求，同时也埋下了巨大的事故隐患，任何一个微小的失误，就可能导致灾难性的后果。

3. 从生产方式看

化工生产规模大，自动化程度高，生产连续性强。其优点是生产速度快、效率高、效益大。但在生产过程中，一旦某一部位或某一环节发生故障或操作失误，未及时发现或处理不及时，就会引起连锁反应，牵一发而动全身，个别事故会影响全局。

4. 从设备装置看

化工生产的设备大型化、立体化、集团化；管道纵横贯通，装置技术密集，资金密集；设备专业性强，日常操作维护技术要求高，程序性强。一旦发生事故，扑救难度大，损失严重。据有关资料对近年来世界石化行业重大事故进行分析，发现单套装置的事故直接经济损失惊人。

5. 从动力能源上看

化工生产具有电源、气源、热源交织使用的特点。这些动力能源如果因设备缺陷、设置不当、管理不当等情况，便可直接成为生产事故的引发源。

化工企业生产的上述特点对安全生产管理工作提出了更高、更专的要求。如果放松安全管理，导致事故发生，就会造成较大的有形损失（经济、财物）和无形损失（名誉影响）。因此，加强化工企业的安全生产管理，不仅关系到企业的正常运行和职工的生命安全，还关系到企业的生存发展和社会秩序的稳定。随着我国化工生产装置的大型化、自动化、连续化，化工企业安全生产管理的压力越来越大，责任也越来越重，化工企业安全生产管理工作意义重大。

三、化工企业安全生产管理的基本思想

化工企业安全生产管理工作涉及的面很广,不仅有设备问题、工艺问题,而且还涉及操作方法与操作环境等问题。因此,安全生产管理要从企业的整体出发,各部门、各环节相互配合,实行全过程、全员和全部工作的安全管理,简称"三全"管理。

1. 全过程的安全管理

一个新项目从规划、设计开始,就要对安全问题进行控制,并且要贯穿于整个项目寿命期间,直到报废淘汰,全过程都要进行安全管理。包括基建、试车、投产、生产、运输、更新等。

2. 全员参加的安全管理

安全管理要实行群众路线,引导企业全体员工参加安全管理,充分调动广大员工的安全生产积极性。每个员工都要注意自己和自己操作区域的安全,做到人人都是管理者,人人都是被管理者。

3. 全部工作的安全管理

任何有生产劳动的地方都会有安全问题。因此在任何场合都要对工艺设备等进行全面分析、全面诊断、全面预防,在任何时候都要考虑安全问题,进行安全生产管理。这样才能使每个方法、目标、规定和程序切合实际。

第二节 化工企业安全生产管理的措施

在化工企业管理中,安全生产管理是龙头,是重中之重,在"安全第一,预防为主"的方针指导下,化工企业安全生产管理主要采取以下措施。

一、建立安全生产管理规章制度

没有规矩,不成方圆。企业应根据国家有关法律法规,从自身实际情况出发,制定一套全面细致切实可行的安全生产管理规章制度。这些安全生产管理规章制度主要包括法规、规程和条例等基本内容。安全法规有《中华人民共和国安全生产法》《中华人民共和国劳动法》等;安全规程有《安全生产技术操作规程》《化工企业厂区作业安全规程》等;安全条例有生产企业的"十四个不准",操作工的"六严格",动火作业"六大禁令",进入容器、设备的"八个必须",机动车辆"七大禁令"等。这些都是多年经验教训的总结,是用生命和鲜血换来的,在安全生产管理中发挥了重要的作用。

还包括一些规章制度,如《劳动人事管理制度》《安全生产管理制度》《消防安全管理制度》《各岗位安全生产责任制》《职工奖励和违规处罚制度》等。要严格执行,做到以法治厂,以制度管人,使职工在日常工作中有章可循、有法可依。

二、建立安全生产管理技术制度

安全技术措施,是指企业为了防止工伤事故和职业病的危害,保护职工生命安全和身体

健康，促进生产任务顺利完成，从技术上采取的措施。

1. 设计的安全管理

工程设计是生产技术中的第一道工序，工程设计的质量直接影响建设项目的投资效果，直接关系到生产装置的安全性和可操作性。因此应从工厂设计之初把好安全关，以为员工创造一个安全卫生的工作环境作为工程设计的指导思想。

在企业项目建设的过程中，从工程项目的可行性研究，到生产工艺条件确定、设备选型，施工建设到投入运行，严格实行建设全过程安全管理，落实国家对建设工程项目安全的同时设计、同时施工、同时运行的"三同时"管理，在每一个环节上安排安全措施，以达到安全生产的标准。

【案例 1】 2007 年 7 月 11 日 23 时 50 分，某化工集团有限公司 16 万吨/年氨醇、25 万吨/年尿素改扩建项目试车过程中发生爆炸事故，造成 9 人死亡、1 人受伤。事故还造成部分厂房顶棚坍塌和仪表盘烧毁。

分析： 事故发生的直接原因是 2 号压缩机七段出口管线存在强度不够、焊接质量差、管线使用前没有试压等严重问题，导致事故的发生。

2. 设备的安全管理

随着企业生产规模的不断扩大以及工艺技术的改进，常年运行的设备和仪表，不可避免地会出现运行不正常现象；同时新投用的设备由于工作不稳定，操作人员不熟悉其性能，也会导致操作失误，从而引发各种生产事故，所以化工企业应该高度重视设备的安全管理。

首先企业每年都要投入一定的资金，使设备运行能始终保持较好的安全状态；其次要制定一套科学有效的设备安全管理制度，建立完善生产设备设施台账制度；最后企业要落实专人管理和维护保养，提高设备的安装、维修质量，并定期进行检查维修。同时加强各类安全装置、消防器材、应急器具等的管理，无故不得随意拆除。

3. 工艺过程的安全管理

化工生产过程的根本目的就是将化工原料变为企业的基本产品，而改变的方法有物理的、化学的、机械的过程等。化学反应的类型较多，诸如氧化、还原、裂化、裂解、脱氢、电解、聚合、缩合、磺化、硝化、重氮化等反应，每个反应所需反应条件不同，其安全预防措施也不尽相同。

因此，在生产过程中，应针对具体情况，严格控制化工工艺参数，即控制反应的温度、压力，反应的配比，反应的顺序以及原材料的纯度和副反应等，使之处于安全限度内。在化工工艺的设计、施工和实际运行环节中，应该考虑到，在员工操作不当的情形下同样能避免事故发生，这一至关重要的安全因素。

4. 岗位操作的安全管理

化工企业内的岗位，实际是一种职责分工。在生产过程中，职工应严格按照岗位操作法的要求进行生产。所谓岗位操作法是指操作者在岗位范围内，如何合理运用劳动资料完成本职任务的规定性文件，是操作者进行生产活动的行动准则。

化工生产过程中的安全操作包括安全开车、安全运行、安全停车和安全检修。化工生产岗位安全操作对于保证生产安全是至关重要的，因此化工生产企业要严肃劳动纪律，严格按规范操作，杜绝"违章操作、违章指挥、违反劳动纪律"的"三违"现象。在生产过程中必须做到以下几点：

① 严格执行工艺规程、安全技术规程，遵守劳动纪律、工艺纪律、操作纪律，做到平稳运行；
② 严格执行岗位安全操作规程；
③ 控制"跑、冒、滴、漏"等现象；
④ 安全附件和安全联锁装置不得随意拆弃和解除，不能随意切断声、光报警等信号；
⑤ 正确穿戴和使用个人防护用品；
⑥ 严格安全纪律，禁止无关人员进入操作岗位和运行生产设备、设施和工具；
⑦ 严格执行化学工业部颁发的《操作工的六严格》规定，不得擅自离开自己的岗位；
⑧ 搞好岗位安全文明生产，正确判断和处理异常情况，在紧急情况下可先处理后上报。

三、建立安全生产检查制度

安全检查是发现不安全行为和不安全状态的重要途径，是消除事故隐患，落实整改措施，防止事故伤害，改善劳动条件的重要方法。

1. 安全检查的形式

（1）定期安全检查　列入安全管理活动的计划，有较一致时间间隔的安全检查。定期安全检查的周期应控制在 10～15 天，各班组必须坚持日检。

（2）突击性检查　无固定性检查周期，对特殊部门、特殊设备、特种产品、小区域的安全检查，属于突击性的检查。

（3）特殊检查　针对预料中可能会带来新的危险因素的新设备、新工艺、新项目进行的，旨在"发现"危险因素为专题的安全检查。

2. 安全检查的内容

主要是查思想、查管理、查制度、查现场、查隐患、查事故处理。

（1）化工生产的安全检查应以自检形式为主，是针对生产全过程、各个方位的全面安全状况的检查。检查的重点以劳动条件、生产设备、现场管理、安全卫生设施以及生产人员的行为为主。发现危及人的安全因素时，必须果断地消除。

（2）各级生产组织者，应在全面安全检查中，透过生产环境状态和隐患，对照安全生产方针、政策，检查对安全生产认识的差距。

（3）对安全管理的检查，安全生产是否提到议事日程上，各级安全负责人是否坚持"五同时"，即企业领导、主管部门负责人在策划、布置、总结、评价生产经营的同时，是否同时策划、布置、检查、总结、评价安全工作。

业务职能部门、人员，是否在各自业务范围内，落实了安全生产责任。专职安全人员是否在位、在岗。安全教育是否落实，教育是否到位，生产技术与安全技术是否结合为统一体。

3. 安全检查的方法

可用安全检查表（表 5-1、表 5-2）法。

表 5-1　公司安全检查表

检查项目	检查内容	检查方法和要求	检查结果
安全生产制度	1.安全生产管理制度是否健全并认真执行	制度健全,切实可行,进行了层层贯彻,各级主要领导人员和安全技术人员,知道其主要条款	
	2.安全生产责任制是否落实	各级安全生产责任制落实到单位和部门,岗位安全生产责任制落实到人	
	3.安全生产的"五同时"执行得如何	在计划、布置、检查、总结、评比生产的同时,计划、布置、检查、总结、评比安全生产工作	
	4.安全生产计划编制、执行得如何	计划编制切实、可行、完整、及时,贯彻得认真,执行有力	
	5.安全生产管理机构是否健全,人员配备是否得当	有领导、执行、监督机构,有群众性的安全网点,安全生产管理人员不缺员,没被抽去做其他工作	
安全教育	6.工人三级教育是否坚持	有教育计划,有内容,有记录,有考试和考核	
	7.特殊工种的安全教育坚持得如何	有安排,有记录,有考试,合格者发操作证,不合格者进行补课教育或停止操作	
	8.改变工种和采用新技术等人员的安全教育情况	教育得及时,有记录,有考核	
	9.对个人日常教育得怎样	有安排,有记录	
	10.各级领导干部和业务员是怎样进行安全教育的	有安排,有记录	
安全技术	11.有无完善的安全技术操作规程	操作规程完善、具体、实用、不漏项、不漏岗、不漏人	
	12.安全技术措施计划是否完善、及时	各工序都有安全技术措施计划,进行了安全技术交底	
	13.生产安全设施是否可靠	原材料的堆放、半成品的存放,生产过程中的安全要求和文明施工要求	
	14.防尘、防毒、防爆等措施是否妥当	均达到了安全技术要求	
	15.安全帽、安全带及其他防护用品是否妥当	性能可靠,佩戴均符合要求	
安全检查	16.安全检查制度是否检查执行	按规定进行安全检查,有活动记录	
	17.是否有违纪、违章现象	发现违纪、违章,及时纠正或处理,奖惩分明	
	18.隐患处理得如何	发现隐患,及时采取措施,并有信息反馈	
安全生产工作	19.记录、资料、报表等管理得如何	齐全、完整、可靠	
	20.安全事故报告得是否及时	按"三不放过"原则处理事故,报告及时,无瞒报、谎报、拖报现象	
	21.事故预测和分析工作是否开展	进行了事故预测,做事故一般预测分析和深入分析,运用先进方法和工具	
	22.竞赛、评比、总结等工作进行得如何	按工作规划进行	

表 5-2 班组安全检查表

检查项目	检查内容	检查方法和要求	检查结果
生产前检查	1. 班前生产会开了没有	查安排、看记录,了解未参加人员的主要原因	
	2. 每周一次的安全活动检查了没有	同上,并有安全技术交底卡	
	3. 安全网点活动开展得怎样	有安排、有分工、有内容、有检查、有记录、有小结	
	4. 岗位安全生产责任制是否落实	知道责任制的内容,明确相互之间的配合关系,没有失职现象	
	5. 本工种安全技术操作规程掌握得如何	人人熟识本工种安全操作规程,理解内容实质	
	6. 个人防护用品穿戴好了吗	齐全、可靠、符合要求	
	7. 主要安全设施是否可靠	进行自检,发现任何隐患及时处理	
	8. 有无其他特殊问题	所有工作人员都按要求着装	
生产中检查	9. 有无违反安全记录现象	密切配合,有问题及时报告	
	10. 有无违章操作现象	按要求摆放物品,按要求进行生产操作,物料配送比例顺序均符合要求	
	11. 有无违章指挥现象	违章指挥出自何处何人,是执行了还是抵制了,抵制后又是怎样解决的等	
	12. 有无不懂、违章操作现象	查清上岗合格证和生产流程均符合要求	
	13. 有无故障操作现象	查清操作人员上岗证和生产流程均符合要求	
	14. 工作人员的特异反应如何	对工作环境有无不适应的现象,工作人员的身体、精神是否异常,是怎样处理的	
生产后检查	15. 材料、物资整理没有	清理有用品、清除无用品	
	16. 清扫工作怎样	工作场地整洁,库上锁,门关好	
	17. 其他问题解决如何	下班人数清点没有,事故处理怎样,本班主要问题是否报告和反映了	

四、建立安全生产教育制度

在化工企业安全生产管理工作中,安全管理的对象除设备、环境之外还有人的因素。而对人的行为进行控制的主要方法和手段是安全教育培训。因此,化工企业应进行安全教育培训,增强职工的安全生产意识,减少人为失误,做到"不伤害自己,不伤害别人,也不被他人所伤害"。

化工企业应根据生产实际情况,制订安全生产知识和技术的教育培训计划,做到教育培训经常化、制度化、多样化、专业化、系统化,组织安全教育培训做到严肃、严格、严密、严谨、讲究实效。如新入厂人员均须经过厂、车间、班组三级安全教育,未经教育和考试不合格者禁止上岗操作;特种作业人员必须严格按照行业要求和国家有关法律的规定,经资质部门培训合格取得特种作业人员操作证后才能上岗。

五、隐患处理

(1) 安全检查中发现的隐患应进行登记,不仅作为整改的备查依据,而且是提供安全动态分析的重要信息渠道。如多数单位安全检查都发现同类型隐患,说明是"通病",若某单位在安全检查中重复出现隐患,说明整改不彻底,形成"顽症"。根据检查隐患记录分析,制定指导安全管理的预防措施。

(2)安全检查中查处隐患,应及时发出隐患整改通知单。对凡是存在即发性事故危险的隐患,检查人员应责令停工,被查单位必须立即进行整改。

(3)对于违章指挥、违章生产的行为,检查人员可以当场指出,立即纠正。

(4)被检单位领导对查处的隐患,应立即研究制定出整改方案。按照定人、定期限、定措施,限期完成整改。

(5)整改完成后要及时通知有关部门派员进行复查验证,符合复查,方可销案。

六、安全事故的调查与处理

对安全生产事故必须进行严肃认真的调查处理,接受教训,防止同类事故重复发生,要按照"四不放过"原则。"四不放过"原则的具体内容是:①事故原因未查清不放过;②事故责任人未受到处理不放过;③事故责任人和周围群众没有受到教育不放过;④事故指定的切实可行的整改措施未落实不放过。

第三节 化工企业环境保护与"三废"治理

环境是人类赖以生存和发展的物质基础,环境为我们的生存和发展提供了必需的资源和条件。人类的活动对环境产生影响,环境的变化反过来也会影响人类的活动。随着化学工业的发展,化工的废渣、废水和废气越来越多,处理不当就会污染环境,因此"三废"的治理和综合利用,将对整个人类的生存和发展产生巨大的影响。

一、化工企业环境保护

1. 环境保护的概念

环境保护就是运用现代环境科学理论的方法、技术,采取行政的、法律的、经济的、科学技术的、宣传教育的等多方面措施,保护自然资源并使其得到合理开发和利用,防止自然环境受到污染和破坏,对受到污染和破坏的环境做好综合治理,创造适合于人类生活、劳动的环境,促进社会经济与环境平衡、协调、持续地发展。

2. 化工企业环境保护的意义

2005年12月3日,国务院发布了《关于落实科学发展观加强环境保护的决定》,明确提出:"加强环境保护是落实科学发展观的重要举措,是全面建设小康社会的内在要求,是坚持执政为民、提高执政能力的实际行动,是构建社会主义和谐社会的有力保障。加强环境保护,有利于促进经济结构调整和增长方式转变,实现更快更好地发展;有利于带动环保和相关产业发展,培育新的经济增长点和增加就业;有利于提高全社会的环境意识和道德素质,促进社会主义精神文明建设;有利于保障人民群众身体健康,提高生活质量和延长人均寿命;有利于维护中华民族的长远利益,为子孙后代留下良好的生存和发展空间。因此,必须用科学发展观统领环境保护工作,痛下决心解决环境问题。"

化工企业在生产中,原料及产品多为易燃易爆、有毒有害物质,工艺复杂,生产装置多在高温高压条件下运行，存在一定的事故风险，一旦在生产过程中或运输过程中发生有毒有害物质泄漏，将对周围环境造成严重危害。这些特点决定了化工行业是一个更容易产生污染的行业，化工产品在加工、存储、使用和废弃物处理等各个环节都有可能排放有毒物质而影响生态环境，危及人类健康，因此化工企业搞好环境保护具有重要的意义。

二、化工企业"三废"治理

生产是环境污染的主要来源，化工污染又是工业生产中的污染大户之一。搞好化工污染防治工作，不仅关系到化工企业持续、快速、健康发展，而且对改善我国环境质量，保护自然资源，造福子孙后代产生重大和深远的影响。

化工企业"三废"治理

(一) 化工企业"三废"的来源

化工企业的"三废"是指在化工生产过程中产生的废渣、废水和废气，主要是由以下途径产生的：

① 工艺技术、设备落后，导致原料不能完全反应，其中未转化为产品的部分作为废物排出；
② 生产过程中产生的副产物，不是所需要的产品；
③ 在反应过程中，未参与反应或只起催化作用的物料；
④ 未能回收完全的产品（如尿素造粒塔的尿素粉尘等）；
⑤ 反应完成后的废弃物。

化工生产过程中所排放的废弃物，有许多是有利用价值的物料。如果能够回收利用，不仅能够减轻对环境的影响，而且还能取得一定的经济效益。

(二) 化工企业"三废"治理的途径

1. 抓"三废"末端的治理

化工企业要建立废渣、废水、废气处理装置，运用各种除污技术（包括物理的、化学的、生化的方法等），逐级处理直至达标排放。同时，化工企业要发挥优势，采用"资源—产品—废弃物—再生资源"的循环经济模式，从"三废"中提取有用资源进行综合利用，变废为宝，用尽可能小的资源消耗和环境成本，获得尽可能大的经济效益和社会效益，实现企业的可持续发展。

2. 控制"三废"产生的源头

"先污染，后治理"的"三废"防治措施，不仅造成自然资源和能源的巨大浪费，而且还加重了环境污染和社会负担。因此应改变"三废"治理战略，以"预防为主"。采用源头控制是实现"三废"治理的最重要的、最有效的措施，要依靠科技进步，研究开发新技术、新设备，采用清洁工艺（少废无废技术），从源头控制污染的产生和排放，开辟"三废"预防的新措施。

同时，企业要实行生产全过程控制，将污染物尽可能消除在生产过程之中，减少"三废"的排放量。

(三) 化工企业"三废"治理技术

1. 废渣回收利用技术

废渣是在化工企业生产过程中，因工艺因素而产生的一定量的无法利用而被丢弃的污染环境的固体、半固体废弃物质。根据其有无毒性可将废渣分为有毒和无毒废渣两大类,凡含有氟、汞、砷、铬、镉、铅、氰等及其化合物和酚、放射性物质的,均为有毒废渣。它们可通过皮肤、食物、呼吸等渠道侵犯人体,引起中毒。

化工生产中产生的许多废渣都是具有再利用价值的物质。某一工艺过程产生的废渣,往往会成为另一工艺过程的原料。

废渣相对于目前的科技水平还不够高、经济条件还不允许的情况下暂时无法加以利用。但随着时间的推移,科学技术和经济的发展,今天的废渣必定会成为明日的资源。为有效控制废渣的产生量和排放量,相关技术的开发主要在三个方向:过程控制技术(减量化)、处理处置技术(无害化)、回收利用技术(资源化)。其中,资源化回收利用技术是目前重点研究的内容。

2. 废水治理技术

废水是在化工企业生产过程中产生的废液,其中含有随水流失的生产用料、中间产物、副产品以及生产过程中产生的污染物。根据所含污染物的主要成分,可将废水分为酸性废水、碱性废水、含酚废水、含铬废水、含有机磷废水等。

不同的生产工艺和生产方式,使废水的水质和水量差别很大,处理技术也不同,主要有以下几种。

(1) 物理法　包括过滤法、沉淀法、气浮法等。过滤法是以多孔性的物料层截留水中的杂质;沉淀法是利用水中悬浮颗粒的可沉淀性能,在重力作用下自然沉降,从而达到固液分离;气浮法是通过生成吸附的微小气泡,附裹携带悬浮颗粒并将其带出水面的方法。物理法主要是降低水中的悬浮物含量。

(2) 化学法　包括化学混凝法、化学氧化法等。化学混凝法是利用化学药剂产生的凝聚和絮凝作用,破坏污染物形成的胶体分散体系,使胶体失去稳定性,从而形成沉淀去除;化学氧化法是利用氧化还原原理,将废水中所含的有毒污染物转变成毒性较小或无毒的物质,达到废水净化的目的。

(3) 物理化学法　包括离子交换法、萃取法、膜分离法等。离子交换法是借助于离子交换树脂上的离子和水中的离子进行交换反应,除去废水中有害离子态物质的方法;萃取法是利用污染物在水中和萃取剂中溶解度的不同,达到分离、提取污染物和净化废水的目的;膜分离法是利用半渗透膜进行分子过滤,它可选择性地通过水分子,而不能使水中的悬浮物及溶质通过。

(4) 生物法　包括好氧处理和厌氧处理两种类型。好氧处理法分为活性污泥法和生物膜法。活性污泥法是利用好氧微生物降解废水中有机污染物;生物膜法是通过生物膜吸附和氧化废水中的有机物。厌氧处理法是通过厌氧微生物的作用,在无氧条件下,将废水中的有机物分解转化为 CH_4 和 CO_2 的过程。

3. 废气净化技术

化工企业在生产过程中排出大量的气体,其组成复杂,含有致癌、恶臭、强腐蚀性、易燃、易爆等组分,对生产装置、人体健康及大气环境造成严重危害。

化工废气可分为三类:第一类为有机废气,主要来自农药、炼油、涂料等行业;第二类为无机废气,主要来自磷肥、氮肥、无机盐等行业;第三类为有机和无机废气,主要来自炼焦、氯碱等行业。

在治理化工生产过程中产生的废气技术方面，发展了吸收净化技术、催化燃烧技术、生物氧化技术等多种适用技术。

（1）吸收净化技术　采用特定的吸收液对废气进行洗涤，使气体中的有害物被吸收在吸收液中，或与吸收液中的特定物质进行化学反应，然后再对吸收液进行回收利用，达到收集、转化有害物的目的。常用的吸收液有水、有机溶剂等，应用装置主要是废气洗涤塔。

（2）催化燃烧技术　让有害废气通过催化装置，在高温下，有害物质被燃烧、热解、转化。其典型装置是催化燃烧器、催化热解炉。

（3）生物氧化技术　用以泥炭为主要生物填料的生物填料塔工艺治理含硫恶臭污染。该工艺处理含硫恶臭废气，不仅运行稳定、费用低，而且去除臭味效果好，无二次污染。其中，硫化物和苯系物总平均去除率达 97.6%，臭气浓度可由 $4120mL/m^3$ 降低至 $23mL/m^3$。

化工生产过程中产生的废渣、废水和废气的治理，首先要着眼于回收利用、变废为宝，以最少的投入获得最大的回收利用价值，积极开发"三废"防治、转化、处理及综合利用的技术；其次是采取有效的措施，在生产过程中减少三废的排放，加强物质的循环利用，最大限度地减少对环境的危害和影响；最后是积极改革旧工艺，探寻无污染或低排放的"绿色"新工艺。

化工企业除了加强"三废"治理以外，还应加强企业内部管理，提高环保意识，推行清洁生产，从而实现经济效益、社会效益和环境效益的统一，促进化工企业的可持续发展。

第四节　化工企业文明生产

随着中国正式加入 WTO，参与国际市场竞争，企业的形象十分重要。国家在 2001 年 12 月发布《职业安全健康管理体系指导意见》和《职业安全健康管理体系审核规范》，要求企业建立"职业安全健康管理体系"。因此，搞好文明生产是企业急不可待、必不可少的一项重要的管理工作。

一、文明生产的概念

1. 文明生产的概念

所谓文明生产，就是在生产过程中，注重安全管理、现场定置管理（5S 等）、遵章守纪、节能环保。

文明生产是指生产的科学性，要创造一个保证质量的内部条件和外部条件。内部条件主要指生产要有节奏，要均衡生产，物流路线的安排要科学合理，要适应于保证质量的需要；外部条件主要指环境、光线等有助于保证质量。生产环境的整洁卫生，包括生产场地和环境要卫生整洁，光线照明适度，零件、半成品、工夹量具放置整齐，设备仪器保持良好状态等。没有起码的文明生产条件，企业的质量管理就无法进行。

2. 文明生产三要素

"定置""整齐""清洁"是文明生产的 3 要素。"定置"和"整齐"要素是把不需要用的物品撤走，把要用的物品定位、放好，以便于使用；而"清洁"要素则是把需要用的物品及工作场所打扫干净。文明生产三要素的技法见表 5-3。

表 5-3　文明生产三要素的技法

要素	定置	整　　齐		清　　洁	
技法	区分	畅通	靠边	盛积	盖罩
	撤走	上架	装入	清扫	擦拭
	整理	围上	挡住	清洗	装饰
	定位	放正	对直	美化	环保
	标识	叠齐	置平	技改	

二、文明生产管理的内容及要求

文明生产是正确协调生产过程中人、物、环境三者之间关系的生产活动。它不仅仅指干净、整洁的工作环境，还包括员工的文明素质。文明生产不只是"形象"问题，还关系到企业的科学发展，是企业素质的综合体现，可使企业生产现场管理水平得以提高和改善，从而为企业降低消耗、增加效益、保持健康持续发展提供保障。

文明生产管理是化工生产安全、稳定、长周期、满负荷、优化运行的重要条件之一，文明生产管理不是短期行为，而是一种长效机制，推动着管理的科学化。文明生产管理的内涵是精神文明和物质文明，主要有以下几方面的要求。

1. 企业要建立一套科学、可行的文明生产管理制度

文明生产管理工作的前提是"有章可依"，有制度才有管理，有制度才有约束。因此要建立一套科学、可行的文明生产管理制度，包括各项责任制度、工艺规程、操作规程、设备维护和检修规程、安全技术规程等。

明确职责和分工，明确文明生产的标准，形成规范。详细制定考核评分标准，将职工日常的工作表现量化考核；详细制定考核流程、考核结果公布等规定，组织职工学习、领会考核细则内容，加强管理的工作力度。认真做好每一项工作和每一个细节，使之成为全体员工共同关注、共同参与的要务。同时要做好监督检查工作，未雨绸缪，防患于未然。

2. 企业要培养一支高素质的职工队伍

文明生产管理强调的是人的精神内涵，强调的是树立正确的人文观念和价值准则。试想，一支涣散的职工队伍、一个脏乱差的工作环境能创造出良好的经营业绩吗？因此，要通过各种手段，提高职工的内在素质、内在修养，使文明生产成为职工发自内心的一种自觉行为，使其成为一支奋发进取、忠于职守、纪律严明、训练有素的职工队伍。

3. 企业要创造一个安全、整洁的工作环境

安全的工作环境是文明生产的首要条件。化工企业要坚持"安全生产，预防为主"的安全生产方针，建立健全安全生产制度，加强安全教育工作，提高职工的安全防范意识。

整洁的工作环境，有利于生产效率的提高，有利于产品质量的稳定，有利于职工工作积极性的提高。因此化工企业要创造良好的现场生产环境，实行定置管理，使生产现场符合工业卫生、环境保护和劳动保护的要求，做到标准化、程序化、制度化。

总之，搞好文明生产管理很重要，它集中体现了企业的精神面貌和管理水平，有利于环境的保护；能够增强职工身心健康，促使职工保持旺盛的劳动热情。

阅读材料一

中国石油吉林石化公司双苯厂 "11·13" 特大爆炸事故分析

2005年11月13日13时30分许，中国石油吉林石化公司双苯（指苯酚和苯酐，简称双苯）厂苯胺二车间因精制塔（T102）循环系统堵塞，操作人员处理不当发生爆炸，造成生产装置严重损坏和大面积燃烧（燃烧面积12000m²），半径2km范围内的建筑物玻璃全部破碎，10km范围内有明显震感。据吉林市地震局测定，爆炸当量相当于1.9级地震。爆炸火灾事故发生后，吉林市消防支队迅速调集11个公安消防中队，吉化消防支队5个大队，共87台消防车，467名指战员赶赴现场进行灭火救援。吉林省消防总队接到报告后，调动长春市消防支队3个中队，9台消防车，43名指战员增援。

事故死亡8人，重伤1人，轻伤59人，疏散群众1万多人；双苯厂苯胺二车间整套生产装置、1个硝基苯（1500m³）储罐、2个纯苯（2000m³）储罐报废，其他辅助生产设施遭到不同程度破坏，直接经济损失6908万元。

一、事故处置经过

1. 第一阶段

冷却防爆，果断撤离，确保官兵生命安全。

11月13日13时38分，吉林市消防支队调度指挥中心接到过路群众关铁民报警（报警电话7982701）：吉化双苯厂苯胺车间发生爆炸。13时39分，支队调度指挥中心立即调出附近的公安消防四中队（染料厂消防中队）、五中队（化肥厂消防中队）和吉化消防支队五个大队的全部力量，共44台消防车（其中水罐消防车15台，泡沫消防车12台，干粉消防车6台，举高喷射消防车1台，工具消防车3台，通信照明指挥消防车7台）。254名指战员赶赴现场。13时45分，向总队值班室和市公安局指挥中心、市政府值班室报告；同时立即提请政府启动《吉林市危险化学品事故应急预案》，通知市公安局指挥中心部署对该厂所在龙潭区主要街道实施交通管制，疏散爆炸区域附近的所有人员，通知市化学灾害事故救助办公室、120急救、环保、安全生产监督管理局、自来水公司、供电等部门赶往现场，协助事故处置工作。

2. 第二阶段

冷却防爆，强攻近战，确保储罐区和相邻车间储罐、装置安全。

消防救援人员撤离到2000m外后，指挥部立即召集单位工作技术人员，了解和研究现场情况。

经过3个多小时的艰苦作战，18时50分，55#罐区三个猛烈燃烧的储罐火灾被有效控制；19时15分，罐区大火被扑灭，彻底消除了引发"系列连锁大爆炸"的潜在危险。随后，留下两个中队的4台消防车对罐区进行监护冷却，驱散着火罐内挥发出来的残存可燃液体的蒸气，防止发生复燃和爆炸。

指挥部在储罐区火灾扑灭后，再次召集指挥员和专家组人员对火场情况进行了仔细梳理，明确提出要组织专业技术人员对现场危险气体浓度进行检测。19时35分，侦察组在侦察55#罐区附近情况时，现场监护的中队指挥员报告罐区一条物料管线发生严重泄漏，现场可燃气体浓度很大,情况比较危险。周利处长和工程技术人员深入内部侦察发现,泄漏是由于爆炸造成物料管线损坏,连接管线的储罐阀门没有关闭所致。于是配合单位技术人员迅速关闭了两侧储罐的阀门,有效制止了泄漏。

3. 第三阶段

冷却防爆,逐步推进,全力控制火势、消灭火灾。

20时许,为了防止苯胺二车间北侧的硝化装置区附近爆炸形成的地面流淌火烘烤,使两个硝酸储罐变形,硝酸外溢,形成新的危险,指挥部命令立即组织力量将流淌火扑灭。支队长迅速指挥协调现场六中队和吉化消防支队第一大队,各出一门泡沫炮,将硝酸储罐附近的流淌火扑灭。随后,吉化消防支队第一大队出1门移动水炮、六中队出1门移动水炮扑救装置区中部坍塌部位的流淌火,冷却燃烧装置。

20时40分,装置区中部的流淌火被扑灭。至此,现场只剩下苯胺二车间装置区一处火点,灭火力量也全部转入到扑救苯胺二车间装置区的火灾战斗中。

21时30分,由省政府和相关部门领导组成的现场总指挥部形成决议:①由公安消防总队负责对现场火灾实施统一指挥,尽快控制险情,防止发生新的事故;②由吉林市政府牵头,省、市安全生产监督管理部门组织,吉化公司和消防部门配合,立即展开事故调查,尽快查明爆炸原因;③吉林市委、市政府连夜组织召开新闻发布会,由吉化公司向新闻部门通报事故基本情况和下步工作打算;④全力以赴搜寻失踪人员,医治受伤人员,必要时可从省里调派专家医治;⑤全力以赴做好社会稳定工作,对受灾和有人员受伤的家庭要采取紧急措施,做好安抚工作,迅速恢复供水、供电、供热;⑥搞好社会宣传,维护社会稳定。现场总指挥部随即组织人员,准备清理坍塌现场的障碍物,搜寻失踪人员。

21时45分,按照指挥部的要求,支队长调整力量,对装置区展开进攻。七中队在装置区南侧出1门移动式水炮对装置区进行冷却灭火,特勤二中队在装置区南侧出1门移动式泡沫炮对装置区进行灭火,吉化支队在装置区南侧出1门移动式水炮对装置区进行冷却灭火,六中队、三中队在装置区南侧各出1支带架水枪对装置区进行冷却灭火,特勤一中队、二中队在装置区南侧各出1支水枪对装置区进行冷却灭火。其他中队的执勤车辆运水为前方战斗车辆供水。

14日0时30分,前方阵地报告,装置区火势已明显减弱。指挥部研究决定,组织力量抓住时机一举扑灭火灾。14日3时许,装置火灾被基本控制,14日12时08分,火灾被彻底扑救。指挥部决定由吉化消防支队和吉林市消防支队特勤二中队的2门移动式水炮对装置继续实施冷却,四中队、五中队对现场实施监护,同时命令特勤一中队利用生命探测仪等救生器材配合吉化公司对失踪人员进行全力搜救,其他中队官兵到医院接受医护检查。

这起事故,是吉林市历史上规模最大、最为典型的一次化工装置、设施连环爆炸火灾事故。其情况之复杂,危险之严重,爆炸威力、过火面积、毒害性、处置难度之大,前所未有。

二、事故责任与教训

2006年国务院对中国石油天然气股份有限公司吉林石化分公司双苯厂"11·13"爆炸事故及松花江水污染事件做出处理,对中国石油天然气集团公司及吉林石化分公司责任人员,对吉林省有关方面责任人员给予相应的党纪、行政处分。

(1) 2005年11月13日，中国石油天然气股份有限公司吉林石化分公司双苯厂硝基苯精馏塔发生爆炸，造成8人死亡，60人受伤，直接经济损失6908万元，并引发松花江水污染事件。国务院事故及事件调查组经过深入调查、取证和分析，认定中石油吉林石化分公司双苯厂"11·13"爆炸事故和松花江水污染事件，是一起特大安全生产责任事故和特别重大水污染责任事件。

(2) 爆炸事故的直接原因是，硝基苯精制岗位操作人员违反操作规程，在停止粗硝基苯进料后，未关闭预热器蒸汽阀门，导致预热器内物料汽化；恢复硝基苯精制单元生产时，再次违反操作规程，先打开了预热器蒸汽阀门加热，后启动粗硝基苯进料泵进料，引起进入预热器的物料突沸并发生剧烈振动，使预热器及管线的法兰松动、密封失效，空气吸入系统，由于摩擦、静电等原因，导致硝基苯精馏塔发生爆炸，并引发其他装置、设施连续爆炸。

(3) 爆炸事故发生也暴露出中国石油天然气股份有限公司吉林石化分公司及双苯厂对安全生产管理重视不够、对存在的安全隐患整改不力及安全生产管理制度和劳动组织管理存在的问题。

(4) 污染事件的直接原因是，双苯厂没有事故状态下防止受污染的"清净下水"流入松花江的措施，爆炸事故发生后，未能及时采取有效措施，防止泄漏出来的部分物料和循环水及抢救事故现场消防水与残余物料的混合物流入松花江。

(5) 污染事件的间接原因是，吉化分公司及双苯厂对可能发生的事故会引发松花江水污染问题没有进行深入研究，有关应急预案有重大缺失；吉林市事故应急救援指挥部对水污染估计不足，重视不够，未提出防控措施和要求；中国石油天然气集团公司和股份公司对环境保护工作重视不够，对吉化分公司环保工作中存在的问题失察，对水污染估计不足，重视不够，未能及时督促采取措施；吉林市环保局没有及时向事故应急救援指挥部建议采取措施；吉林省环保局对水污染问题重视不够，没有按照有关规定全面、准确地报告水污染程度；环保总局在事件初期对可能产生的严重后果估计不足，重视不够，没有及时提出妥善处置意见。

（资料来源：安全管理网）

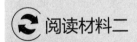

阅读材料二

打造绿色石化，建设生态园区

2016年，宁波获批成为全国首个"中国制造2025"试点示范城市，提出了"3511"产业发展的主攻方向，其中把"绿色石化"作为做强做优的五大优势产业之一。作为宁波市主要的化工产业集聚区，宁波石化经济技术开发区提出了"打造绿色石化，建设生态园区"的目标。围绕这一目标，园区计划从资源利用、产业结构、节能减排、安全监管、公共服务和园区环境六个方面着手，实现石化产业健康、稳定、持续发展。

(1) 资源利用最大化。推进石化产业集群发展，提高土地、水电气能源、环境等资源的利用，实现园区内原料、能源和中间体安全、快捷、高效流动。在综合考核上，要突出强化单位土地产出、单位能耗产出、单位排污产出、节能减排、清洁生产和低碳经济等指标。

(2) 产业结构最优化。优化区域产业空间功能布局，实施循环经济发展。按照"油头化尾"的石化产业链，不断完善园区的产业链规划，努力提升园区石化产业的价值链，做到"上游产业优势明显，中下游产品发展完善"。全面启动湾塘新区（沿海）基础设施建设，科学谋划泥螺山围垦区（11000亩）的产业布局和规划编制工作。

(3) 节能减排常态化。推进园区绿色循环化发展，全力以赴启动争创全国知名品牌示范区的创建工作。大力引进和推广节能、治污的新技术，着力构建企业内和企业间的能源、水资源梯度综合利用和中水回用体系。

(4) 安全监管智能化。全力打造全国安全监管标杆园区。强化源头管理和企业主体责任落实，对危险源实行分类、分级的网格化、数字化管理。全面落实危化品重点企业防控数据图像监控体系，加快园区"智慧安全"建设，实行智能化数据监管。

(5) 公共服务一体化。对企业所需的公用工程实施统一规划、集中建设、集中供应、统一管理。形成"水、电、热、气、废、管廊"一体化的公用工程体系，加大公用码头和储罐的开发建设，配套扩建化工原料和产品输送的公用管廊等。

(6) 园区环境生态化。持续提升区域综合生态环境水平。建立行业绿色发展的制度环境，建立"源头—过程—末端"全生命周期的环境风险防控制度。实现园区内各企业之间的资源优化配置和废物有效利用，最终达到各类污染物低排放甚至零排放。深入推进区域和行业环境整治提升，深化雨污分流改造工作。着力推进重点企业的绿色工厂创建。

循环化改造成就国家级绿色园区。多年来，宁波石化开发区坚持构建循环经济产业链，将绿色发展理念贯穿始终。2014年，宁波石化经济技术开发区经国家发改委办公厅、财政部办公厅发文正式确定为循环化改造示范试点园区；2017年，宁波石化经济技术开发区被国家工业和信息化部列入第一批国家级绿色园区名单；2018年6月，国家发展改革委、财政部批复同意园区循环化改造实施方案调整申请，经中期调整后，确定园区循环化改造中央财政补助项目19个；2020年4月，园区通过发改委组织的国家循环化改造示范试点专家预验收。在产业发展中，宁波石化区始终遵循"资源利用最大化、产品效率最优化、污染排放最小化、经济发展持续化"原则，从纵向、横向不断丰富、延伸循环经济产业链，逐渐形成了园区内外、区内企业、企业内部的大小循环，不仅有效地降低了企业生产成本，也极大地发挥出了石化产业集聚发展的优势效应。园区充分发挥镇海炼化、巨化科技、镇洋化工、中金石化、昊德能源以及世界500强企业项目带动石化产业链发展的重要作用，积极向下游产业链延伸，着重发展C2、C3、C4、芳烃产业链等。目前园区已基本形成上游石油加工为主导、中下游化学品产业配套发展的一体化石化产业体系，上游拥有炼油-乙烯项目，中下游拥有聚乙烯、聚丙烯、C5/C9以及ABS、聚酯等合成材料以及DOP、乙酰胺、过氧化物、表面活性剂等精细化工产品。园区以大企业的"三废"为原料生产市场需要的各类产品，并逐渐向下游延伸，实现资源再利用。如浙江恒河新材料科技有限公司的主要产品双环戊二烯，其生产原料来自镇海炼化乙烯生产线的副产物，双环戊二烯与镇海炼化的另一项产品丁二烯，可转化为三元乙丙橡胶生产所需的助剂，镇海炼化的副产物与恒河的产品结合在一起，成为宁波爱思开橡胶有限公司生产所需的助剂，3家企业形成了一个中型的循环。宁波石化区不断升级产业链、循环资源链、优化能源链，建设高水平的现代循环经济产业体系。截至目前，列入实施方案的19个申请中央资金支持项目均已完工，项目完工率100%，累计完成投资596140万元；基本完成了实施方案提出的 6 大类 22 项指标，指标完成率 100%，其中资源产出率、单位生产总值能耗、二氧化硫排放量等 18 项指标超额完成。通过产业升级、补链提升，工业产值稳步提升，产值由 2013 年的 1818 亿元提到至 2018 年的 1902 亿元；工业增加值大幅提高，由 2013 年的 296 亿元提升至 2018 年的 534 亿元，年均复合增长率达 13%；资源产出指标明显改善，资源产出率由 2013 年的 0.1095 万元/吨提高至 2018 年的 0.2007 万元/吨，能源产出率由 2013 年的 0.3490 万元/吨标煤提高至 2018 年的 0.5208 万元/吨标煤。在有效提高资源利用效率、降低资源能源消耗水平的同时，随着减排项目的实施完成，显著减少了园区污染物排放量，缓解了产业发展对环境的污染负荷，逐步改善了区域生态环境质量。有效提升宁波石化区可持续发展能力，形成了良好的示范带动作用。下一步，宁波石化区将继续加大力度推进循环化改造，重点实施"物质流、资源流、能源流、信息流"循环化改造，推进企业内小循环、产业链中循环、区域间大循环，围绕"四链、双环、一优化"的园区循环化改造总体框架，形成产业间、资源间的纵横互联，构建更高水平的循环经济网络体系。充分发挥公共服务平台的作用，提高园区管理水平，带领园区突破发展瓶颈制约，实现绿色低碳循环发展，打造世界一流的国家级循环经济示范园区。宁波石化经济技术开发区前身是成立于 1998 年的宁波化工区，目前总规划面积 40km^2。

经过近 20 年发展，宁波石化区以其突出的综合优势吸引了国内外众多知名品牌企业入驻。园区现已形成以镇海炼化 2300 万吨/年炼油和 100 万吨/年乙烯、中金石化 200 万吨芳烃、镇海利安德化学 30 万吨/年环氧丙烷和 60 万吨苯乙烯、LG甬兴 70 万吨 ABS 树脂、诺力昂化学品等大中型项目为主，基础无机化工、精细化工、有机合成产业相互依托，工业总产值超过千亿元的石化产业集群。它是我国率先进入"千亿级俱乐部"的化工园区之一，经济实力连续多年跻身全国化工园区前三。

（资料来源：《宁波节能》2017 年第 2 期）

课后练习题

【案例分析一】 四川乐至县磷化工公司"6·28"水污染

2004 年 6 月 28 日，资阳市安岳县卫生防疫站对八庙乡水厂进水水质进行例行监测时，发现其含氟量超标。经全力排查，当地环保部门初步认为含氟量超标的水源来自乐至县境内。资阳市环保局接到情况上报后，迅速启动事故应急预案，并经现场检查和监测，查明污染源为乐至县磷化工公司。该公司生产设备严重老化，其氟硅酸钠生产车间氟水贮存池底部渗漏排放超标含氟废水，直接导致下游水质氟化物浓度超标，影响了群众饮用水安全。资阳市环保局迅速切断了污染源，及时部署事故处置工作。

经现场查证，事故调查组对这起事故提出了四点处理意见：一是责令乐至县磷化工公司普钙车间停产进行整治，彻底切断污染源；二是尽快通告下游沿江群众不能饮用八庙乡水厂自来水；三是加大监测频率；四是对沿江排污企业进行排查和监控，尤其是加大对重点污染源的监管力度。经过水库开闸放水交换和稀释等一系列措施，7 月 4 日，沿江所有断面氟化物含量都低于 2mg/L，四川出境断面（大安）的氟化物含量低于 1mg/L，达到国家Ⅲ类水域水质标准。至此，受污染河流基本恢复正常。

（资料来源：百度文库）

思考分析：

1. 四川乐至县磷化工公司"6·28"水污染事件中，问题的根本原因是什么？如何杜绝类似问题出现？
2. 我国目前"三废"处理技术与国际相比差距在哪里？
3. "三废"处理的途径是什么？
4. 如何做好"三废"回收利用？
5. 面对污染日益严重的环境，你应该怎样做？
6. 走访附近化工厂，通过实地调查，写出一份环境治理的可行性报告。

【案例分析二】 2006年7月21日，某液氨厂因管道腐蚀发生泄漏，厂长多次组织抢修都没有解决，结果发生泄漏事故。生产副厂长说，是生产工人抢修时违反操作技术规程引起的。一生产工人说，发生泄漏时，没有人指挥，我们也不知道往哪个方向逃跑，厂内应急防护面具很少且陈旧，才知道企业有应急预案。抢修时工人未戴防护面具，结果3名工人发生中毒。上述调查经厂长、生产副厂长、安全科长、生产工人证实。

该厂厂长要求编制应急预案，生产副厂长把编制任务交给安全科长，科长交由科员组织编写。预案编写完成后，由生产副厂长审核签发。原生产副厂长已调离本单位，预案签发时间为2005年5月21日。应急预案未向属地安全监督管理部门备案。

（资料来源：安全文化网）

思考分析：

1. 按照应急准备要素，指出该起事故应急准备方面存在的不足。
2. 指出该厂在应急预案编制和管理方面存在的不足，并提出改进建议。
3. 该厂应急预案在编制疏散、撤离方面需考虑哪些因素？

课后思考题

1. 如何处理安全管理中的五种关系？
2. 安全检查在生产过程中的地位如何？
3. 化工生产安全检查的措施有哪些？
4. 走访一个化工企业，调查它的现状，编制一份适合本化工企业特点与实际情况的安全管理制度。

第六章 化工企业设备管理

引导案例 6-1

2002年2月,山西省某市一化工厂,在进行马来酐生产装置的设备维修时,由于不知道设备维修过程中的有关安全规定,在未对被维修设备进行吹扫和检测可燃气体浓度的情况下,在使用电气焊作业时发生设备爆炸,结果造成一名维修工当场死亡的重大安全事故。

事故原因分析:对于马来酐的生产单位,由于管理者思想上对马来酐生产安全技术不知道或不重视,安全管理制度不健全或有章不循,管理松弛、麻痹大意、安全意识淡漠,没有认真贯彻和严格执行"安全第一,预防为主"的安全生产方针。

第一节 化工企业设备管理概述

一、设备管理的对象和目的

1. 化工企业设备管理的对象

化工企业设备管理的对象主要是企业生产、运输、化验、科研等系统所用的设备,包括工艺生产设备、辅助设备、动力设备、运输设备、生活备用设备等。其中工艺生产设备包括塔(精馏塔、合成塔)、炉(加热炉、裂解炉)、釜(反应釜、聚合釜)、机(压缩机、分离机)、泵(离心泵、真空泵)等;辅助设备包括机床(车、铣、刨)、采暖及通风设备等;动力设备包括锅炉、给排水装置、变压器等;运输设备包括机车、汽车、桥式起重机、电梯等;生活备用设备包括生活用建筑物、炊事机械、医疗器具、工厂办学校的房屋设施等。以上所列均属于设备管理的范畴。但怎样管理,要根据具体情况来确定,一般由行政、医务、教育等部门分头管理,但从经济管理角度,有关固定资产账目、盘盈、盘亏、报废等,则应由财务部门统一管理。

化工企业设备管理

2. 化工企业设备管理的工作内容

按综合工程学的观点,对于化工企业设备管理的工作内容主要是对设备运动的全过程实行管理,即从科研、设计、制造,到设备的购置、安装、投入生产,以及设备在生产过程中的使用、维护和检修,直到报废,退出生产领域的全过程,即设备一生的管理。但我国的企业基本上注重的只是从设备投入运行到报废这一段的管理工作。但从实际情况来看,我们认为我国企业的设备管理应作适当改进,设备管理部门对定型设备应从设备选型开始,化工专用设备应从设计开始,至报废退出生产领域为止的这一过程,实行全面管理。设备管理的职责主要包括以下几个方面。

① 负责企业的设备资产管理，使其保持安全、稳定、正常、高效地运转，以保证生产的需要。

② 负责企业的动力等公用工程系统的运转，保证生产的电力、热力、能源等的需要。

③ 制订设备检修和改造更新计划，制定企业的设备技术及管理的制度、规程。

④ 负责企业生产设备的维护、检查、监测、分析、维修，合理制定控制维修费用，保持设备的可靠性，发挥技术效能，产生经济效益。

⑤ 负责企业设备的技术管理。

⑥ 负责企业的固定资产管理。

⑦ 管理设备的各类信息，包括设备的图样、资料、故障及检修档案，各类规范和制度，并根据设备的动态变化修改其内容。

3. 化工企业设备管理的目的

设备管理的主要目的是选用技术先进、经济上最合理的装备，并采取有效措施保证设备高效率、长周期、安全、经济地运行。应该强调的是，选用设备是管理中重要的一环，设备的可靠性、经济性、维修性等，对其运行、维修、管理及全过程中经营费用的影响都很大；若设备本身存在先天不足之处，通过维护、检修，甚至改造，都是难以解决的。所以选用设备应该列入企业设备管理部门的职责范围，从选型开始管起来，才能保证管理的系统性和经济性。

设备管理是企业管理这个大系统中的一个重要分支。在企业中，只有搞好设备管理，才能够保证企业的正常生产秩序；才能够做到优质、高产、低消耗、低成本；才能够不断提高劳动生产率；才能够预防各类事故，保证安全生产。

总之，随着科学技术的发展，企业规模日趋大型化、现代化，机器设备的结构、技术更加复杂，设备管理工作也就更重要。要想做好设备管理，就得不断地开动脑筋，寻找更好的对策，促进设备管理科学地发展。

二、设备管理的工作内容

化工企业设备管理的工作内容主要是对设备的全过程实行管理，即从科研、设计、制造，到设备的购置、安装、投入生产，以及设备在生产过程中的使用、维护和检修，直到报废，退出生产领域的全过程，即设备一生的管理。设备管理的具体任务通常有以下几点。

1. 确保设备的使用状况

确保使用设备处于良好的技术状况，使化工生产能正常地、有计划地进行。随着科学技术的发展，化工生产的机械化、自动化程度越来越高，即对设备的依赖程度越来越大。设备良好的技术状况是全面完成任务的保证，也是职工健康和环境保护所要求的，因此必须确保设备的良好状态，消除设备、管路的跑冒滴漏，建立一个文明、安全的生产环境。

2. 及时、正确的维护与修理

进行及时的、正确的维护与修理，并使维护费用保持在一个合理的水平上。这是设备管理的一项经常性的、比较频繁的任务，也是保证设备经常处于良好状态的重要环节之一。做好设备维护工作（如及时、正确地润滑，控制加热与冷却介质的温度，有效的防腐措施等），对设备正常运行,甚至对其使用寿命,都是极为重要的;设备经过一段时间的使用,要进行各种级别的维修,修理质量高低,同样也是很重要的。

3. 设备维修与技术改造相结合

在今后相当长的时期内,要求集中力量对现有企业进行设备更新与技术改造工作。只有把设备的更新与改造工作做好,才能克服现有企业耗费高、能耗大、质量差等弊端。通过设备更新和技术改造,逐步提高装备技术水平,实现设备的标准化、系列化、通用化,以达到设备性能先进,能长周期运行,经济效益较好的目的。另外设备的更新与改造也是科学技术迅速发展的客观要求。

4. 培养一支政治思想好、业务技术精的职工队伍

在工厂企业中,直接操纵设备、维修设备的是广大生产工人和检修工人。他们对设备的性能、工作状态及存在的问题最熟悉了解。他们是设备的主人,而且他们对自己操纵的设备的日常维护负有具体责任。因此,完全应当发挥他们管理设备的积极性。在设备管理工作中要强调人的因素,要充分调动生产工人和维修工人的积极性。

中国石油化工总公司在其制定的《设备技术管理制度》(试行)中,要求设备维护实行专机专责制或包机制。要求做到台台设备、条条管线、个个阀门、块块仪表有人负责。操作人员对所用设备要做到"四懂"(懂结构、懂原理、懂性能、懂用途)、"三会"(会操作、会维护保养、会排除故障)。搞好设备润滑,坚持"五定"和"三级过滤"("五定"即定人、定点、定质、定量、定时;"三级过滤"为从领油大桶到岗位储油桶、岗位储油桶到油壶、油壶到加油点)。操作工应保持本岗位的设备、管道、仪表盘、涂料、保温完整,地面清洁。应加强静密封点管理,消除跑、冒、滴、漏,努力降低泄漏率。要搞好环境卫生,做到文明生产。

5. 设备维护保养与计划检修相结合

生产实践证明,设备管理工作应执行以"维修为主,检修为辅"的原则。没有正确的维护保养,就不可能有周到的计划检修。

设备的维护保养和计划检修之间常会出现一些矛盾。如果计划检修只是抢进度,忽视检修质量而遗留下设备隐患,就会加大维护保养的工作量。反之,如果维护保养不精心,发现问题不及时处理,操作人员不严格执行规章制度,不仅会带来"小洞不补,大洞吃苦"的后果,而且会加大检修工作量,正常计划被打乱,甚至会造成严重后果。

第二节　化工设备的基础管理

一、固定资产的管理

固定资产是企业对符合一定条件的建筑物、构筑物、机电设备、工艺设备、运输工具等的统称,是影响企业生产能力的重要因素,是企业主要技术的物质基础。为了确保企业资产完整,充分发挥设备效能,提高生产技术装备水平和经济效益,必须严格实施设备固定资产管理。

(一) 固定资产的定义及分类

固定资产是指可供长期使用,并在使用过程中始终保持其原有实物形态的劳动资料和其他物质资料且其使用期限和单项价值均在国家规定限额以上者。

符合固定资产的条件如下。

(1) 按现行财会制度,必须同时具备以下条件者才能列为设备固定资产。①使用年限在一年以上;②单价在规定限额以上(由企业定,上级批准)。

自制设备符合以上条件者,也应列为固定资产。

(2) 凡不具备固定资产条件的劳动手段列为低值易耗品。

有些劳动手段虽具备固定资产的条件,但由于更换频繁、变动性大、容易损坏等原因,也可以不列作固定资产。企业对低值易耗品应实行分类归口管理,仍应由设备管理部门建账管理。

固定资产可分为工业生产用固定资产、非生产用固定资产、未使用固定资产、不需用固定资产和土地五大类,分别采用不同方式加以管理。

(二) 固定资产的实物管理

固定资产的管理主要任务归纳如下。

① 保证设备固定资产的实物形态完整和完好,并能正常维护、正确使用和有效利用。

② 保证固定资产的价值形态清楚、完整和正确无误,及时做好固定资产清理、核算和评估等工作。

③ 在核准企业固定资产基数的基础上,企业应保证资产的保值、增值和更新。

④ 完善企业资产产权管理机制。在承包经营活动中,企业不得使国有资产及其权益遭受损失。企业国有资产如发生产权变动时,应进行资产评估和鉴证。

⑤ 保证企业固定资产各项基金的正常计提和合理使用。国家基金的报损、冲减和核销,必须符合有关规定。

而对于固定资产的管理,各部门应分工协作、各尽其责,大多数企业分工如下。

1. 设备管理部门

负责公司固定资产实物管理工作,贯彻执行固定资产管理的法规、标准、制度;负责固定资产的能力查定,掌握在用固定资产的技术经济状况,负责在用固定资产的维修管理,负责组织闲置、报废固定资产的技术鉴定;会同有关部门审核并办理固定资产交付、调拨、报废、闲置手续;监督并不定期抽查各单位固定资产的使用、管理情况;负责编制固定资产更新、零购计划,按规定程序报总部批准;配合财务部门进行固定资产的清查与盘点,确保账物相符。

2. 公司财务部门

负责计提、冲销公司固定资产减值准备,负责固定资产的原值、折旧、净值、残值等的财务核算和分析;会同有关部门办理固定资产交付、调拨、报废、闲置手续;负责处理反馈信息,以便实现资产的动态管理;负责组织公司固定资产清查,保证账、物、资金相符。

3. 使用部门

应设置专职或兼职的设备管理员,各生产班组要设置工人设备管理员,每台设备要明确使用、保管、维护的责任者；严格执行技术操作规程和维护保养制度，确保设备的完好、清洁、润滑和安全使用；建立固定资产明细账，固定资产的领用、调出、报废必须经主管部门及总经理批准，未经批准，不得擅自调动、报废，更不能自行外借和变卖；根据主管部门的要求定期组织固定资产的盘点，做到账、卡、物三相符。

4. 物资装备部门

负责设备更新、零购的采购、验收、仓储及发放工作。

随着计算机技术及网络的发展及推广，业务应用系统软件广泛应用于固定资产的购置、领借、转移、盘点、报废、清理等日常繁杂的管理，以及处理固定资产的统计、核对等工作，大大方便了资产管理工作。

二、设备管理基础资料

设备管理基础工作的主要内容之一就是收集资料、积累资料，即积累数据，或称为数据管理。而数据管理对于设备管理工作也是十分重要的。下面简单介绍部分设备基础资料的内容，而表格内容企业可根据本单位实际情况自行设计。

1. 设备管理资料

（1）设备卡片　参见表6-1。

表6-1　固定资产卡片

规格型号				主机原值		数量	
生产能力				主机折旧		材质	
使用及耐用年限				主机单重		制造厂	
辅机位号	名称	规格型号	数量	速比		辅机原值	折旧额

总卡号：　　　　　　　　　　设备位号：　　　　　　　　　　设备名称：
原总值：

（2）设备技术性能一览表　参见表6-2。

表6-2　设备技术性能一览表

序号	位号	卡号	设备名称或技术性能	安装台数	备用台数	型号规格	主要材质	重量		操作条件			电动机			传动装置形式	开始使用日期	使用寿命	设备价值	备注
								单种	台重	介质	湿度	压力	型号	功率	转速					
1																				
2																				
3																				

(3) 设备技术档案　设备技术档案是指在设备管理的全过程中形成，并经整理应归档保存的图纸、图表、文字说明、计算资料、照片、录像、录音带等科技文件与资料，通过不断收集、整理、鉴定等工作，归档建立的设备档案能够全面、准确地反映该设备的真实面貌，并用于指导实际工作。格式可参照表6-3～表6-19，这是某化工厂一套比较完整的设备技术档案。

(4) 全厂设备状况　生产设备完好率、泄漏率统计；主要设备运行、检修及备用时间记录。

2. 各种定额及检修记录

① 主要设备计划检修资料，如按检修间隔期制定的大、中、小修周期，各类检修的内容，参加检修各工种的工时定额。

② 逐步完善检修规程。

③ 备品配件定额：储备定额、消耗定额。

④ 零配件加工、化工专用设备加工的工时定额。

⑤ 检修记录。检修记录分两种类型，一种是主要设备的检修记录，应按照不同设备技术性能，制定不同的检修记录表格，参阅某合成乙炔鼓风机检修记录，参见表6-18；而一般设备的修理卡片，参见表6-20。检修记录要包括检修情况及验收记录。

3. 动力管理部分

① 水、电、汽、冷冻等项动力资源的生产力核算及实际生产量统计表。

② 主要产品的各种动力消耗定额及实际单耗统计表（定额由生产技术部门提供）。

③ 年动力消耗分季度统计表。

④ 月动力消耗分析。

4. 图纸资料

① 易磨损零件图应按备件目录备齐，并确保其准确性。

② 主要设备均应有较为齐全的总图与零部件图，化工专用设备应选用标准设计图，向标准化、系列化、通用化迈进。

③ 全厂平面布置图。

④ 地下管网、电缆等隐蔽工程图。

⑤ 厂区管廊图。

5. 各项规程制度

设备管理规章制度是指指导、检查有关设备管理工作的各种规定，是设备管理、使用、修理各项工作实施的依据与检查的标准。设备管理规章制度可分为管理和技术两大类。管理类包括管理制度和办法；技术类包括技术标准、工作规程和工作定额。

① 设备管理责任制度。

② 设备维修保养制度。

③ 设备计划检修制度。

④ 设备技术档案管理制度。

⑤ 设备润滑管理制度。

⑥ 压力容器管理制度。

⑦ 设备防腐蚀管理制度。
⑧ 设备检查评级管理制度。
⑨ 设备事故管理制度。
⑩ 固定资产管理制度。
⑪ 动力管理制度。
⑫ 仪表管理制度。
⑬ 备品配件管理制度。
⑭ 机械加工管理制度。
⑮ 建筑物、构筑物、设备基础管理制度。
⑯ 动土管理制度。
⑰ 技术革新、技术培训管理制度等。

6. 人员及装备分布图表
① 全厂设备管理及检修人员的分布情况图表。
② 各辅助车间的技术装备及能力图表。

表 6-3 设备技术档案封面

××××化工厂

设备技术档案

设备名称_____
设备位号_____
图 纸 号_____
资产编号_____
所属车间_____

注：设备移装其他单位使用时，本档案随设备同时办理移交手续。

表 6-4 设备概况

		主　机	
序号	项目	内容	备注
1	型号规格		
2	材质		
3	制造厂		
4	安装日期		
5	投产日期		
6	使用年限		
7	原值		
8	资产编号		
9	计划大修周期		
10	总重		
11	图纸号		
12	底图号		
13			

		辅　机	
序号	项目	内容	备注
1	名称		
2	规格型号		
3	位号		
4	制造厂		
5	安装日期		
6	投产日期		
7	材质		
8	图号		
9	底图号		

表 6-5 运转设备设计基础

介　质	
温度/℃	
密度/(kg/m^3)	
流量/(kg/h)	
扬程/m	
转速/(r/s)	
法兰口径/mm	
轴封形式	
轴功率/kW	
效率	
润滑方式	
润滑油(脂)/(Pa·s)	
重量/kg	

续表

电机	
规格型号	
极数×转速	
输出功率/kW	
电源/V	
重量/kg	
检验	
水压试验(表压)/(kgf/cm^2)	
气压试验(表压)/(kgf/cm^2)	
运转性能试验	
特殊试验	

表 6-6 化工设备设计基础

条　件	单　位	本　体	夹　套	蛇　管
流体				
流量	m^3/h			
密度	kg/cm^3			
黏度	cP			
常用温度	℃			
常用压力	kgf/cm^2(表压)			
传热面积	m^2			
空间速率	m/s			
汽液比	m^3/m^3			
入蒸汽量	kg/h			
入流体量	kg/h			
放出蒸汽量	kg/h			
放出流体量	kg/h			
比热容	kcal/kg			
潜热	kcal/kg			
流体总数				
并流枚数				
交换热量	kcal/h			
U 总换热系数	kcal/(m^2·h·℃)			
Δt 平均对数系数	℃			
流速	m/s			
循环液				

表 6-7 化工设备设计条件

项　目		本　体	夹　套	蛇　管
设计温度	℃			
设计压力	kgf/cm^2(表压)			
腐蚀裕量	mm			

续表

项 目		本体	夹套	蛇管
焊接系数	%			
地震系数				
风压	kgf/m²（表压）			
热处理		要	否	
绝热		要	否	
涂饰		要	否	
适用标准				
适用技术条件				
安装条件		屋内、室外	自定、构架	
检 查				
		本体	夹套	蛇管
水压试验	kgf/cm²（表压）			
气压试验	kgf/cm²（表压）			
运转性能试验				
特殊试验				

表 6-8 化工设备技术特性

项 目	单位	规格	数量	材质	备注
直径×高					
填充高度					
填充物及规格					
多孔板数					
泡罩数					
泡罩形式					
浮动喷射板数					
悬浮板数					
浮阀数					
列管规格					
列管数					
传热面积					
接 管					
序号	用途	数量	尺寸	材质	压强

表 6-9　设备易损件备件一览表

备件名称	规格型号	材质	数量	储备定额	图号	制造厂

表 6-10　设备润滑卡片

润 滑 油 规 格 与 牌 号			
设计牌号		酸值	
代用牌号(冬季)		凝点	
黏度		沉乳化度	
闪点		机械杂质	

润 滑 点 位 置				
润滑点编号	部位	油品牌号	润滑方式	加油方法

表 6-11　设备检修定额及检修内容

设 备 检 修 定 额						
检修间隔期			检修耗用时间			检修定额审定日期
小修	中修	大修	小修	中修	大修	
修理内容						

表 6-12　设备运行、检修情况

年度	类别	月　份												合计/h	运转率/%
		1	2	3	4	5	6	7	8	9	10	11	12		
	运行														
	检修														

表 6-13　设备技术情况表

年度	月　份												备注
	1	2	3	4	5	6	7	8	9	10	11	12	

表 6-14　设备大中修时间及大修费记录

年度	类别	月份												大修完成率/%	中修完成率/%
		1	2	3	4	5	6	7	8	9	10	11	12		
	大中修														
	费用														

表 6-15　设备事故登记表

发生时间	事故类别	事故经过、原因及损坏情况	责任者	损失价值			事故教训及措施	修复时间
				减产损失	修理费	合计		

表 6-16　设备缺陷及隐患记录

设备代号		设备名称	
检查日期	存在缺陷及隐患		处理情况

表 6-17　设备革新改造记录

时间	部位	革新改造记录(形式、尺寸及材质等)		技术经济效果	批准单位与记录人
		革新前	革新后		

表 6-18　检修简要记录

日期		修理类别	检修内容(包括项目、原因及发现问题)
年	月		

表 6-19　安装移装及报废记录

序号	使用单位	安装日期	变更原因	变更单号	备注

表 6-20　化工厂设备修理卡片

设备名称						故障情况	
设备位号							
故障部位							
停机时间	年	月	日	时	分	故障原因	
停机损失							
修理等级						修理情况	
计划工时							
修理人							
实际工时							
修理费用							

续表

所耗备件及材料	名称	规格	数量	价格	名称	规格	数量	价格

交验收记录	签字	检修： 工艺： 机械员： 年　　月　　日
遗留问题		

三、设备的使用与维护

设备管理的目标之一就是要保持设备良好的技术状态，以确保设备发挥正常的功能。设备的技术状态是指设备所具有的工作能力，包括性能、精度、效率、运行参数、安全、环保、能源消耗等所处的状态及变化情况。设备技术状态完好的标准可以归纳为性能良好、运行正常、耗能正常三个方面。

（1）性能良好　设备性能良好是指设备的各项功能都能达到原设计或规定的标准，性能稳定，可靠性高，能满足经营和生产的需要。性能良好是设备最重要的标准，体现了设备的质量，它不仅与正确使用和维护有关，更重要的是取决于投资的决策。

（2）运行正常　运行正常是指设备零部件齐全，安全防护装置良好；磨损、腐蚀程度不超过规定的技术标准；控制系统、计量仪器、仪表和润滑系统工作正常，安全可靠，设备运行正常。

（3）耗能正常　耗能正常是指设备在运行过程中，无跑电、冒汽、漏油、滴水现象，设备外表清洁。要使设备耗能正常，就应认真做好日常的维护保养工作，及时更换磨损零部件，定时进行润滑，确保设备在良好的环境下运行。

性能良好、质量上乘的设备是运行正常的基本条件，但高质量的设备必须在规定的使用条件和环境条件下才能运行正常。因此，正确的使用与维护是确保设备正常运行的重要条件。

（一）设备的正确使用

设备在负荷下运行并发挥其规定功能的过程，即为使用过程。设备在使用过程中，由于受到各种力的作用和环境条件、使用方法、工作规范、工作持续时间长短等影响，其技术状态发生变化而逐渐降低工作能力。要控制这一时期的技术状态变化，延缓设备工作能力下降的进程，除应创造适合设备工作的环境条件外，要用正确合理的使用方法、允许的工作规范，控制持续工作时间，精心维护设备，而这些措施都要由设备操作者来执行。设备操作者直接使用设备，采用工作规范，最先接触和感受设备工作能力的变化情况。因此，正确使用设备是控制技术状态变化和延缓工作能力下降的基本要求。

保证设备正确使用的主要措施是明确使用部门和使用人员的职责，并严格按规范进行操作。

1. 使用部门做到"三好"

各个部门对设备的使用都要做到"三好"，即管好设备、用好设备、保养好设备。

（1）管好设备　管好设备的原则是：谁使用，谁负责。每个部门都有责任管好本部门所使用的设备，设备台账清楚，设备账卡齐全，设备购买必须提出申请，使用前必须为设备建档设卡制定设备使用规程和维护规程，不得违反规定随意使用设备。设备管理责任人要管好所负责的设备，设备发生借用等情况必须办理手续。

（2）用好设备　所有使用设备的员工都必须按照操作规程进行操作和维护，不得超负荷使用设备，禁止不文明操作。未经培训的员工不得单独操作设备。

（3）保养好设备　设备的使用人员在使用完设备或每天下班以前，必须对设备进行日常保养。对于一般设备，日常保养就是清洁、除灰、去污。设备保养还包括由工程部专业人员进行的定期保养。部门要配合工程部实施这一保养计划。

2. 员工做到"四会"

对设备操作人员来讲，都应达到以下"四会"的要求。

（1）会使用　操作人员必须熟悉设备的用途和基本原理，熟悉设备的性能要求，熟练掌握设备的操作规程，正确使用设备。

（2）会维护　操作人员要掌握设备的维护要求，正确实施对设备的维护，做到设备维护的四项要求。

（3）会检查　设备管理责任人应了解所管理的结构、性能和特点，能检查设备的完好情况。运行值班员要掌握设备易损件的部位，熟悉日常点检设备完好率的检查项目、标准和方法，并能按规定要求进行点检。

（4）会排除一般故障　员工及其他部门的重要设备的管理责任人，要掌握所用设备的特性，能鉴别设备的正常与异常，了解拆装的方法，会做一般的调整和简单的故障排除，不能解决的问题应及时报修，并协同维修人员进行检修。

（二）设备的维护保养

设备的维护保养，是指操作工和维修工，根据设备的技术资料和有关设备的启动、润滑、调整、防腐、防护等要求和保养细则，对在使用或闲置过程中的设备所进行的一系列作业，它是设备自身运动的客观要求。设备在使用过程中，由于设备的物质运行和化学作用，必然会产生技术状况的不断变化和不可避免的不正常现象，以及人为因素造成的损耗，例如松动、干摩擦、腐蚀等。这是设备的隐患，如果不及时处理，会造成设备的过早磨损，甚至形成严重事故。做好设备的运行条件，就能防患于未然，避免不应有的损失。实践证明，设备的寿命在很大程度上取决于维护保养的程度。因此，对设备的维护保养工作必须强制进行，并严格督促检查。车间设备员和维修人员都应把工作重点放在维护保养上，强调"预防为主，养为基础"。

通过擦拭、清扫、润滑、调整等一般方法对设备进行护理，以维持和保护设备的性能和技术状况，称为设备维护保养。设备维护保养的要求主要有四项。

（1）清洁　设备内外整洁，各滑动面、丝杠、齿条、齿轮箱、油孔等处无油污，各部位不漏油、不漏气，设备周围的切屑、杂物、脏物要清扫干净。

（2）整齐　工具、附件、工件（产品）要放置整齐，管道、线路要有条理。

(3) 润滑良好　按时加油或换油，不断油，无干摩现象，油压正常，油标明亮，油路畅通，油质符合要求，油枪、油杯、油毡清洁。

(4) 安全　遵守安全操作规程，不超负荷使用设备，设备的安全防护装置齐全可靠，及时消除不安全因素。

设备的维护保养内容一般包括日常维护、定期维护、定期检查和精度检查，设备润滑和冷却系统维护也是设备维护保养的一个重要内容。

为了充分发挥群众的积极性，实行群管群修，专群结合，搞好设备维护保养，我们可以实行三级保养制，其内容包括：设备的日常维护保养、一级保养和二级保养。三级保养制是以操作者为主，对设备进行以保为主、保修并重的强制性维修制度。

1. 设备的日常维护保养

设备的日常维护保养，一般有日保养和周保养，又称日例保和周例保。

(1) 日例保　日例保由设备操作工人当班进行，认真做到班前四件事、班中五注意和班后四件事。

① 班前四件事　消化图样资料，检查交接班记录。擦拭设备，按规定润滑加油。检查手柄位置和手动运转部位是否正确、灵活，安全装置是否可靠。低速运转检查传动是否正常，润滑、冷却是否畅通。

② 班中五注意　注意运转声音，设备的温度、压力、液位、电气、液压、气压系统，仪表信号，安全保险是否正常。

③ 班后四件事　关闭开关，所有手柄放到零位。清除铁屑、脏物，擦净设备导轨面和滑动面上的油污，并加油。清扫工作场地，整理附件、工具。填写交接班记录和运转台时记录，办理交接班手续。

(2) 周例保　周例保由设备操作工人在每周末进行，保养时间为：一般设备 2h，精、大、稀设备 4h。

① 外观　擦净设备导轨、各传动部位及外露部分，清扫工作场地，达到内外洁净无死角、无锈蚀，周围环境整洁。

② 操纵传动　检查各部位的技术状况，紧固松动部位，调整配合间隙，检查互锁、保险装置，达到传动声音正常、安全可靠。

③ 液压润滑　清洗油线、防尘毡、滤油器，油箱添加油或换油，检查液压系统，达到油质清洁，油路畅通，无渗漏，无研伤。

④ 电气系统　擦拭电动机、蛇皮管表面，检查绝缘、接地，达到完整、清洁、可靠。

2. 一级保养

一级保养是以操作工人为主，维修工人协助，按计划对设备局部拆卸和检查，清洗规定的部位，疏通油路、管道，更换或清洗油线、毛毡、滤油器，调整设备各部位的配合间隙，紧固设备的各个部位。一级保养所用时间为 4～8h，一保完成后应做记录并注明尚未清除的缺陷，车间机械员组织验收。一保的范围应是企业全部在用设备，对重点设备应严格执行。一保的主要目的是减少设备磨损，消除隐患，延长设备使用寿命，为完成到下次一保期间的生产任务在设备方面提供保障。

3. 二级保养

二级保养是以维修工人为主，操作工人参加来完成。二级保养列入设备的检修计划，对设备进行部分解体检查和修理，更换或修复磨损件，清洗、换油、检查修理电气部分，使设备的技术状况全面达到规定设备完好标准的要求。二级保养所用时间为 7 天左右。

二级保养完成后，维修工人应详细填写检修记录，由车间机械员和操作者验收，验收单交设备动力科存档。二级保养的主要目的是使设备达到完好标准，提高和巩固设备完好率，延长大修周期。

四、设备的检修制度

设备检修是恢复或提高设备的额定功能与可靠性，以保证设备和系统的生产能力的重要手段。设备在使用过程中，随着零部件磨损程度的逐渐增大，设备的技术状态将逐渐劣化，以致设备的功能和精度难以满足产品质量和产量要求，甚至发生故障。这是所有设备都避免不了的技术性劣化的客观规律。在化工企业里，由于设备的生产连续性，而大多数设备是在磨损严重、腐蚀性强、压力大、温度高或低等极为不利的条件下进行的，因此，维护检修工作较其他部门更为重要。设备技术状态劣化或发生故障后，为了恢复其功能和精度，采取更换或修复磨损、失效的零件（包括基准件），并对局部或整机检查、调整的技术活动，称为设备检修。

对于不同企业，由于企业规模、性质和设备数量及其复杂程度的不同，其检修制度也不一样。实际经验证明，不可能要求所有的化工企业只采用两种检修制度。这是因为企业中设备数量多少、性能好坏、重要性、复杂性等都不相同。例如，化工系统行业多，生产流程相差很大，有的生产工艺要求长周期连续运行，甚至最好是一年内连续运行 330 天以上；有的生产工艺却是批量的，只要求连续运行一段时间即可；有的工艺不能间断；有的可以开开停停。另外设备的结构、复杂程度不同，检修要求也不同。所以企业设备检修应该采取分类检修的方针，才是比较合适的。

所谓分类检修，就是按设备的重要性、可靠性与维修性，可将设备分为甲、乙、丙、丁四类：甲类设备是工厂的心脏设备，在无备机情况下，一旦出现故障，将引起全厂停产的设备；乙类设备是工厂的主要设备，但有备用设备，且对全厂生产和安全影响不严重，其重要程度较甲类设备要差一些；丙类设备为运转设备或检修比较频繁的一般设备，如一般反应设备、换热器、泵等；丁类设备属于结构比较简单，平时维护工作较少，检修也简单的设备，如高位槽、小型储罐等。这些储罐的应用较为广泛，主要用来盛装原料、半成品和成品等，储罐的管理见附录。凡属甲、乙类设备为主要设备，都应采用计划预修制度；而属于丁类设备者，则采用事后修理制度。这种做法，不仅在技术上可以保证各类设备满足生产需要，而且在经济上是合理的，可节约资金，使维修费用既不浪费，又保障了安全和重点。

现将几种主要检修制度介绍如下。

1. 日常维护保养

日常对设备的维护保养是十分重要的。它是用较短的时间、最少的费用，及早地发现并处理突发性故障，及时消除影响设备性能、造成质量下降的问题，以保证装置正常安全地运行。

2. 事后修理制

事后修理制是指设备运行中发生故障或零部件性能老化严重，为恢复改善性能所进行的检修活动。

事后修理是在机器设备由于腐蚀或磨损，已不能再继续使用的情况下进行的一种随坏随修的修理制度。它的特点是修理工作计划性较差，难以保证修理工作的质量，影响设备的使用寿命和妨碍生产的正常进行。如设备的故障多，将使停机次数增加，设备的利用率降低，成本增高。因此，在连续生产的企业、备机少的装置中，不应采用这种修理制度。但对于结构简单、数量多可替换、容易修理、故障少的设备可以采用这种修理制度。

3. 检查后修理制

检查后修理制的实质是定期对设备进行检查，然后根据检查结果决定检修项目和编制检修计划。

对于企业中丙类设备占设备总数比例很大的工厂，这种修理制度应用比较普遍。但是在目前检测技术较落后的情况下，必须有较高技术水平的操作、检修工人负责设备的维护、检查工作，才能获得较好的效果。

检查后修理制虽然比事后修理制好一些，但也不能较早地制订检修计划和事先做好设备的检修准备工作。

4. 计划预检修制

计划预检修制，是以预防为主、计划性较强的一种比较先进的检修制度。它适用于企业中对生产有直接影响的甲、乙类设备和连续生产的装置。

计划预检修制的计划，是根据设备的运行间隔期制定的，所以能在设备发生故障之前就进行检修，恢复其性能，从而延长了设备的使用寿命。检修前可以做好充分的准备工作（编制计划，审定检修内容，制作各种图表，准备所需的备品配件，材料及人力、机具的平衡等），来保证检修工作的质量和配合生产计划安排检修计划。这对维护企业的正常生产、提高生产效率、保证产品质量与生产安全，都有非常积极的作用。

因此，我国化工企业现阶段应该实行在计划检修指导下的分类检修的设备检修制度。

附 ××化工企业常压储罐管理制度

第一章 总则

第一条 为加强公司常压储罐的管理，确保储罐安全、稳定、长周期运行，依据国家有关法律、法规和总部设备管理制度，制定本制度。

第二条 本制度适用于公司所属各部门储存非人工制冷、非剧毒的石油、化工等液体介质，容积 $100m^3$ 及以上的常压立式圆筒形钢制焊接储罐。其他金属储罐可参照执行。

第三条 各部门应加强储罐全员、全过程管理，保持设备完好，充分发挥设备的效能，以达到储罐使用寿命长、维修费用低、综合效能高的目标。

第四条 各部门应积极采用国内外先进的设备管理方法和维修技术，不断提高储罐设备管理和维修技术水平。

第二章 管理职责

第五条 储罐管理是保证公司安全生产的重要环节，公司所属各部门、各单位必须加强常压储罐的管理工作，在公司主管设备副经理的领导下，依据总部、公司有关制度的要求，建立完善的常压储罐管理网络和管理责任制，全面履行管理职责，不断提高常压储罐的运行和管理水平。

第六条 公司设备管理部职责

（一）公司设备管理部是储罐的主管部门，负责贯彻执行国家有关法律、法规、标准和集团公司、股份公司有关储罐管理的制度、规定、规程，制定公司常压储罐管理制度。

（二）组织或参与储罐设计、购置、安装、使用、维修、改造、更新和报废等各个环节的全过程管理。

（三）组织建立和健全储罐技术管理档案。

（四）组织编制和审核公司年度储罐修理计划及检测计划，并监督实施。

（五）针对储罐运行中存在的问题，组织技术攻关，推广应用新技术、新工艺、新结构、新材料，不断提高储罐的技术管理水平。

（六）组织编制和审核储罐设备的更新计划，参加新、改、扩建项目中储罐的设计方案审查和竣工验收。

（七）组织储罐设备事故的调查、分析和处理。

（八）负责储罐管理的检查、考核和评比工作。

第七条 公司生产管理部门职责

严格执行总部《常压储罐管理制度》（试行）及本制度的相关规定，严格遵守储罐操作工艺规程及安全管理规定，不违章指挥储罐的进出料操作，确保储罐正常运行。储罐应定期检查或检修时，负责储罐的清罐具体时间安排，达到检查或检修操作的条件。参加新、改、扩建项目中储罐的设计方案审查和竣工验收，负责协调与生产相关联的问题。

第八条 公司安全环保管理部门职责

严格执行总部《常压储罐管理制度》（试行）及本制度的相关规定，确保储罐安全运行。负责制定罐区安全用火管理制度，审定各类储罐事故应急预案，组织或督促罐区隐患整改工作。参加新、改、扩建项目中储罐的设计方案审查和竣工验收，检查和落实安全、环保、职业卫生"三同时"工作的落实情况。负责组织或参与储罐事故调查、分析、处理、统计上报工作，并建立事故档案。

第九条 使用单位设备管理部门职责

（一）负责本单位储罐设备技术业务管理，贯彻执行上级颁布的有关储罐管理的规章制度，编制本部门的储罐管理细则。

（二）负责编制和审核储罐修理、防腐、检测年度计划，审定储罐更新改造方案、检修方案和定期检测方案，并组织实施。

（三）针对储罐运行过程中存在的问题，组织技术攻关，推广应用新技术、新工艺、新结构、新材料，不断提高储罐的技术管理水平。

（四）参加新、改、扩建项目中储罐的设计图纸和方案审查、施工过程的质量监控、三查四定和竣工验收工作。

（五）负责储罐备品配件、防腐方案的技术管理，组织编制并审定备品配件计划，审批储罐附件、配件、防腐涂料的选型，负责储罐附件、材料、配件、防腐涂料采购前技术谈判和签订技术协议。

（六）建立健全储罐台账、附件台账、技术档案，及时更新储罐技术档案中各种检查、维护管理、检修等记录内容。

（七）组织或参与储罐事故的调查、分析和处理。

（八）负责本单位储罐管理的检查、考核和评比工作，做好年度工作总结。

第三章 储罐的设计、安装与验收

第十条 储罐设计必须选择具有相应资质的设计单位，有关部门应对设计单位资质进行审查和确认。

第十一条 储罐设计方案应符合最新版本的技术标准和规范，达到技术先进、安全可靠、经济合理的要求，应根据储罐储存介质的性质、种类，合理选择储罐的结构形式。

第十二条 储罐设计应根据当地地理、地质条件，同时根据公司生产、销售对储存量、周转量的具体要求，确定合理的罐容。

第十三条 合理选择罐体及有关部件的材料、罐底基础的处理及综合防腐蚀措施，达到储罐安全、稳定、长周期运行要求。

第十四条 储罐应配备完善的液位指示、报警系统及相应的辅助设施。

第十五条 储罐安装与防腐蚀工程施工应选择具有相应资质、有良好业绩的施工单位。对符合招投标条件的储罐安装与防腐蚀工程必须进行招投标，同时应选择具有相应资质的监理单位进行现场监理。

第十六条 储罐安装施工单位必须按照有关规范、标准编制施工方案，经使用、设计和监理单位审核后，方可进场施工。

第十七条 现场监理单位必须按照监理合同的规定和安装方案的要求，对施工质量进行全过程监理。建设单位应对施工过程中的重要中间环节进行质量验收，确保施工质量。

第十八条 新建或改造的储罐，必须按照《立式圆筒形钢制焊接储罐施工规范》（GB 50128—2014）的有关规定执行。

第十九条 安装结束后，施工单位应提交完整的竣工资料。

第二十条 储罐在交付使用单位前，验收检查出的问题必须全部整改并经所有参加验收部门确认后方可投入运行。

第四章　储罐的使用和维护

第二十一条 各部门储罐的使用和维护应按照《石油化工设备维护检修规程》中的《常压立式圆筒形钢制焊接储罐维护检修规程》（SHS 01012—2004）的规定执行，加强对储罐使用和维护工作的管理，建立健全储罐操作、使用、维护规程和岗位责任制，并严格执行。当储存介质或运行环境发生变化时，应对操作规程和岗位责任制及时进行修订。

第二十二条 储罐的操作人员应通过技术培训，考核合格后方可上岗作。重点做好以下工作。

（一）现场工作人员应严格执行巡回检查制度，定时按巡回检查路线和标准对储罐进行检查，防止跑、混、冒顶和突沸等事故发生，认真填写运行、交接班等相关记录。

（二）保持储罐及附件的完整、清洁，加强静密封点管理，努力降低泄漏率，做到文明生产。

（三）严格执行储罐定期维护保养制度，加强日常检查，发现问题及时处理，提高储罐的完好水平。封存、闲置储罐应按有关规定采取相应的保护措施，定期进行检查。

第二十三条 储罐发生以下现象时，操作人员应按照操作规程采取紧急措施，并及时报告车间管理人员及作业部生产调度。

（一）浮顶、内浮顶罐的浮盘沉没，或转动扶梯错位、脱轨。

（二）浮顶罐浮顶排水装置泄漏。

（三）浮顶罐浮盘大量积液。

（四）储罐基础信号孔或基础下部发现渗液。

（五）液位自动报警系统失灵。

（六）罐底翘起。

（七）重质油罐突沸冒罐。

（八）接管焊缝出现裂纹或阀门、紧固件损坏，难以保证安全生产。

（九）罐体发生裂纹、泄漏、鼓包、凹陷等异常现象，危及安全生产。

（十）发生火灾直接威胁储罐安全生产。

第二十四条 储罐在操作过程中应注意的事项：

（一）储罐透光孔在生产过程中应关闭严密。

（二）在检尺取样后应将量油孔盖盖严。

（三）浮顶罐浮船上的油污、氧化铁等杂物应定期清扫。

（四）装有搅拌器或调合器的储罐，必须在介质液位4m以上方可启动搅拌器或调合器。

第二十五条 浮顶罐和内浮顶罐正常操作时，其最低液面不能低于工艺卡片规定的最低高度。若因生产需要必须低于最低高度时，生产管理部门必须书面提出工艺指标变更申请、控制出料速率及监控措施，经设备、安全、技术等部门会签同意，报作业部技术副经理审批后才能执行。

第二十六条 储罐日常巡检内容如下。

（一）观察储罐的液位、压力、温度是否正常，有无发生裂缝、腐蚀、鼓包、变形、泄漏现象，各人孔、出口阀门盘根、法兰、脱水阀、喷淋设施等是否有跑、冒、滴、漏现象。

（二）检查与储罐相关的阀门是否完好，开关状态是否符合运行工艺的要求。

（三）观察罐区内基础、围堰、排污等设施是否完好，有无损坏。

（四）巡检发现的问题应记录在交接班日志中。

（五）设置有外加电流阴极保护设施的储罐，每天要定期记录汇流点电位、输出电流、输出电压等运行数据。

第二十七条 储罐月检查内容如下。

（一）固定顶储罐检查呼吸阀、阻火器、液压安全阀、紧急放空阀、通气孔、量油孔、泡沫发生器、自动脱水器、透光孔、水喷淋系统、液位计、液位报警器、排污阀、进出口阀门、罐区排水系统、罐基础及防火堤等。

（二）浮顶储罐检查转动浮梯及导轨、导静电线、量油孔、中央排水孔、紧急排水口、罐顶/罐壁通气孔、透光孔、泡沫发生器、水喷淋系统、自动脱水器、排污阀、进出口阀门、液位计、液位报警器、自动消防报警器、罐区排水系统、罐基础及防火堤等。

（三）月检查由生产车间组织进行，检查情况记录在月检查记录本上。

（四）设置有阴极保护设施的储罐，每月应对各测量点保护电位进行一次测试，并将数据与上一次测试数据对比，对当月的保护效果进行评价。每季度测量一次被保护储罐的自然电位，并做好记录存档。

第二十八条 储罐每年至少进行一次外部检查（年检查），内容如下。

（一）罐体检查：检查罐顶和罐壁是否变形，有无严重的凹陷、鼓包、褶皱及渗漏穿孔。对有保温的储罐，罐体无明显损坏、保温层无渗漏痕迹时，可不拆除保温层进行检查。

（二）罐顶、罐壁测厚检查：每年对储罐顶、壁进行一次测厚检查。罐壁下部二圈板的每块板沿竖向至少测2点，其他圈板的测点可沿盘梯选择，每圈板至少选择1个测点。测厚点宜固定，设有测量标志并编号。有保温的储罐，其测点处保温应做成活动块便于拆装。

（三）配件、附件检查：检查进出口阀门、人孔、清扫孔等处的紧固件是否牢靠；消防泡沫管是否有油气排出，端盖是否完好；储罐盘梯、平台、抗风圈、栏杆、踏步板的腐蚀程度；储罐照明设施的完好程度。

（四）焊缝检查：用5~10倍放大镜观察罐体焊缝，尤其要重点检查壁板与边缘板之间角焊缝及下部二圈壁板的纵、环焊缝及T形焊缝；注意检查进出口接管与罐体的连接焊缝有无渗漏和裂纹。若边缘板已做防水处理，没有异常可不检查角焊缝。

（五）浮顶检查：检查浮顶浮舱有无渗漏及其腐蚀程度；转动扶梯、导向装置是否灵活好用；密封系统、浮顶排水装置、量油管、导向管有无异常。

（六）防腐、保温（冷）层及防水檐检查：检查罐体外部防腐层有无脱落、起皮等缺陷，保温（冷）及防水檐是否完好。若发现保温（冷）层破损严重，应检查罐壁的腐蚀程度。

（七）基础检查：检查储罐基础有无下沉，散水坡有无损坏，沥青封口是否完好。5000m^3及以上的储罐应设置基础沉降观测点及标志，在储罐大修前后测量其沉降数据，如基础倾斜值=0.008，应采取相应措施。

（八）防雷防静电接地电阻测试：每年在四月对储罐的接地设施进行测试，接地设施的接地电阻不能大于10Ω。对内浮顶罐要做好防静电连接导线的检查，确保连接良好。

（九）防火堤检查：检查防火堤有无缺口、塌陷、裂缝，管线穿墙是否用非燃烧材料封实，隔油阀门是否完好、是否在常闭状态，防火堤内是否有油污污染的表土等。

（十）设置有外加电流阴极保护设施的储罐，每年还应做一次IR测试、土壤电阻率测试、杂散电流测试,正确评估储罐阴极保护的效果,阴极保护资料单独设档。

(十一)外部检查由生产车间组织进行,至少每年要检查一次,检查情况记录在年检记录表上,年检查出的问题必须尽快整改,如因条件暂时不允许整改的,须订有监控使用措施。

第二十九条 在用储罐要定期进行全面检验,由使用单位设备管理部门组织进行,并提前书面告知生产部门做好生产准备。一般情况下全面检验,每 6 年应进行一次,国家另有规定的,按有关规定执行。储装介质腐蚀性不强,腐蚀速率＝0.1mm/年,并有可靠的防腐蚀措施,上一次全面检验确认储罐技术状况良好,可确保安全运行的,经使用单位技术负责人批准后可适当延长全面检验时间,但最长不得超过 9 年。若不能按期检查储罐,生产车间必须制定监控使用措施,并填报延检报告书。进行全面检查时,必须确认储罐已清扫干净,人孔、透光孔全部打开,气体分析合格,人员可以安全进行罐内检查。检验内容如下。

(一)罐底检查

1. 利用超声波测厚仪或其他检测设备检查罐底的腐蚀减薄程度,当底板厚度少于规定厚度时,底板必须进行补焊或更换。

2. 罐底板擦洗干净后,目视检查所有焊缝和底板,需要进一步确定渗漏点时,使用真空试验或漏磁探伤来检查。

3. 检查加热器的腐蚀和渗漏情况,加热器支架有无损坏,管接头有无断裂,进出蒸汽管阀门、法兰连接是否完好。

4. 罐内底板设置有牺牲阳极保护的储罐,要检查阳极的消耗及连接情况,测量其保护电位,计算本检查周期牺牲阳极的消耗速率,并与原设计比较,确定牺牲阳极的增补量及更换量,确保牺牲阳极能正常使用到下个全面检查周期。

(二)罐壁检查

1. 使用超声波测厚仪检查罐壁的剩余厚度,重点检查下部二圈板的剩余厚度,各圈板的剩余腐蚀裕量应满足下一使用周期要求,若不能满足要求,必须对罐壁进行加固。

2. 分散点蚀的最大深度不得大于原设计壁厚的 20%,且不得大于 3mm;密集的点蚀最大深度不得大于原设计壁厚的 10%(点蚀数大于 3 个,且任意两点间最大距离小于 50mm 时,可视为密集点蚀)。

(三)罐壁焊缝检查

1. 5000m^3 以上的储罐应对下部壁板的纵焊缝进行超声波探伤抽查。容积小于 20000m^3 的只抽查下部一圈,容积大于或等于 20000m^3 的抽查下部二圈。抽查焊缝的长度不小于该部分纵焊缝总长的 10%,其中 T 形焊缝占 80%。

2. 对抽查出的超标缺陷,应采取相应的措施处理。

3. 目视检查罐底与壁板内角焊缝、边缘板与罐壁的外角焊缝腐蚀情况,情况异常时,应对焊缝进行修补和进行无损检测。

(四)罐顶检查

1. 固定顶储罐检查罐顶板间焊缝及附件焊缝,对有裂纹、脱焊或穿孔的焊缝及时修补;检查每块瓜皮板的外观,以确定顶板与筋板的坚固性。

2. 外浮顶储罐着重检查密封、刮蜡、导向、静电导线、浮顶排水装置等系统是否完好,浮舱内表面板、浮盘的腐蚀及渗漏情况,支柱有无倾斜,与罐底是否接触。

3. 内浮顶储罐着重检查密封、导向、静电导线、防转钢丝绳、浮顶自动通风阀等系统是否完好,浮舱浮管有无渗漏,构架有无变形,支柱有无倾斜,与罐底是否接触。

4. 对于浮顶罐、内浮顶罐,发现导向管、量油孔外壁侧面有明显硬划伤或导轮、盖板、密封板、压板损坏严重时,应检查导向管、量油管的直线度和垂直度,直线度和垂直度的允许偏差均不大于管高的 0.1%,且不得大于 10mm。

(五)结合清罐和全面检查,宜对正常生产状态下无法更换的第一道法兰的垫片进行更换。

(六)全面检查记录在全面检查记录表格上,检查结果要依据现行国家和行业标准进行评定,根据评定的结果,确定储罐修理项目。

第三十条 储罐外部检查和全面检查的记录及评定情况保存进储罐技术档案。

第三十一条 对于腐蚀倾向大的储罐，要根据实际情况合理安排全面检验时间间隔。

第三十二条 加强储罐安全保护装置的管理，进行定期检查和检验工作。应对高低液位报警器、液压安全阀、阻火器、通风管和机械式呼吸阀等保护设施、安全附件定期检查，其中机械式呼吸阀每年应进行一次标定。

第五章 储罐的检修

第三十三条 各部门储罐检修应按照《石油化工设备维护检修规程》中的《常压立式圆筒形钢制焊接储罐维护检修规程》（SHS 01012—2004）的规定执行，加强对储罐检修工作的管理，防止失修现象发生。要认真执行检修质量标准，做到优质、高效、安全、文明、节约。

第三十四条 使用单位应根据储罐的实际技术状况，结合生产安排，编制储罐检修计划，认真执行。

第三十五条 对储罐在生产过程中出现的各类故障和缺陷，应根据损坏的程度，在保证安全的前提下确定检修方案，及时组织实施。

第三十六条 需进罐检查或在罐体动火的检修项目，在检修前使用部门应督促施工单位制定防火安全措施和防中毒、窒息措施，并办理相关作业许可证，在检修中严格执行。

第三十七条 储罐检修要有详细的施工方案和技术措施。检修准备工作要做到"八落实"（计划项目落实、施工方案落实、检修费用落实、图纸资料落实、备件材料落实、施工力量落实、施工机具落实、质量安全措施落实）。

第三十八条 应加强对储罐检修过程中焊接质量的管理，焊工必须持证上岗。焊接质量应符合《现场设备、工业管道焊接工程施工规范》（GB 50236—2011）的要求。

第三十九条 加强储罐防腐蚀施工的质量监督管理，重点做好施工方案确定、涂料选用、表面处理和施工中间环节的质量检验工作，确保防腐施工质量。

第四十条 储罐在检修过程中的检验方法、充水试验和验收按照《立式圆筒形钢制焊接储罐施工规范》（GB 50128—2014）的有关规定执行。

第四十一条 储罐检验收应具备齐全的交工资料，包括检修方案、检修记录、中间验收记录、隐蔽工程验收记录、有关的试验和检验记录等。验收记录要有使用、施工和使用单位设备管理部门三方签字。

第四十二条 储罐检修结束后，使用单位设备管理部门要组织编写储罐检修技术总结。

第六章 储罐的管理

第四十三条 应加强对储罐的防腐蚀管理工作，严格执行中石化《石油化工设备防腐蚀管理制度》（试行）和公司《防腐蚀管理制度》的规定，并根据实际情况，针对各种物料的腐蚀性，采取相应的防腐蚀措施。原油、石油产品罐要特别重视罐底板、顶板和下部壁板的防腐，可采用阴极保护和涂料防腐等综合防腐蚀措施。积极推广应用新技术、新材料。为确保储罐在使用周期内的安全运行，储罐内壁防腐蚀措施的使用寿命应达到6年以上。

第四十四条 对备用或停用的储罐设备必须采取相应的保护措施，书面措施报设备、安全、生产、技术等部门会签审批方可执行，生产车间做好保养工作。

第四十五条 常压储罐的报废操作程序按公司《固定资产管理规定》执行。已报废的储罐设备严禁使用。

第四十六条 使用单位设备管理部门必须编制储罐的年度检测、修理、防腐计划，并检查计划的执行情况，统计计划完成率和定检率。

第四十七条 使用单位设备管理部应设置储罐及呼吸阀台账、5000 m^3 及以上储罐和重要储罐的设备台账，并应及时更新台账的记录内容。

第四十八条 使用单位生产车间必须建立健全储罐台账、附件台账、储罐结构示意图、测厚点布置图、基础沉降测点布置图和所辖储罐的技术档案,并应及时更新台账和档案的记录内容。保存储罐检修记录、施工方案、中间检验记录、竣工验收证明书及储罐月检查记录、附件维护保养记录、防雷防静电测试报告及整改报告等。

第四十九条 使用单位设备管理部门必须对本年度的储罐管理工作进行认真的总结,及时纠正管理工作中的偏差,为储罐的安全运行打下良好的基础。

第五十条 为掌握储罐技术状况,加强储罐管理,公司将重点检查下列内容。

(一)罐体有无变形,各部位腐蚀程度在允许范围内,无渗漏现象;
(二)阀门、人孔、清扫孔等处的紧固件是否牢靠;
(三)罐体外部及附件防腐层有无大面积脱落,保温(冷)层是否完好;
(四)浮顶罐密封系统有无异常,转动扶梯、导向装置是否灵活好用,浮顶排水装置运行是否正常;
(五)储罐液位计、高低液位报警、呼吸阀等附件是否完好;
(六)储罐基础有无下沉,罐体有无倾斜,散水坡有无破损;
(七)防雷、防静电设施是否完好;
(八)技术档案资料是否齐全,记录是否完整。

第五十一条 本制度如与国家和行业有关规定相抵触,执行国家或行业相关规定。

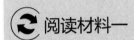

阅读材料一

英国邦斯菲尔德油库爆炸事故分析

一、背景介绍

邦斯菲尔德(Buncefield)油库位于赫特福德郡贺梅尔亨普斯德城(Hemel Hempstead, Hertfordshire),是全英国第五大油库。油库主要储存燃料油,包括汽油。这个油库始建于1968年,像国内的许多危化品一样,建设时周围几乎没有建筑。据英国石油工业协会数据,邦斯菲尔德中转的油料占英国油料市场的8%,占英国东南部地区所需油料总量的20%,西斯罗(Heathmw)机场所需航空煤油总量的40%也由邦斯菲尔德油库提供。邦斯菲尔德油库通过3条输油管线(FinaLine、M/B和T/K管线)接收汽油、航空煤油、柴油和其他油料。这3条输油管线采用间歇式操作,分批输送不同的油料。在油库内有多家油品仓储企业,其中有赫特福德油储存有限公司(Hertfordshire Oil Storage., Ltd;简称HOSL),这是道达尔与雪佛龙在英国的一家合资企业。可以允许储存34000t车用燃油,以及15000t燃料油。

二、事故简介

2005年12月11日早晨6点左右,发生了一起猛烈的爆炸,随后又发生了一连串的爆炸以及火灾。爆炸和火灾摧毁了油库的大部分设施,包括23个大型储油罐,以及油库附近的房屋和商业设施。英国政府动员了超过1000多名消防队员、20多辆消防车,以及多名志愿者参与了应急救援,大火持续燃烧了大约5天才完全扑灭。整个事故没有造成人员死亡,但43人受伤,大约2000多名居民撤离,救火时的油料和消防水造成了附近区域的污染。整个经济损失大约为10亿英镑。

三、事故调查

2005年12月16日,也就是爆炸发生后的第5天,英国政府成立联合调查组(Taf Powell具体负责),开始进入现场进行调查。2006年1月16日,英国政府指定Lord Newton担任组长,小组成员11人。事故调查进行得非常仔细,自2006年2月21日开始,定期发布调查进展,2006年7月13日,发布初始调查报告,随后又多次发布调查进展报告与中间报告，直到 2008 年 12 月，才发布最终报告。调查小组通过详细的调查分析，包括软件模拟、实物模型等手段，一步一步揭示了事故发生的过程。

事故储罐为内浮顶罐，为 HOSL 所有，编号为 912，用来接收来自炼油企业的汽油。罐的液位设计为一个远传浮子液位计，并有高液位报警，有独立的高高液位开关，在液位到达此开关位置后，联锁关闭进料阀，液位、温度、高液位开关信号进入 HOSL 中央处理系统，经过逻辑计算后，自动处理。

根据事故调查报告，将事故按照时间顺序还原如下：

1. 2005 年 12 月 10 日，19：00

912 罐以 550m^3/h 的流量速度接受来自 T/K 南部管线的无铅汽油（流量在一定范围内有所变动）。

2. 2005 年 12 月 11 日，3：00

912 号罐液位读数保持不动，但是此时管网仍然以 550m^3/h 继续送料，经过计算，5：20 左右，912 号储罐应该已经充满并且通过顶部 8 个三角形排气口溢流，首先导致在围堰内形成爆炸性汽油蒸气云。

3. 2005 年 12 月 11 日

5：38：隔壁厂区的监控录像显示蒸气云从 912 罐围堰西北面开始溢出，并向西面扩散，蒸气厚度大约 1m。

5：46：汽油蒸气云的厚度已经达到 2m 左右，并从 912 号罐区围堰向四面溢流。

5：50：汽油蒸气云已经扩散到 HOSL 厂区外，到达邻近的其他厂区。

4. 2005 年 12 月 11 日，6：01

第一次大爆炸发生了，以后又有多次爆炸，造成 20 多个大罐着火。

根据事故调查报告，把事故直接原因总结如下：

① 912 罐液位计故障卡住，导致操作工无法判断是否继续进液；

② 从液位计卡住，液位没有变化开始，到 6：01 事故发生，中间有 3h 的时间，操作工没有和上游装置电话沟通，一直傻等液位变化；

③ 液位计故障导致高液位报警失效，傻等的操作工失去了系统提醒的机会；

④ 高液位开关联锁失效，导致溢流；

⑤ 罐区没有安装可燃气报警器，导致溢流后，没有报警；

⑥ 罐区没有安装录像设备，导致溢流后，操作工没法及时发现。

四、调查组建议

为了防止类似重大事故的发生，事故调查报告提出了 25 个方面的建议，建议涉及企业、政府监管部门，以及设计标准的问题。由于篇幅有限，本文只列出对国内具有借鉴意义的部分建议：

① 涉及防止罐溢流的保护措施，应采用高 SIL 等级；

② 建立定期测试程序，并按照测试要求，定期对关键性仪表进行测试、维护；

③ 罐区内安装可燃气探头；

④ 罐区内安装摄像系统；

⑤ 考虑把罐顶溢流的液体接到安全的地方。

五、中国对于储罐溢流的设计标准要点总结

(1)《石油化工储运系统罐区设计规范》(SH/T 3007—2014),对于防止储罐溢流总结如下:

① 容积大于 $100m^3$ 的储罐,应设置液位连续测量装置,且设置高报警;

② 储存Ⅰ级或Ⅱ级毒性体储罐,容积大于 $3000m^3$ 的甲B和乙A类可燃液体储罐,容积大于或等于 $10000m^3$ 的其他液体储罐应设置独立的高高液位联锁关闭进料阀;

③ 甲B和乙A类储罐区内阀门集中处理,排水井处应设可燃气体或有毒气体报警,并应符合 GB/T 50493 的要求。

(2) 根据《危险化学品重大危险源 罐区现场安全监控装备设置规范》(AQ 3036—2010),假如储罐区内物料储存量达到重大危险源时,需要在罐区合适的位置安装摄像装置,摄像头高度能有效监控储罐部。

六、对于储罐防止溢流的建议

储罐的防止溢流,是采用洋葱模型进行层层设防。根据邦斯菲尔德事故调查报告可以知道,罐的防止溢流设计有 2 道独立的保护层,但非常不幸,还是发生了造成 10 亿英镑损失的爆炸事故。按照现在的中国标准,防止大型储罐溢流也是 2 道防护层,可燃气报警和摄像不能有效降低溢流的风险,只能保证溢流后,在操作人员有责任心并且及时干预时,可以防止继续溢流。

为了降低大型储罐溢流的风险,在满足国家相关标准的基础上,补充建议如下:

① 对于储罐的液位计,建议不要使用故障率高的浮子液位计;

② 远传液位计的报警值与联锁值之间的差值为:在最大进料时,15min 的液面上升高度,以保证操作工有 15min 的时间进行人员干预;

③ 对于高高液位联锁,建议采用 SIL2 以上等级的联锁回路,以保证要求时效概率小于 10^{-2};

④ 液位计的报警回路,需要定期测试检查;

⑤ 高高液位联锁回路,需要定期测试检查;

⑥ 储罐的进料阀建议选型为气动阀(FC),假如为电动阀,则应考虑防火要求以及备用电源。

(资料来源:搜狐)

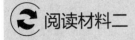

阅读材料二

一起氨泄漏事故分析

湖北某化工厂因加氨阀门压盖破裂,填料滴漏液氨,维修工在安全措施不完全的情况下盲目检修处理,导致加氨阀门填料冲出,大股液氨喷泻,差一点酿成大事故。

一、事故经过

2004 年 6 月 5 日 11 时 40 分左右,该化工厂合成车间加氨阀填料压盖破裂,有少量的液氨滴漏。维修工徐某遵照车间指令,对加氨阀门进行填料更换。徐某没敢大意,首先找来操作工,关闭了加氨阀门前后两道阀门;并牵来一根水管浇在阀门填料上,稀释和吸

收氨味，消除氨液释放出的氨雾；又从厂安全室借来一套防化服和一套过滤式防毒面具，佩戴整齐后即投入阀门检修。当他卸掉阀门压盖时，阀门填料跟着冲了出来，瞬间一股液氨猛然喷出，并释放出大片氨雾，包围了整个检修作业点，临近的甲醇岗位和铜洗岗位也笼罩在浓烈的氨味中，情况十分紧急危险。临近岗位的操作人员和安全环保部的安全员发现险情后，纷纷从各处提着消防、防护器材赶来。有的接通了消防水带打开了消火栓，大量喷水压制和稀释氨雾；有的穿上防化服，戴好防毒面具，冲进氨雾中协助抢险处理。闻讯后赶到的厂领导协助车间指挥，生产调度抓紧指挥操作人员减量调整生产负荷，关闭远距离的相关阀门，停止系统加氨，事故很快得到有效控制和妥善处理，并快速更换了阀门填料，堵住了漏点。一起因严重氨泄漏而即将发生的中毒、着火、有可能爆炸的重特大事故避免了。

二、事故原因

（1）合成车间在检修处理加氨阀门填料漏点过程中，未制订周密完整的检修方案，未制订和认真落实必要的安全措施，维修工盲目地接受任务，不加思考地就投入检修。

（2）合成车间领导在获知加氨阀门填料泄漏后，没有引起足够重视，没有向生产、设备、安全环保部门按程序汇报，自作主张，草率行事，擅自处理。

（3）当加氨阀门填料冲出有大量氨液泄漏时，合成车间组织不力，指挥不统一，手忙脚乱，延误了事故处置的最佳有效时间。

（4）加氨阀前后备用阀关不死内漏，合成车间对危险化学品事故处置思想上麻痹、重视不够，安全意识严重不足。人员组织不力，只指派一名维修工去处理；物质准备不充分，现场现找、现领阀门；检修作业未做到"7个对待"中的"无压当有压、无液当有液、无险当有险"对待。

三、预防措施

（1）安全环保部责成合成车间把此次加氨阀泄漏事故编印成事故案例，供全厂各车间、岗位学习，开展事故案例教育，并展开为期1周的事故大讨论，要求人人谈认识，人人写体会，签字登记在案。

（2）责成合成车间将此次氨泄漏事故，编制氨泄漏事故处置救援预案，组织全员性的化学事故处置救援抢险抢修模拟演练，要求不漏一人地学会氨泄漏抢险抢修处置方法，把"预防为主"真正落到实处。

（3）合成车间由分管工艺副主任负责组织4大班操作工和全体维修工，进行氨、氢、一氧化碳、甲醇、甲烷、硫化氢、二氧化碳等化学危险品的理化特性以及事故处置方法的安全技术知识培训，由车间安全员负责组织一次全员性的消防、防化、防护器材的使用知识培训，在合成车间内形成一道预防化学事故和消防事故的牢固大堤。

（4）结合"安全生产月"活动，发动全厂职工提合理化建议，查找身边事故隐患苗头，力争对事故隐患早发现早整改，及时处理，从源头上堵住事故隐患漏洞，为生产创造一个安全稳定的环境。

四、应当吸取的教训

此次加氨阀填料泄漏事故，开始时思想重视不够，继而处置不当，充分暴露出该车间安全管理"小安则懈"的思想严重。领导工作作风浮漂，查改隐患不主动、不细致。全局观念不强，发现隐患不汇报，自行其是，自作主张。通过此次事故可以看出，安全无小事，整改隐患要从人的思想上抓起，管事要先管人，管人要先管好思想，首先铲除人思想上的不安全因素如麻痹、侥幸、冒险、蛮干的违章行为才能得以彻底根除。只有这样，才能保证安全生产。

（资料来源：机电之家）

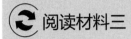

阅读材料三

一起由于设备不达标又疏于管理引发的事故分析

某化工分厂磺酸车间于1992年10月竣工投产，产品为对甲苯磺酸。工艺上布设离心工段，共四台离心机，离心机的作用为磺酸脱酸（硫酸）用。1号离心机是从原溧水县城郊麻纺厂（现已关闭）购回的，该离心机属SS型三足离心机，用于麻纺产品脱胶，在本厂使用时间较短，购回时经认定为九成新，当时，配套电机为普通电机，转速为960r/min，后经厂方改造为初速为零、最高速为960r/min的调速电机。该离心机于1994年8月更换了一只转鼓，现已使用两年并历次修理，该离心机其他部件都不同程度地进行过修理或更换部件。

1995年3月3日上午8时，1号离心机调速电机控制器内保险丝烧断，经电工曹小荣（经培训取证）检查发现，主要是调速电机上测速器受潮，渗水引起短路所致。后经拆出由电工曹小荣在电炉上烘干一天。3月4日上午于先宏（车间副主任）指派电工史绍方（经培训取证）去安装测试，使用万用表测量绝缘程度，指针不动，认为可装，装好后空试电机时发现调速电机不转，控制器失灵，随即便换上一只新控制器，经快慢反复调试正常后交给班长徐连伙试机，转速额定50～100r/min，于上午10时左右开始投料生产，由操作工陈百根、徐金根一组投料四次，出成品约400kg，未发生异常现象，在第五次投料完毕后，即下午2：20左右，离心机突然解体，外套和机座、机脚向西南方向飞出，离心机内衬向东北方向飞出，将当班正在操作的陈百根、徐金根二人均砸伤，并把距离离心机4m的吸收工徐孝全同时砸伤，事故发生后，车间人员立即向厂部汇报，全厂全力救护伤者并及时送往县人民医院抢救。徐孝全于当日下午4：00抢救无效死亡，徐金根经县人民医院紧急包扎后在送往南京的途中死亡。陈百根于3月5日上午6：00在南京第一人民医院全力抢救无效死亡。

这起事故造成的经济损失达10.415万元。

一、事故原因

根据对事故的调查分析和专家组的"技术鉴定报告"，调查组认为这起事故是由于设备老化，腐蚀严重且设备的完好性尤其是安全性（安全系数几乎没有）不能承受离心机工作时突然增大的离心力，因而最终解体造成3人死亡的重大事故。

事故原因分析如下。

1. 事故的直接原因

（1）1号离心机完好程度差，无法保证系统的安全运行。

① 转鼓与鼓底连接的不锈钢铆钉仅剩总数的1/6，其他代用的螺栓材质差、数量少（仅剩9只）、直径小（为M10螺栓），在腐蚀条件下工作，强度也下降，所有紧固能力最

多只能达到原设备设计要求的1/3左右。

② 转鼓上应有三道腰箍，而实际上没有，这使得转鼓的抗离心力强度严重下降。转鼓四周接头的焊缝遇一定的离心力时发生崩绽、断开。

③ 支承转鼓的三只摆杆（三足）内的缓冲弹簧因腐蚀严重不能起调节重心加强稳定的作用，使得离心力在局部增大。

(2) 因调速电机及电气线路等原因，离心机经常处于较高的转速并有突然增速的条件。

① 控制电机的调速器所示的转速与实际不符，电机实际转速高于调速器所指示转速20%左右，并带动离心机增速20%以上。离心机的增速使得离心机的离心力得到增加。

② 插座短路或断路打火，使调速电机转速突然增速，使得离心机的离心力突然增大。

由于以上两方面的原因，导致在下午上班后的离心机运行过程中，线路发生短路或断路打火，控制器失控，电机增速带动离心机的转速增大，离心力成倍增加（速度是影响离心力最突出的因素）。转鼓由于紧固螺栓断裂以及没有腰箍开始绽缝（焊缝处），转鼓外缘从圆形向凸轮和漏斗状变化，由于高速旋转的转鼓和物料既产生很大的离心力，同时也产生一个向上方的分力，以至于造成转鼓与鼓底的分离，并击坏了离心机外罩及罩上方的限量周圆罩，因而向一侧飞出并击断了一侧的支承脚飞离了工作平台，飞出的部分向一侧呈曲线状飞离，同时本身还进行着自转，因而增大了作用力和破坏力，导致三人被当场砸伤。

2. 事故的间接原因

(1) 公司设备管理职能部门软弱无力，缺乏专门的技术人员及必要的管理手段，公司对新增设备及配件没有严格的入厂检验制度与技术审批制度，对离心机的技术性能和危险性认识不足，也没有充分考虑到磺酸车间离心机的维修、改造能力。公司对离心机等设备的选型、维修、改造、保养、使用等环节没有科学的规定，公司、分厂、车间在设备管理体系方面职责不明。

(2) 岗位操作规程不健全，操作工没有严格的岗位操作规程可循。

(3) 安全教育不力，职工的安全知识较差，职工来自农村，文化低、素质差，没有接受过正规的培训和技术教育。

二、事故的责任分析和处理意见

(1) 磺酸车间副主任于先宏分管车间的设备管理工作，对离心机的安全性能及设备状况未作充分了解，同意几乎没有安全系数的设备进行生产，对安全工作存在严重侥幸心理，对这起事故的发生负有直接责任，建议给予撤职处分。

(2) 磺酸车间主任刘传新负责车间的全面工作，是车间安全生产的第一责任人，对安全工作管理不严，车间岗位操作规程不健全，安全工作不到位，对离心机更换转让的旧转鼓及螺栓等重要配件未严格把关，建议给予行政记大过处分。

(3) 公司副经理兼化工分厂厂长陈敬才负责化工分厂的全面工作，是化工分厂安全生产第一责任人，对所属的磺酸车间安全工作管理不严，对决策更换严重不符合要求的离心机转鼓等重要配件负有不可推卸的责任，建议给予行政记大过处分。

(4) 公司分管设备工作的副书记朱法成分管全公司的设备工作，对公司设备管理混乱，对有危险性的重要设备离心机未作检查督促并未提出任何意见，负有管理责任，建议给予行政记过处分。

(5) 南京华晶化工有限公司经理许秋生负责公司的全面工作，公司制定的安全规章制度在实际工作中没有得到有效贯彻落实，安全工作存在制度不完善、管理不严格、执行不落实等问题且公司设备管理混乱，对该事故应负领导责任，建议公司经理许秋生做出书面检查，在公司大会上检讨，并给予行政记大过处分。

(6) 晶桥乡工业公司（晶桥乡政府安全生产管理职能部门）分管安全生产工作的副书记武林，对华晶化工有限公司的安全生产工作检查督促不力，建议给予行政警告处分。

(7) 晶桥乡乡长冯传生，是晶桥乡安全生产的第一责任人，对华晶化工有限公司发生重大死亡事故负有领导责任，建议给予行政警告处分。

三、整改建议

为了认真吸取这起重大伤亡事故的深刻教训，杜绝类似事故的发生，调查组针对事故暴露出来的问题，对事故责任单位提出以下整改建议。

(1) 认真吸取事故教训，进一步提高对安全生产的认识，要认真学习贯彻国务院、省、市发布的一系列关于加强安全生产工作的文件，企业转换经营机制过程中，安全工作只能加强，不能削弱。在新建项目、新增设备过程中，要高度重视安全工作并采取切实有效的措施，加强安全工作特别对技术较复杂、危险性大的设备，更要把安全生产工作摆在重要位置，努力消除设备的不安全状态和人的不安全行为，杜绝各类事故的发生。

(2) 必须建立健全以企业法定代表人为第一责任人的安全生产责任制；细化各部门和各级各类人员的安全责任，做到"横向到边、竖向到底"，尤其是车间、工段领导的安全责任要落实到人，工作到位。

(3) 化工企业对员工素质要求较高，公司应全面开展、落实安全教育培训工作，努力提高全厂干部职工素质，尤其是安全素质，要将对干部职工的安全教育工作制度化、经常化。重点设备、特种设备的操作人员应先教育培训后上岗作业。

(4) 鉴于离心机属于连续性生产设备，又在强腐蚀的条件下工作，对这类设备要实行定期强制检修更新的制度，做到该降级限制使用的降级限制使用，该淘汰报废的坚决淘汰报废，并制定离心机从选型、安装、使用、维修、改造等环节的管理制度，以防止类似事故发生。

(5) 企业应根据化工部《化工企业安全管理制度》及《南京市化工企业安全管理规定》和国家有关安全标准、规定，对公司的安全规章制度进行一次全面检查并加以修订、完善和补充。要重点制定危险性较大的设备、场所、岗位的安全规定并使之落到实处。

(6) 为认真吸取这次事故的教训，溧水县委、县政府应以两办名义行文，全县通报。

(资料来源：百度文库)

课后练习题

【案例分析一】 2009年某月，某单位发生了一起化工设备爆炸安全事故。事故造成了人员伤亡，当时正值检修期间。事故原因不清。

针对这类爆炸事故，应该熟悉掌握以下知识。

一、进入受限空间作业证如何办理？

二、爆炸的必要条件是什么？

附：爆炸的必要条件是可燃物、助燃物（氧气）混合后达到爆炸极限，这时候遇到超临界点火能量就一定会发生爆炸。

点火能可能是明火、高温物体、电火花、闪电、静电等等，其中静电可能是化纤衣服摩擦，流动的固态粉状泥状物质、液体、气体等超过各自的临界速度与管道摩擦，与空气摩擦等产生。

根据案例做以分析：

分析一： 爆炸事故的发生，首先是达到了爆炸极限，然后遇到了点火能。

分析二： 点火能从哪里来？检修时金属撞击，例如把手和螺丝螺栓等发生的金属撞击？穿化纤衣服进入摩擦时产生静电？照明电线破裂？电焊导线破裂？内部检修人员吸烟？内部电焊明火？其他地方电焊的发散电流从此路过？高空电焊渣掉落设备内外？其他地方爆炸引起此处二次爆炸？检修人员是否使用了防爆手机通话？

分析三： 爆炸极限如何形成？内部置换是否合格？易燃易爆气体从别的未加盲板的管道阀门进来（10个阀门9个漏）？容器内沉积的废渣等逐渐挥发出易燃易爆气体？从别的地方飘进设备内部？

分析四： 受限空间作业证是如何办理的？签字手续是否齐全？签字人是否在认真进行了检查后负有责任地签字？监护人是否经过了认真地排查？班组长在工艺交出时是否严格按照有关手续进行？

分析五： 动火分析是如何做的？分析数据是否在半小时内，或者说是否取样分析超过半小时后人员才进入内部作业？分析人员分析的数据方法？数据是否准确？分析人员取样后是否有人对分析环境进行破坏？分析人员取样是否具有代表性？

分析六： 检修人员是否经过培训？懂得检修的一般规程？所有参与的人员是否都经过了培训？

（资料来源：网易新闻）

【案例分析二】 某化工厂的前身为拉绒厂，后经批准更名为化工厂，汪某是其法定代表人。化工厂主营甲硫酸钠，兼营织布、拉绒。为了减轻债务压力，该厂与某新技术发展公司签订了租赁经营合同，约定由新技术发展公司租赁经营化工厂，但汪某仍为化工厂的法定代表人。合同签订后，新技术发展公司派出总经理梁某全面管理化工厂，主营项目仍然是具有相当危险性的甲硫酸钠。出于节约考虑，租赁后的化工厂没有按照国家规定对有关安全设备进行及时改造和维修，对过时老化的设备继续使用。一天，生产副厂长王某组织几名未经过培训的工人接班工作，突然氧化釜搅拌器传动轴密封填料处发生泄漏，导致操作平台发生爆燃，使整个生产车间起火。结果造成8人死亡，4人重伤。

思考并回答：

1. 这起事故的直接原因和间接原因是什么？
2. 这起事故中谁应该负主要责任？

课后思考题

1. 为什么要定期对化工设备进行维护和检修？
2. 在化工设备维护与检修的过程中应该注意什么问题？
3. 如何对化工设备进行有效的保养？

第七章
化工企业成本管理

引导案例 7-1　邯钢——项目成本逆向分解

　　钢铁行业是多流程、大批量生产的行业,生产过程的高度计划性决定了必须对生产流程各个工艺环节实行高度集中的管理模式。为了严格成本管理,一般依据流程将整个生产线划分为不同的作业单元,在各个作业单元之间采用某些锁定转移价格的办法。而邯钢在成本管理方面率先引入市场竞争手段,依据市场竞争力为导向分解内部转移成本,再以此为控制指标,落实到人和设备上,将指标责任与奖罚挂钩,强制实现成本目标,达到系统总和最优。

"倒"出来的利润

　　对邯钢而言,要挤出利润,首先需要确定合理先进、效益最佳化的单位产品目标成本。公司根据一定时期内市场上生铁、钢坯、能源及其他辅助材料的平均价格编制企业内部转移价格,并根据市场价格变化的情况每半年或一年作一次修订,各分厂根据原材料等的消耗量和"模拟市场价格"核算本分厂的产品制造成本,也以"模拟市场价格"向下道工序"出售"自己的产品。获得的"销售收入"与本分厂的产品制造成本之间的差额,就是本分厂的销售毛利。销售毛利还需要作以下两项扣除:一是把公司管理费分配给分厂作销售毛利的扣除项,一般采用固定的数额(根据管理费年预算确定);二是财务费用由分厂负担,一般根据分厂实际占用的流动资金额参考国家同期同类利率确定。作这两项扣除后,就形成了本分厂的"内部利润"。

　　如三轧钢分厂生产的线材,当时每吨成本高达1649元,而市场价只能卖到1600元,每吨亏损49元。经过测算,这49元全部让三轧钢分厂一个生产单元消化根本做不到。如果从原料采购到炼钢、轧钢开坯和成材,各道工序的经济指标都优化达到历史最好水平——比如邯钢三轧钢厂发现,为使产品的包装质量符合公司要求,修卷减去的线材头尾一个月达上百吨,由此造成的损失超过6万元。为了降低成本,对卷线机进行了技术改造,在充分保证包装质量的前提下,轧用量降低了40t,吨材成本下降8元。其他流程环节也纷纷采取不同手段降低成本,开坯的二轧钢厂挖潜降低5元/吨坯,生产钢锭的二炼钢厂挖潜降低24.12元/吨钢,原料外购生铁每吨由780元降到750元以下——这样环环相扣[8+5+24.12+(780-750)>49]就可扭亏为盈。

　　当时,总厂分别对各生产单元下达了目标成本,其中对三轧钢分厂下达了吨材1329元的不赔钱成本指标。面对这一似乎高不可攀的指标,分厂领导班子对这个指标既感到有压力,但又提不出完不成的理由。因为这既是从市场"倒推"出来的,又是由自己的历史水平和比照先进水平测算出来的,再下调就意味着邯钢要出现亏损,此时压力就变成了动力。面对新的成本目标,只能扎实工作,努力实现。

　　三轧钢分厂组成专门班子,也将工段进行层层分解,将总厂下达的新成本用"倒推"的办法,测算出各项费用在吨钢成本中的最高限额。比如各种原燃料消耗、各项费用指标等,大到840多元(时价)1t的铁水,小到仅0.03元的印刷费、邮寄费,横向分解落实到科室,纵向分解落实到工段、班组和个人,层层签订承包协议,并与奖惩挂钩,使责、权、利相统一，使每个单位、每个职工的工作都与市场挂起钩来，经受市场的考验，使全厂形成纵横交错的目标成本管理体系。

为促使模拟市场核算这一机制的高效运转，当然需要严格的奖惩机制保驾护航。在考核方法上，公司通常给分厂下达一组目标成本和目标利润。分厂制造成本低于目标成本，即形成成本降低额或称贷差，作为计奖或不"否决"奖金的依据，反之则"否决"奖金。实际内部利润大于目标利润的差额，通常也被当作计奖的依据。在现实中，有的公司以考核成本降低额为主，有的以考核内部利润为主。由于成本降低本身就是增加内部利润的因素，有的公司为了避免重复计奖，就将成本降低额从内部利润增加额中扣除，作为增加内部利润的计奖基数。在保证基本收入前提下，加大奖金在整个收入中的比例，奖金占工资的 40%～50%；设立模拟市场核算效益奖，按年度成本降低总额的 5%～10% 和超创目标利润的 3%～5% 提取，仅 1994 年效益奖就发放了 3800 万元。结果，三轧钢分厂拼搏一年，不仅圆满实现了目标，而且扭亏为盈，当年为总厂创利润 82.67 万元。

协同的正向循环，这种用以市价为基础的内部成本倒推分解法，把产品成本、质量、资金占用、品种结构等因素纳入完整的考核体系之中，给了成本中心更大的责任和压力，使分厂在有限的决策权之下，有了除降低成本以外的增利手段。可以使分厂了解假如自己是一个独立企业时的盈亏水平，增强"亏损"或微利单位的危机感和紧迫感，则公司推进降低成本目标时遇到的阻力比较小；由于实行优质优价的定价原则，可鼓励分厂提高产品质量以增加"销售收入"，也使他们有了寻求质量与成本最佳结合点的权利；利息作为内部利润的扣除项，有利于量化资金占用水平，鼓励分厂压缩资金占用；通过对不同品种的合理定价，可鼓励分厂结合市场需求调整产品结构。采用项目成本倒推分解这种方法，从根本上改变了各个流程成本控制与总成本控制之间的关系，使个人将自己对总成本控制的贡献直观相关联，个人的晋升与发展也与这些贡献相关联，从而形成了良性循环。

邯钢推行项目成本分解制后，使它能够在 1993 年以来国内钢材价格每年降低的情况下保持利润基本不减，1994～1996 年实现利润在行业中连续三年排列第三名，1997～1999 年上升为第二名。1999 年邯钢钢产量只占全国钢产量的 2.43%，而实现的利润却占全行业利润总额的 13.67%。冶金行业通过推广邯钢经验，也促使钢材成本大幅度降低，1997 年以来全行业成本降低基本与钢材降价保持同步，1999 年成本降低还超过了钢材降价的幅度，不仅使全行业经济效益呈现恢复性提高，而且为国民经济提供了廉价的钢材，缩小了高于国际钢价的价格差，增强了中国钢铁工业的国际竞争能力。

事实上，不只在钢铁行业，其他有色金属业、机械行业、化学工业、制糖业、造纸业等都具有邯钢这种大批量多流程生产的特点，由于邯钢成功地实施"模拟市场核算、倒推单元成本、实行成本否决、全员成本管理"这一全新的企业经营机制，因此在全国掀起了学邯钢的一轮浪潮。

(资料来源：豆丁网)

第一节　化工企业生产成本计划

完成化工生产任务，实现生产目标，需要人力资源以及设备、原材料、设施等物质资源，这些资源的取得无一例外地是以付出一定的成本为代价的。生产管理人员必须编制生产预算，制定生产成本，严格控制，才能使生产项目在额定的预算范围内，按时、按质、经济、高效地完成各项生产任务。本节结合化工企业生产的特点，介绍化工生产的预算方法。

一、预算

预算是指在生产前，根据已批准的工艺流程图样和既定的生产方法，按照特定的方法计算生产费用（直接费用、间接费用、直接人工、加工费用）和利税。

二、预算费用的组成

在定额法预算中，产品造价通常由直接费、生产管理费、利润组成。

1. 直接费

直接费指直接用于生产上的，并能区分和直接计入产品价值中的各种费用，包括人工费、材料费、设备折旧费和其他直接费用。

① 人工费，指直接从事生产的工人和附属辅助生产工人的基本工资、津贴。在定额中，不分工种和技术等级，一律以综合工日表示。

② 材料费，包括直接消耗的主要原材料、辅助材料、半产品等。

③ 设备折旧费，折旧费用是固定资产在使用过程中因磨损而转移到产品成本中去的那部分价值，固定资产在其有效使用期间内，始终保持完整的实物形态，但由于磨损（有形损耗）和科学技术的发展（无形损耗），固定资产价值逐渐减少。折旧费，会计上的金额，通常按资产原来成本的固定百分比来计算，该金额须定期记入支出账内或从总收入中扣除，以弥补该资产的贬值。

④ 其他直接费用，指预算定额和生产管理费定额规定以外的生产需要的水、电、气和其他直接费用，以及因生产工序原因而发生的半产品材料搬运费用。

2. 生产管理费（又称间接费）

生产管理费指为组织和管理生产所发生的各项管理费用。这些费用不能区分和直接计入生产过程的价值中，只能按照规定的计算基础和取费计算，间接地摊入产品的成本中去。其中包括：工作人员工资、生产个人辅助工资、工资附加费、办公费、差旅交通费、固定资产使用费、劳动保护费、质量检验试验费、职工教育培训经费、利息支出、上级部门管理费等等。

3. 利润

利润指化工产品完成并销售后可计取的利润。

三、预算方法步骤

① 熟悉化工生产工艺流程图及所采用的生产标准。
② 熟悉化工生产组织设计。
③ 熟悉化工产品原料进料途径及价格走势，半成品价格定价规则。
④ 按照化工产品工艺流程，分步计算成本。
⑤ 编制化工生产成本预算书。

【案例1】 某化工企业月初在产品300t，直接材料定额成本按上月旧定额计算为每吨1500元，从本月起，每吨直接材料定额成本降低为1400元，本月投产600t，实际发生直接材料费用 910000 元，900t 产品本月全部完工。其实际成本的计算结果如下。

月初在产品材料定额成本 300×1500＝450000（元）

减：月初在产品材料定额成本降低(1500－1400)×300＝30000（元）

加：本月投产产品材料定额成本 1400×600＝840000（元）

加：材料定额超支差 910000－840000＝70000（元）

加：材料定额变动差异 30000（元）

完工产品材料实际成本 1360000（元）

第二节　化工企业生产成本计算

不同的企业，其生产过程有不同的特点，其成本管理的要求也是不一样的。这给成本计算的具体方法带来了很大的影响。也就是说，只有根据企业生产的特点和成本管理的不同要求，选择不同的成本计算方法，才能正确地计算产品成本。

一、化工企业生产成本计算的原则

1. 合法性原则

指计入成本的费用都必须符合法律、法令、制度等的规定。不合规定的费用不能计入成本。

2. 可靠性原则

包括真实性和可核实性。真实性就是所提供的成本信息与客观的经济事项相一致，不应掺假，或人为地提高、降低成本。可核实性指成本计算资料按一定的原则由不同的会计人员加以核算，都能得到相同的结果。真实性和可核实性是为了保证成本计算信息的正确可靠。

3. 相关性原则

包括成本信息的有用性和及时性。有用性是指成本计算要为管理当局提供有用的信息，为成本管理、预测、决策服务。及时性是强调信息取得的时间性。及时的信息反馈，可及时地采取措施，改进工作。而过时的信息往往成为徒劳无用的资料。

4. 分期核算原则

企业为了取得一定期间所生产产品的成本，必须将川流不息的生产活动按一定阶段（如月、季、年）划分为各个时期，分别计算各期产品的成本。成本计算的分期，必须与会计年度的分月、分季、分年相一致，这样可以便于利润的计算。

5. 权责发生制原则

应由本期成本负担的费用，不论是否已经支付，都要计入本期成本；不应由本期成本负担的费用（即已计入以前各期的成本，或应由以后各期成本负担的费用），虽然在本期支付，也不应算入本期成本，以便正确提供各项成本信息。

6. 实际成本计价原则

生产所耗用的原材料、燃料、动力要按实际耗用数量的实际单位成本计算，完工产品成本要按实际发生的成本计算。原材料、燃料、产成品的账户可按计划成本（或定额成本、标准成本）加、减成本差异，以调整到实际成本。

7. 一致性原则

成本计算所采用的方法，前后各期必须一致，以使各期的成本资料有统一的口径，前后连贯，互相可比。

8. 重要性原则

对于成本有重大影响的项目应作为重点，力求精确。而对于那些不太重要的琐碎项目，则可以从简处理。

二、生产成本计算的方法

成本计算，就是对实际发生各种费用的信息进行处理。

（一）品种法

品种法以产品品种作为成本计算对象，并据以设置产品成本明细账归集生产费用和计算产品成本。如果企业生产的产品不止一种，就需要以每一种产品作为成本计算对象，分别设置产品成本明细账。

品种法主要适用于大量大批的单步骤生产企业，如发电、供水、采掘等企业。

（二）分批法

分批法是按照产品批别归集生产费用、计算产品成本的一种方法。在小批单件生产的企业中，企业的生产活动基本上是根据订货单位的订单签发工作号来组织生产的，按产品批别计算产品成本，往往与按订单计算产品成本相一致，因而分批法也叫订单法。

它适用于单件、小批生产类型的企业，主要包括单件、小批生产的重型机械、船舶、精密工具、仪器等制造企业；不断更新产品种类的时装等制造企业。新产品的试制、机器设备的修理作业以及辅助生产的工具、器具、模具的制造等，亦可采用分批法计算成本。

（三）分步法

1. 概念

分步法是以产品生产步骤和产品品种为成本计算对象，来归集和分配生产费用的。

2. 分步法特点

（1）成本计算对象是各种产品的生产步骤，因此，应按照产品的生产步骤设立产品成本明细账。

（2）费用在完工产品与在产品之间的分配。成本计算一般都是按月定期进行，而与生产周期不一致，因此，需要采用适当的分配方法，将汇集在生产成本明细账中的生产费用，在完工产品与在产品之间进行分配。

（3）各步骤之间有成本结转问题，这是分步法的一个重要特点。

3. 分步法的适用范围

适用于连续、大量、多步骤生产的工业企业，如化工、冶金、水泥、纺织、酿酒、砖瓦等企业。这些企业，从原材料投入到产品完工，要经过若干连续的生产步骤，除最后一个步骤生产的是产成品外，其他步骤生产的都是完工程度不同的半成品。这些半成品，除少数可以出售外，都是下一步骤加工的对象。因此，应按步骤、按产品品种设置产品成本明细账，分别按成本项目归集生产费用。凡能直接计入某一步骤某种产品的生产费用，都应直接记入其成本明细账；不能直接计入的，先按生产步骤归集，然后按照一定标准在该步骤各种产品之间分配记入。由于连续生产，要定期计算产品成本，同时一般在各个生产步骤都有在产品，因此要按月将各步骤各产品所归集的生产费用在完工产品（半成品或产成品）和在产品之间按约定产量、定额耗用量等标准进行划分，然后计算出产成品成本。如各步骤按产品类别归集生产费用，还须进一步按规定的系数、定额成本等标准，按各类成本在同类中各种产品间分配，计算各种产品成本。

【案例 2】 从聚丙烯酰胺的生产过程看成本的构成

生产聚丙烯酰胺工艺流程如图 7-1 所示。

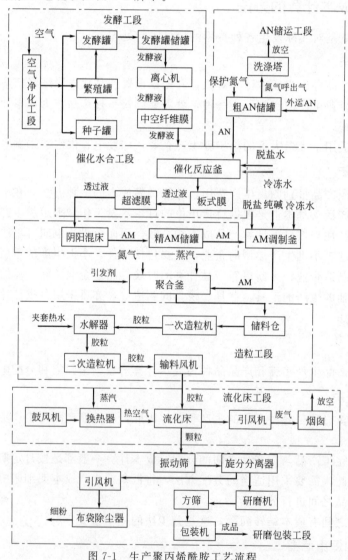

图 7-1　生产聚丙烯酰胺工艺流程
AN—硝酸铵；AM—丙烯酰胺

从工艺流程图上可以看出，从原料酵母膏、菌种、葡萄糖、纯碱、引发剂入厂到成品聚丙烯酰胺入库，大致要经过发酵工段、储运工段、催化水合工段、造粒工段和流化床工段等等。原料每经过一个加工步骤，便生产出形状和性能不同的半成品，上一步骤的半成品，是下一步骤的加工对象，直到最后一个步骤加工完毕，才生产出成品固体聚丙烯酰胺。针对化工生产的这一特征，为了加强各生产步骤的成本管理以实现分级管理、分级核算，在按照产品品种计算产品成本的基础上，还要按照生产步骤计算半成品成本。因此，选择分步法计算生产成本。

在本工艺流程中，化工生产拥有原料保管科、发酵车间、催化水合车间、造粒车间等生产部门，根据物料输送关系，可得出各生产部门间的相互联系（图7-2）。

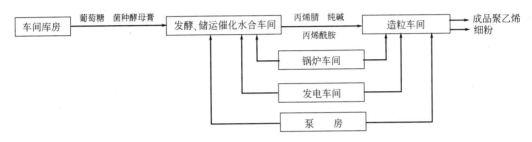

图7-2 各生产部门物料联系

采用分步法后，只要计算出水、电、汽的单位成本，就可把锅炉车间、发电车间和泵房的费用通过水电汽耗用的形式转移到各道工序的加工成本中，图7-2便可简化为图7-3。与此同时，各车间和原料保管科均可实现按班组独立考核其生产实绩。

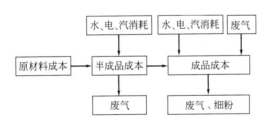

图7-3 生产成本分步法计算示意图

三、生产成本的构成

生产成本由直接材料、直接人工和制造费用三部分组成。直接材料是指在生产过程中的劳动对象，通过加工使之成为半成品或成品，它们的使用价值随之变成了另一种使用价值；直接人工是指生产过程中所耗费的人力资源，可用工资额和福利费等计算；制造费用则是指生产过程中使用的厂房、机器、车辆及设备等设施及机物料和辅料，它们的耗用一部分通过折旧方式计入成本，另一部分通过维修、定额费用、机物料耗用和辅料耗用等方式计入成本。

由于生产成本的考核必须与产成品的质量挂钩才能真正达到通过控制成本来管理生产的目的，为此，系统引入了一些有代表性的工艺技术参数作为考核对象（表7-1）。

表 7-1 各部门生产成本构成及主要考核指标

部门	直接材料	加工费用	直接人工	主要考核指标
原料保管科	葡萄糖、酵母膏、菌种	机物料耗用、运费、杂费和轻耗损失等	各部门生产工人的工资和福利；各部门管理人员的工资和福利等	原料成本、轻耗等
各工序车间	丙烯腈、纯碱、冷冻水	水电汽耗用、机物料耗用、维修和折旧费用等		产成品固含量、水解度、黏度
造粒车间	PAM胶质聚丙烯酰胺	水电汽耗用、机物料耗用、辅料耗用、维修和折旧费用等		半成品成本、损耗
锅炉车间	水、电、汽、煤、柴火等	机物料耗用、辅料耗用、维修和折旧费用等		蒸汽成本、等折标煤量、废气成本等
发电车间	外电、蒸汽、油料等	机物料耗用、维修和折旧费用等减废气收入		自发电成本、等折标煤量等
泵房	电	维修和折旧费用等		用水成本等

化工生产过程中，维修费用尤其是其中的设备部件更换费用而引起的开支变动具有"突发性"，考虑到化工生产设备的部件价格差别较大，低的不过十几元，而高的则有数万元，若单纯以每班的实际数据计算生产成本，无疑会出现诸如更换振动筛（价格在20万元左右）期间的生产成本明显高于正常生产时的生产成本，反而不利于决策者管理。基于上述认识，系统引入运行成本的概念，即将类似维修费用、直接人工等波动性较大的开支仿照折旧费用的处理办法，以日均维修费用或班均维修费用的形式计入成本，其数据可从计划成本中换算而来，如图7-4所示。

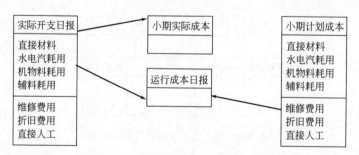

图 7-4 实际开支、运行成本、实际成本及计划成本的关系

为了便于管理，生产成本可按车间或费用种类进行汇总（图7-5）。若按车间汇总，总成本中可以反映各车间在产品成本构成中的比例及中间产物的加工费用，便于车间班组核算；若按费用种类汇总，则总成本可反映在整个生产过程中消耗的各项费用，便于掌握产品成本的构成。

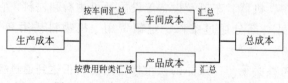

图 7-5 生产成本的汇总及分析途径

四、生产成本考核途径

1. 以班产量为对象

运行成本班报可反映当班各生产车间的水电汽、机物料及辅料等的实际耗用情况,加上从计划成本中换算而来的直接人工、维修、折旧等平均费用,便可较接近地反映出当班的产品成本、水电汽的单位成本、各车间的加工成本、半成品或产成品成本和主要工艺指标。

2. 以日产量为对象

运行成本日报是在当日各班报的基础上进行汇总而成的,其构成与运行成本班报相似,也是反映近似的生产成本。

3. 以小期产量为对象

将小期内各班的实际开支直接汇总,可得小期内实际生产成本,通过与计划成本对照,可以考核各车间完成指标的情况,同时为下一小期计划的制订或修改提供依据。

4. 生产成本综合评价

由于影响生产成本的因素过多,各影响因素之间存在一定的相关性,因而原始数据所反映的信息有较大的重叠性。为了从众多的影响因素中抓住主要影响因素,需要采用综合评价因子,以综合评价生产成本形成的全过程,为企业决策者提供综合、简便的评价指标。

五、计算生产成本的作用

在市场经济条件下,产品成本是衡量生产消耗的补偿尺度,企业必须以产品销售收入抵补产品生产过程中的各项支出,才能确定盈利,因此在企业成本管理中,生产成本的控制是一项极其重要的工作。生产成本法是目前世界各国普遍采用的一种成本计算方法,用生产成本法计算成本时,只将生产经营过程中发生的直接材料费用、直接人工费用和制造费用计入产品成本,而管理费用、财务费用和销售费用不计入产品成本,而是作为当期费用直接计入当期损益。

六、生产成本管理

成本管理是指企业生产经营过程中各项成本核算、成本分析、成本决策和成本控制等一系列科学管理行为的总称。成本管理一般包括成本预测、成本决策、成本计划、成本核算、成本控制、成本分析、成本考核等职能。成本管理是企业管理的一个重要组成部分,它要求系统而全面、科学和合理,它对于促进增产节支、加强经济核算、改进企业管理、提高企业整体成本管理水平具有重大意义。

其目的在于充分动员和组织企业全体人员,在保证产品质量的前提下,对企业生产经营过程的各个环节进行科学合理的管理,力求以最少生产耗费取得最大的生产成果。

进行成本管理应该实行指标分解,将各项成本指标层层落实,分口分段地进行管理和考核,使成本降低的任务能从组织上得以保证,并与企业和部门的经济责任制结合起来。

总之,生产成本管理决策系统把化工企业的生产成本分解到车间班组,企业决策者可通过该系统更科学地组织生产和经营,并以此为基础制定出与产品质量和成本相联系的分配制度。

第三节　化工企业生产成本控制

引导案例 7-2　百安居——节俭的精细化哲学

对于一些直接的、显性的成本项目,"每一项费用都有年度预算和月度计划,财务预算是一项制度,每一笔支出都要有据可依,执行情况会与考核挂钩,"卫哲(百安居总裁)说。

"员工工资、电费、电工安全鞋、推车修理费、神秘顾客购物……",5月份的营运报表上记录着137类费用单项。其中,可控费用(人事、水电、包装、耗材等)84项,不可控费用(固定资产折旧、店租金、利息、开办费摊销)53项。尽管单店日销售额曾突破千万元,营运费用仍被细化到几乎不能再细化的地步,有的甚至单月费用不及100元。

每个月、每个季度、每一年都会由财务汇总后发到管理者的手中,超支和异常的数据会用红色特别标识,管理者会对报告中的红色部分相当留意,在会议中,相关部门需要对超支的部分做出解释。

预算只能对金额可以量化的部分进行明确的控制,但是如何实施,以及那些难以金额化的部分怎么降低成本呢?百安居的标准操作规范(SOP)将如何节俭用制度固化下来,取得了良好的效果。

一套成型的操作流程和控制手册在百安居被使用,该手册从电能、水、印刷用品、劳保用品、电话、办公用品、设备和商店易耗品八个方面提出控制成本的方法。比如将用电的节俭规定到了以分钟为单位,如用电时间控制点从7:00到23:30,依据营业、配送、春夏秋冬季和当地的日照情况划分为18个时间段,相隔最长的7h,相隔最短的仅有2min。

"我们希望所有员工不要混淆'抠门'与'成本控制'的关系,原则上,'要花该花的钱,少花甚至不花不该花的钱',我们要讲究花钱的效益",《营运控制手册》的前言部分如此写道。而且"降低损耗,人人有责"的口号随处可见。这种文化的灌输从新员工入职培训时就已经开始,并且常常在每天晨会中不断灌输、强化。

思考分析:百安居的节俭对我们有什么启示?

(资料来源:百度文库)

一、成本控制概念

(一)成本控制的含义和内容

成本控制是对企业生产经营过程中发生的各种耗费进行控制。它有广义和狭义之分。

广义的成本控制就是成本经营,强调对企业生产经营的各个环节和方面进行全过程的控制。广义的成本控制包括成本预测、成本计划、成本日常控制、成本分析和考核等一系列环节。

狭义的成本控制也称成本的日常控制,主要是指对生产阶段产品成本的控制,即运用一定的方法将生产过程中构成产品成本的一切耗费限制在预先确定的计划成本范围内,然后通过分析实际成本与计划成本之间的差异,找出原因,采取对策以降低成本。

成本控制按照成本形成的过程可分为事前成本控制、事中成本控制和事后成本控制；成本控制按照成本费用的构成可分为生产成本控制和非生产成本控制。

成本控制的过程是运用系统工程的原理对企业在生产经营过程中发生的各种耗费进行计算、调节和监督的过程，同时也是一个发现薄弱环节，挖掘内部潜力，寻找一切可能降低成本途径的过程。科学地组织实施成本控制，可以促进企业改善经营管理，转变经营机制，全面提高企业素质，使企业在市场竞争的环境下生存、发展和壮大。

（二）成本管理控制目标

在企业发展战略中，成本控制处于极其重要的地位。如果同类产品的性能、质量相差无几，决定产品在市场竞争的主要因素则是价格，而决定产品价格高低的主要因素则是成本，因为只有降低了成本，才有可能降低产品的价格。成本管理控制目标必须首先是全过程的控制，不应仅是控制产品的生产成本，而应控制的是产品寿命周期成本的全部内容。实践证明，只有当产品的寿命周期成本得到有效控制，成本才会显著降低；而从全社会角度来看，只有如此才能真正达到节约社会资源的目的。

1. 成本动因不只限于产品数量

要对成本进行控制，就必须先了解成本为何发生，它与哪些因素有关，有何关系。对于直接成本（直接材料和直接人工），其成本动因是产品的产量，按产量进行这部分的分配是毫无疑问的。如何有效地控制成本，使企业的资源利用达到最大的效益，就应该从作业入手，力图增加有效作业，提高有效作业的效率，同时尽量减少以至于消除无效作业，这是现代成本控制各方法的基础理念，其他各种概念都是围绕其开展的。

2. 成本的含义变得更为宽泛

传统的产品成本的含义一般只是指产品的制造成本，即包括产品的直接材料成本、直接人工成本和应该分摊的制造费用，而将其他的费用放入管理费用和销售费用中，一律作为期间费用，视为与产品生产完全无关。因此，广义的成本概念，既包括产品的制造成本（中游），还包括产品的开发设计成本（上游），同时也包括使用成本、维护保养成本和废弃成本（下游）的一系列与产品有关的所有企业资源的耗费。相应地，对于成本控制，就要控制这三个环节所发生的所有成本。

3. 成本节省到成本避免

传统的成本降低基本是通过成本的节省来实现的，即力求在工作现场不浪费资源和改进工作方式，以节约将发生的成本支出，主要方法有节约能耗、防止事故、以招标方式采购原材料或设备。这是企业的一种战术的改进，属于降低成本的一种初级形态。高级形态的成本降低需要企业在产品的开发、设计阶段，通过重组生产流程，来避免不必要的生产环节，达到成本控制的目的，是一种高级的战略上的变革。

4. 时间是一个重要的竞争因素

在价值链的各个阶段中，时间都是一个非常重要的因素。很多行业的各项技术的发展变革速度已经加快，产品的生命周期变得很短。企业能将产品及时地送到顾客手中是第一步，更重要的是对顾客的意见采取及时的措施，使顾客价值最大化。这样既可以获得市场，又可以随时掌握市场的动态。

(三) 成本控制的基本原则

1. 全面介入的原则

全面介入原则是指成本控制的全部、全员、全过程的控制。全部控制是对产品生产的全部费用要加以控制，不仅对变动费用要控制，对固定费用也要进行控制。全员控制是要发动领导干部、管理人员、工程技术人员和广大职工建立成本意识，参与成本的控制，认识到成本控制的重要意义，才能付诸行动。全过程控制，是对产品的设计、制造、销售过程进行控制，并将控制的成果在有关报表上加以反映，借以发现缺点和问题。

2. 例外管理的原则

成本控制要将注意力集中在超乎常情的情况。因为实际发生的费用往往与预算有上下，如发生的差异不大，也就没有必要一一查明其原因，而只要把注意力集中在非正常的例外事项上，并及时进行信息反馈。

3. 经济效益的原则

提高经济效益，不单是依靠降低成本的绝对数，更重要的是实现相对的节约，取得最佳的经济效益，以较少的消耗，取得更多的成果。

二、成本控制的技术

1. 分级分口成本控制责任制

它是以单位为主体，把单位、车间、班组的成本控制结合起来，以财务部门为主，把生产、技术、劳动、原材料、各种机械设备和质量监督等部门的成本控制结合起来。

分级控制是从纵的方向把成本计划指标按所属范围逐级分解落实到车间、班组，班组再把指标落实到个人。

分口控制是从横的方向把成本计划指标按性质落实到各职能科室，每个职能科室又将指标分解落实到具体职能人员。

这样就形成了企业的成本控制网络。

2. 成本记录报告制度和成本指标考核制度

各部门要设置成本账卡资料，班组要有完成任务的日、周、月记录，并编制成本报表和进行成本分析报告，对各级、各部门和班组的降低成本指标完成情况，实施技术组织措施计划的经济效果等进行考核，辅以必要的奖惩，使之制度化。

三、成本控制的方法

(一) 间接成本采用指标分解归口管理的方法

即按计划指标特定的用途分解为若干明细项目，确定其开支指标，分别由各级有关归口部门管理。为便于日程掌握和开支费用支出，可设立管理费用开支手册，一切费用开支前都要经过审批，批准后才能开支。凡超标准、违反成本开支范围的费用都要予以抵制。财务部门每月要监督检查计划执行情况，以促进节约，避免浪费。

(二) 直接成本控制方法

除要控制材料采购成本外，最基本的是在化工生产过程中，落实技术组织措施，把实际发生的人工、原材料、半成品、设备折旧等费用与生产预算中各相应部分的目标成本进行比对分析，及时发现差异或预计其趋向，并找出差异发生的因素和主客观原因，采取有效措施加以改正或预防，保证按成本计划支出或节约生产费用。为此，需要制定如下的报表。

1. 成本记录报表

它是实际成本形成过程中有关费用的记录报表，如工人工资、原材料、半成品、设备折旧和维修等，按日、周、月和产品完成时进行累计。成本数据记录要及时准确，记录方式最好采用电算系统处理方式。

2. 成本报告书（成本完成情况报告书）

一般分日、周、月和产品完成报告。日、周报告由班组长做出，及时报告成本上的重要事项。月报告又称月结成本报告，它是生产进度概况和月成本。在月成本报告中，必须进行成本分析和预测，找出差异，分析原因，迅速采取措施加以改正和预防。这一分析预测可借助分项成本分析表和最终费用盈亏预测表。产品的完成报告是由车间负责人做出的，它和财务部门所做的产品预算报告是有区别的。产品的完成报告除了有详细的金额外，还必须把与生产过程有关的成本是如何发生的作为重点写清楚。

四、成本控制的其他方法

（一）作业成本控制

作业成本控制，又称作业成本法（activity-based costing，ABC），是以作业为基础计算和控制产品成本的方法。其基本理念是产品消耗作业，作业消耗资源，生产导致作业发生，作业导致间接成本的发生。作业是产品和间接成本的纽带。

在作业成本法下，将间接费用和直接费用都视为产品消耗作业而付出的代价。对于直接费用的确认和分配，作业成本法与传统的成本计算方法一样，但对于间接费用的分配，则与传统的成本计算方法不同，在作业成本法下，间接费用分配的对象不再是产品，而是作业。分配时，首先根据作业中心对资源的耗费情况将资源耗费的成本分配到作业中心去；然后再将上述分配给作业中心的成本按照各自的成本动因，根据作业的耗用数量分配到各产品中。作业成本法下，对于不同的作业中心，由于成本动因的不同，使得间接费用的分配标准也不同。

（二）质量成本控制

质量成本，是指企业为保持或提高产品质量所支出的一切费用，以及因产品质量未达到规定水平所产生的一切损失。

1. 质量成本的构成

质量成本包括两方面的内容：一是预防和检验成本；二是损失成本。

预防和检验成本由两部分成本构成：预防成本和检验成本。预防成本，是指为保证产品质量达到一定水平而发生的各种费用；检验成本，是指为评估和检查产品质量而发生的费用。

损失成本包括内部质量损失成本和外部质量损失成本两部分。内部质量损失成本，是指生产过程中因质量问题而发生的损失成本，包括产品在生产过程中出现的各类缺陷所造成的损失，以及为弥补这些缺陷而发生的各类费用支出。外部质量损失成本，是指产品销售以后，因产品质量缺陷而引起的一切费用支出。

与质量有关的预防和检验成本以及损失成本是两类具有不同性质的成本。预防和检验成本属于不可避免成本，随着产品质量的不断提高，这部分成本将会不断增大；损失成本则属于可避免成本，随着产品质量的不断提高，这部分成本将逐渐降低。产品质量的高低通常以产品的合格率来表示。

2. 质量成本控制程序

① 确定最优质量成本，并以此作为质量成本控制的总目标。
② 建立健全质量成本管理的组织体系。
③ 坚持预防为主的方针。
④ 计算和分析质量成本差异。

3. 最佳质量成本模型

最优质量成本可参考合理比例法进行。合理比例法是根据质量成本各项目之间的比例关系，确定一个合理的比例，从而找出质量水平的适宜区域。

五、生产成本分析

（一）成本分析的含义

成本分析是成本管理的重要组成部分，其作用是正确评价企业成本计划的执行结果，揭示成本升降变动的原因，为编制成本计划和制定经营决策提供重要依据。

（二）成本分析的任务

① 正确计算成本计划的执行结果，计算产生的差异。
② 找出产生差异的原因。
③ 正确对成本计划的执行情况进行评价。
④ 提出进一步降低成本的措施和方案。

（三）成本分析的原则

① 全面分析与重点分析相结合的原则。
② 专业分析与群众分析相结合的原则。
③ 纵向分析与横向分析相结合的原则。
④ 事后分析与事前、事中分析相结合的原则。

（四）成本分析的主要内容

1. 直接人工成本分析

影响人工费节约或超支的主要因素有两个，即工日差（实际耗用工日与预算工数的差异）和日工资单价差（实际日平均工资与预算定额的日平均工资的差异）。据此可进一步分析工日利用情况、劳动组织等情况，工人平均等级变动、各种基本工资变动，以及工资调整等情况，通过这样的途径来寻找节约人工费的途径。

单位产品所耗工时变动的影响＝（实际工时－标准工时）×计划每小时工资成本

每小时工资成本变动的影响＝实际工时×（实际每小时工资成本－计划每小时工资成本）

2. 材料费用的分析

这是指根据预算的材料分析与实际材料以及地区材料预算价格来进行比较分析。影响材料节超的主要原因是：量差（即材料的实际耗用量同预定额用量的差异）和价差（即材料的实际单价与预算单价的差异）。通过分析，可以找出是材料发放管理上、个人操作上、材料代用上等方面的原因，还是材料原价、运输、采购及保管费等方面变动的原因，从而进一步挖掘节约材料的潜力，降低材料费用。

3. 设备使用费分析

化工生产计算成本时，通常把设备的使用折旧费（大型设备使用期限 5～10 年）、维修保养的费用分摊到各个工序中去。

4. 生产管理费用分析

通常可把生产管理费的实际发生费与预算收入数，或与计划支出数进行比较分析。为了详细了解管理费节超的原因，还应按各个费用项目比较分析。

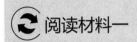

易飞化工的成本管理

一、化工行业成本管理的重点与常见的困扰

1. 成本核算与分析

精细化工行业成本核算难度大、程序复杂、月末在制不易控制。产出结果随着温度、压力、湿度等生产条件的改变而变化，有时每一道工序都有产品产出；有些是一个炉里同时产出多个产品，有联产品、副产品或者中间产品；有些产品还需要经过冷却或者压缩等后续工序。精细化工行业的产品特点决定了它的产品成本核算的复杂性。

精细化工行业普遍用到的原料有燃料、动力和各种矿石等，这些原料基本都有水分含量、挥发度、纯度的问题，如何正确核算这些原料的投入成本和标准用量是困扰企业管理的重要因素。

2. 包装方式灵活，需要同时记录多种计量单位

商品于仓库存放中或销售时可能需要同时记录不同包装方式的数量，还会出现同一种商品有多种包装计量单位的情况，对于销售的统计或是成本的计算都增加了一定的难度。

3. 运输费用的管理与核算

精细化工企业成品，大宗原料如海盐、煤炭、矿石大都通过火车、专用槽罐车、轮船运输，有时是火车、货车、轮船联运，运费占原料的采购成本及销售成本的比例较大，由于涉及的货运公司与原料供应商或客户不同，存在代付、代收运费或者只转发票等各种不同状况，有时还涉及运输单和车号的管理。而且大部分运输单（运费）都是滞后的，在结算出运费之前原料的进货成本与产品的销货成本将无法处理。

4. 原料、动力、产品的计量管理

大宗原料的计量基本是以过磅数减去车辆自重从而得出货物的重量，而实际状况是有时是火车运输，有时是汽车运输，所以基本很难准确计量。

有些液体或者气体都是以管道计量的，有些黏稠度比较高的液体，管道计量也不准确，所以很多时候是根据产品的产量倒推计算原料的投入。

不能非常准确地进行实物盘点。有些大宗原料，比如焦炭、石灰石等，都是在空旷的场地上堆放，实物盘点时，基本上是按照体积大概估算数量，所以不能准确地进行实物盘点，存在于管道中的物料或者炉内的物料也很难盘点。

化工行业还有许多产品有特性参数。例如许多原料或产品有水分、发气量、等级等质量的区别，甚至有些产品的数量最后还要换算成国家标准计量单位或者行业标准计量单位。

5. 固定资产管理和设备管理

精细化工企业的固定资产种类繁多，管理困难。

二、易飞的解决方案说明

精细化工企业的产品与原料品种少，产品配方简单，原料及成品物料计划因而也相对容易控制；化工行业生产现场自动化水平高，生产线专用性强，不存在离散行业加班、换线等问题，所以车间控制也不是 ERP 系统控制的重点。但精细化工企业在联产品处理、副产品处理、包装、运输费用、固定资产、在建工程、物料计量、设备备件、批次追踪、成本计算等方面有很强的特性，也是化工企业的管理难点。

1. 完善的联、副产品的处理

联产品、副产品是精细化工行业最常见的产出形式，在易飞 ERP 管理系统中，客户在下达生产任务时，可以指定最终成品对应的一个或者多个联产品并设置其与主产品的成本分摊比例，系统在计算工单成本时会自动将生产成本在联产品与主产品之间分摊。

若生产过程中产生副产品，客户可以在主产品 BOM 中将副产品作为次阶组成原料处理（组成用量为负数，且设定副产品的单位成本），易飞 ERP 在计算工单成本时会先扣除副产品成本，再计算主产品、联产品成本。

2. 包装方式灵活，可以同时记录多种计量单位

易飞 ERP 系统提供了三种数量表达方式：单一单位、双单位、制造双单位，同时还提供换算单位，可以完善解决记录交易及库存存货多单位的问题。

3. 运输费用处理

运输费用的控制在精细化工企业始终伴随原料的采购与产品的销售过程，易飞 ERP 系统应收、应付系统提供多种往来账来源，其中包含运输费用。客户可以将运输费用单据对应每批次的采购进货或者销售出库，便于与供应商或者客户核对往来，同时提供标准往来账款分类账。

4. 产品成本计算

为符合精细化工行业成本计算的特点，易飞 ERP 系统提供分步兼分批成本计算方法，客户可以依据行业特点自行设置是否计算月末在制；同时系统支持标准成本制，在成本计算结束后，系统提供价差、量差等多种角度的差异分析。

客户可以在易飞 ERP 中将包装前的液体产品与包装物各自单独编制料号，同时建立液体成品与不同包装物组合而成的最终成品 BOM，业务部门在接单时若能确定客户的包装方式，可以通过 SKD（散件接单）方式处理，客户提货时通过易飞 ERP 的提货单分别展开。

（资料来源：谷歌中国）

阅读材料二

疫情之下，企业该如何面对严峻挑战

2020年春节期间，新型冠状病毒肺炎疫情迅速向全国蔓延。全国上下共同抗击疫情，为此采取了多项防控措施。疫情不仅对人民的生命安全造成巨大威胁，也给中国经济运行带来了巨大影响。做企业总是和各种不确定性打交道，特别是当下既要与疫情做斗争，还要面对潜在的经济下行压力，着实不易。面对疫情，企业该如何应对？

1. 树立信心，有勇气并积极应对危机

疫情带来的影响的确让人焦虑，但如果环境成为一种经营条件，企业经营者就需要正视现实，无论面对什么危机，信心比黄金还要珍贵。调整好心态，积极地投入到企业的自救工作中去，而不是怨天尤人或消极等待。不同的态度会产生截然不同的自救结果，等疫情结束后，那些准备充分、不怨天尤人的企业势必能够快速恢复到正常经营中，甚至获得超出疫情之前的发展成果；而那些陷入恐慌，只是抱怨与消极等待的企业，则可能就此一蹶不振。

2. 从老板开始，建立全员成本意识

成本控制成功的关键在于建立全员成本意识。没有全员的共识，各项成本是无法管理的，会到处漏水。只有建立了这样的意识，各种方案才能实施。遇到现金短缺的时刻，所有管理者的方案都是增收节支。增收和节支两手都要抓，但增收谈何容易，市场竞争如此激烈，短期见效可能性不是太大。而只要自己努力，强化管理控制，成本很容易就降下来了。

如何建立全员的成本意识呢？可从以下几个方面着手实施。一是在员工的培训教育中强化成本观念。加强成本费用控制，首要的工作在于提高广大职工对成本费用控制的认识，增强成本观念，充分认识到成本与收益的密切关系；贯彻生产与管理并重的原则，向全体职工进行成本意识的宣传教育，培养全员成本意识；同时向员工宣传组织的成本理念，使每个员工都能理解组织的命运和自己的命运是相互联系的，形成"视公司为家"的态度。二是树立现代成本意识。现代成本意识是指企业管理人员十分重视成本管理和控制工作，不受"成本无法再降低"的传统思维定式的束缚，充分认识到企业成本降低的潜力是无穷无尽的，然而这种降低必须建立在维护企业效益的基础上，因此必须是"有计划、有组织的"。扩展成本控制的范畴，以管理部门牵头，扩展到设计、生产、供应等部门，要求每个部门、每位员工都树立良好的成本意识，形成贯穿整个企业的"组织化成本意识"；同时提高成本控制的定位，将成本控制的理念向决策领域渗透，从选择项目的种类、规模时就注入成本观念，确立具有长期发展性的"战略性成本意识"。三是建立企业的节约文化。企业文化是企业发展强大的内在驱动力，从某种意义上说，现代企业的竞争，归根到底就是企业文化的竞争。

建立全员成本意识，更重要的是从老板开始，如果老板不以身作则，不反复强调，不建立成本控制的体系，整个企业成本管理一定非常混乱，也不容易成功。华人世界的首富李嘉诚，一块普通的电子表一戴就是20多年，相信其旗下的企业成本控制也会非常出色。

另外，还要认识到成本管理是把双刃剑。2010年2月10日，丰田在全球范围内对43.7763万辆安全气囊存在隐患的汽车作召回处理，丰田的掌门人丰田章男被迫到美国国会接受听证调查。究竟是什么原因让丰田不得不进行大规模的召回，蒙受巨额的经济损失和难以挽回的声誉损失呢？深究下去，召回门的灾难竟然在其引以为傲的成本管理。随着经济的变迁，美日汽车几乎同时陷入成本泥潭。因为难以解决成本高企的问题，美国的三大汽车公司连年巨亏不止，并在金融危机期间被收购或者国有化。日本汽车则有所不同，"成本杀手"让日系企业不仅走出经营困境，还在美国汽车衰落之际，攻城拔寨：先是戈恩空降日产，完成了"不可能完成的任务"，让日产扭亏为盈；接着渡边捷昭成为丰田总裁，"拧干毛巾上的最后一滴水"，大力削减成本，让丰田公司在产值不占优势的情况下，利润超过美国三大汽车公司之和。2008年和2009年，力压通用，成为全球的销售冠军。但是让丰田汽车风光无限的绝招"降低成本"也是一把双刃剑，因为国内制造成本高企，为了降低成本，丰田被迫选择全球化的供应体系，这极大地增加了成本控制的难度，这次召回门的直接问题零件——油门踏板就是印度生产的；"拧干毛巾上的最后一滴水"，过于强调成本降低，在逐层下达中更加偏执，挫伤了基层的积极性和活力，导致了对质量的忽视。因此，中国企业要更加谨慎地经营，认识到成本管理是把双刃剑，在把握好质量的情况下，再进行成本的控制，不要只看到眼前的利益，而忽略企业长久的发展。

最后需要说明两点，一是严控成本的本质是提高效率。控制成本对于任何一个公司都非常重要，但其根本目的和出发点是提高效率。片面地以低成本为目标，可能会熬过一时的危机，但无法在未来的竞争中立足。只有以提高效率为目标，才能在危机中保持长久的战斗力。二是企业还应该具备持续创新的能力。对于一家企业，创新的本质就是发现问题、解决问题，并从中找到发展机会。这既是企业的社会职能，也是企业不断进步的动力。回顾历史，成功越过危机的企业都拥有持续创新的能力。危机是一场考验，是推动反思的终极命题，是企业价值、模式和生长潜力的试金石。不论非典还是新冠肺炎，灾难本身不会利好任何事情，但能够在危机中发现问题，并找到解决之道，无疑就能拥有更好的生存优势。要坚持用全面、辩证、长远的眼光分析当前经济形势，努力在危机中育新机、于变局中开新局。

（资料来源：搜狐）

课后练习题

A公司是一个化工生产企业，生产甲、乙、丙三种产品。这三种产品是联产品，本月发生联合生产成本5750000元。该公司采用售价法分配联合生产成本。由于在产品主要是生产装置和管线中的液态原料，数量稳定并且数量不大，在成本计算时不计算月末在产品成本。产成品存货采用先进先出计价。本月的其他有关数据见表7-2。

表7-2 本月的其他有关数据

项目	甲	乙	丙
月初产品成本/元	39600	161200	5100
月初产成品存货数量/kg	18000	52000	3000

续表

项　　目	甲	乙	丙
销售量/kg	650000	325000	150000
生产量/kg	700000	350000	170000
单独加工成本/元	1050000	787500	170000
产成品售价/元	4	6	5

注：这里的产成品售价是指在分离点上的售价。

要求：分配本月联合生产成本，确定月末产成品存货成本。

课后思考题

1. 成本控制的基本原则是什么？
2. 成本分析的方法有几种？
3. 生产成本构成要素有哪些？如何计算生产成本？
4. 物色一家经济效益较好的化工企业，了解它的利润与成本之间的关系。根据你的调查分析，看能否在成本控制上再进一步改进措施？

第八章
市场营销

 引导案例 8-1　奥运会是如何变成摇钱树的？

　　1984年以前的奥运会主办国，几乎是指定的。对举办国而言，往往是喜忧参半。能举办奥运会，自然是国家民族的荣誉，也可以乘机宣传本国形象，但是以新场馆建设为主的巨额投入，又将使政府负担巨大的财政赤字。1976年加拿大主办蒙特利尔奥运会，亏损10亿美元，预计这一巨额债务到2003年才能还清。1980年，苏联莫斯科奥运会总支出达90亿美元，具体债务更是一个天文数字。奥运会几乎变成了为"国家民族利益"而举办，赔老本已为奥运定律。最好的自我安慰就是：有得必有失！

　　直到1984年洛杉矶奥运会，美国商界奇才尤伯罗斯接手主办奥运会，运用他超人的创新思维，改写了奥运营销的历史，不仅首度创下了奥运史上第一巨额盈利记录，更重要的是建立了一套"奥运营销学"模式，为以后的主办城市如何运作提供了样板。

　　鉴于其他国家举办奥运会的亏损情况，洛杉矶市政府在得到主办权后即作出一项史无前例的决议：第23届奥运会不动用任何公用基金。因此而开创了民办奥运的先河。

　　尤伯罗斯接手主办奥运会后，发现组委会竟连一家皮包公司都不如，没有秘书、没有电话、没有办公室，甚至连一个账号都没有。一切都得从零开始，尤伯罗斯决定破釜沉舟。他以1060万美元的价格将自己的旅游公司股份卖掉，开始招募雇佣人员，把奥运会商业化，进行市场运作。

　　第一步，开源节流

　　尤伯罗斯认为，自1932年洛杉矶奥运会以来，规模大、虚浮、奢华和浪费成为时尚。他决定想尽一切办法节省不必要的开支。首先，他本人以身作则不领薪水，在这种精神感召下，有数万名工作人员甘当义工；其次，沿用洛杉矶现成的体育场；第三，把当地的三所大学宿舍作奥运村。仅后两项措施就节约了数十亿美金。

　　第二步，声势浩大的"圣火传递"活动

　　奥运圣火在希腊点燃后，在美国举行横贯美国本土的1.5万公里圣火接力跑。用捐款的办法，捐出钱就可以举着火炬跑上一程。全程圣火传递以每公里3000美元出售，1.5万公里共售得4500万美元。尤伯罗斯实际上是在卖百年奥运的历史、荣誉等巨大的无形资产。

　　第三步，狠抓赞助、转播和门票三大主要收入

　　尤伯罗斯出人意料地提出，赞助金额不得低于500万美元，而且不许在场内包括其高空做商业广告。这些苛刻的条件反而刺激了赞助商的热情。一家公司急于加入赞助，甚至还没有弄清所赞助的室内赛车比赛程序如何，就匆匆签字。尤伯罗斯最终从150家赞助商中选定30家。此举共筹到1.17亿美元。

　　最大的收益来自独家电视转播权转让。尤伯罗斯采取美国三大电视网竞投的方式，结果，美国广播公司以2.25亿美元夺得电视转播权；尤伯罗斯又首次打破奥运会广播电台免

费转播比赛的惯例，以 7000 万美元把广播转播权卖给美国、欧洲及澳大利亚的广播公司。

门票收入通过强大的广告宣传和新闻炒作，也取得了历史最高水平。

第四步，出售本届奥运会吉祥物山姆鹰为主的标志及相关纪念品

结果，在短短的十几天内，第 23 届奥运会总支出 5.1 亿美元，盈利 2.5 亿美元，是原计划的十倍。尤伯罗斯本人也得到了 47.5 万美元的红利。

在闭幕式上，国际奥委会主席萨马兰奇向尤伯罗斯颁发了一枚特别的金牌，报界称此为"本届奥运最大的一枚金牌"。

（资料来源：赖丹声主编，《谁能把斧子卖给总统》）

第一节 市场营销的含义

一、市场的含义

一般人所谓的"市场"，是指买卖双方交易的场所，且多半指在某一特定场所，在那里可能有"许多产品"在进行交易。例如：我们所熟悉的菜市场、小商品市场等。而从企业营销角度来讲，一种是市场对某种商品或服务的具有支付能力的需求，另一种是对某项商品或服务具有需求的所有现实的和潜在的购买者。通常我们可以用下面的公式对市场进行分析：

市场＝人口＋购买力＋购买欲望

其中人口是构成市场的最基本要素，购买力是消费者的支付能力，购买欲望是消费者购买商品的动机、愿望和需求。

当以上三个要素同时具备时，该市场就是现实市场；而当后两个要素不能同时具备时，就只能称其为潜在市场。一旦具备这个条件，则潜在市场就可转化为现实市场。

运用此公式，营销人员就可以简便有效地分析本企业产品现实的和潜在的需求状况，对正确地制定营销决策具有重要意义。

那么如何才能发现潜在的市场呢？又如何使潜在的市场变成现实市场呢？

【案例 1】 鞋的故事

一家跨国鞋业公司派一名高级经理到一个非洲国家，去了解公司的产品能否在那里找到销路。一个星期后，这位职员打电报回来说："这里的人不穿鞋，因而没有市场。"

鞋业公司总经理于是派第二个推销员到这个国家，去进行仔细调查，一周后，推销员打电报回来说："这里的人不穿鞋，但对我们公司来说是一个巨大的市场。"

鞋业公司总经理决定派遣最优秀的推销员到这个国家，一周后，这个推销员写了长达 20 页的市场调查报告传真给公司，同时要求公司按照他丈量的尺寸和型号快速制造一批样品鞋发过来，以便打开市场。原来这个国家的人从来不穿鞋，脚多少都有点变形了。

分析：你怎样看这个问题？说明理由。

二、市场营销的含义

美国著名的营销学者菲利浦·科特勒对市场营销的核心概念进行了如下的描述："市场营销是个人或群体通过创造，提供并同他人交换有价值的产品，以满足各自的需要和欲望的一种社会活动和管理过程。"在这个核心概念中包含了：需要、欲望和需求；产品和提供物；

价值和满意；交换和交易；关系和网络；市场；营销和营销者等一系列的概念。

三、市场营销的作用

科特勒教授曾说：营销是企业成功的关键因素。

市场营销作为企业管理的后起之秀，先后被不同的行业所采用，并且都受益匪浅。随着现代市场经济的发展，市场营销又被一些非营利部门如学校、医院、社会组织等部门所采用。由此可见，市场营销在现代生活中是必不可少的。

第二节 市场经营理念

市场经营理念是企业的经营哲学，是企业的经营指导思想。市场经营理念从非理性到理性经历了漫长的时间，在这一进程中先后出现了几种主要的经营理念。

一、传统的经营理念

1. 掠夺式经营理念

在市场经营中把消费者看成掠夺对象，采取坑蒙拐骗的方式谋取钱财。以"宰客"为特征的掠夺式经营理念，在商品经济还不占主体地位的时候就已出现。

2. 生产导向理念

市场经营重点在于关注生产规模的扩张、产品数量的增长，"会做什么就生产什么"成为生产经营决策者的主导认识。

3. 产品导向理念

经营者认识到消费者总是喜欢性能优、质量高、有特色的产品和服务。企业所关注的重点逐步从产量转移到产品的性能、质量和特色上。

4. 推销导向理念

企业所关注的重点从生产领域转移到流通领域，"卖难"成为令经营者最为头痛的问题。如何尽快把产品销售出去的推销导向理念应运而生，"企业推销什么，顾客就买什么"是其基本特征，经营者相信"产品是被企业卖出去的，而不是被顾客买去的"。

二、现代市场经营理念

1. 营销导向理念

以消费者为中心，从消费者需求出发，把消费者的需求作为设计产品和服务的基础。其表现为："看顾客而不是看产品"；"顾客需要什么，就生产什么，就销售什么"；"生产能售出的产品，而不是出售能生产的产品"。市场经营的任务首先是发现需求，再根据企业能力生产出适销对路的产品和服务去满足顾客需求。

2. 社会营销导向理念

以消费需求为基础，以履行社会责任为前提，在企业能力范围内进行营销活动，这就是社会营销理念的基本内容。20世纪70年代以来，社会市场营销理念逐步成为许多企业的经营指导思想，如图 8-1 所示。

社会市场营销导向理念，把企业利益与消费者利益、社会利益结合起来进行市场运作，考虑了可持续发展的要求。此时，利润不再是企业市场运作的目的，企业的目标是在自己能力范围内，以社会利益为前提，最大限度满足顾客需求，利润不再是目标而只是结果。利润是企业为社会提供产品和服务，社会对这种产品和服务满意程度所投的"信任票"。市场经营不再只是一方获利，而是买卖双方互利的交换，即"双赢游戏"，这种"双赢"还会导致消费者、企业和社会各方面"多赢"的结果。

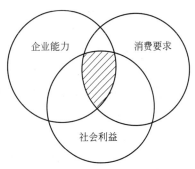

图 8-1 社会营销导向理念企业经营活动图

综上所述，市场经营理念在实践中不断进化，已经历了六个阶段，如图 8-2 所示。

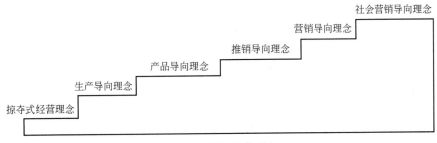

图 8-2 市场经营理念

三、关系营销理念

关系营销这一理念是 1983 年由美国学者首先引入文献的，1985 年巴巴拉·杰克逊在产业市场营销领域提出这个概念。1994 年营销学者将其扩大到与企业营销活动相关的所有个人和组织。认为企业营销乃是一个与顾客、竞争者、供应商、分销商、政府机构和社会组织发生互动作用的过程，正确处理这些关系是企业营销的核心和成败的关键。

关系营销要求企业在进行营销活动时，必须注意以下几点。

1. 与顾客保持良好的关系

【案例 2】 汽车销售大王乔·吉拉德 250 定律：不得罪一个顾客

在每位顾客的背后，都大约站着 250 个人，这是与他关系比较亲近的人：同事、邻居、亲戚、朋友。如果一个推销员在年初的一个星期里见到 50 个人，其中只要有两个顾客对他的态度感到不愉快，到了年底，由于连锁影响就可能有 5000 个人不愿意和这个推销员打交道，他们知道一件事：不要跟这位推销员做生意。这就是乔·吉拉德的 250 定律。由此，乔得出结论：在任何情况下，都不要得罪哪怕是一个顾客。

2. 学会与同行合作，达到双赢

在传统市场营销中，同行是冤家，任何一家企业要想在竞争中取胜，都要不择手段，最后是两败俱伤。而关系营销理论则认为，同行之间存在合作的可能，并且可以通过合作、并购，更快地实现其目标。

【案例3】 阿里巴巴：未雨绸缪的典型

中国互联网10年历史上的最大一宗并购案，阿里巴巴、淘宝网、雅虎中国门户网站、一搜、3721、一拍网，这些名声赫赫的公司从2005年8月11日起被收入一家公司名下，形成一个让任何一个竞争对手望而却步的强大阵营。而导演这宗并购案的正是世界互联网巨头雅虎和有"中国eBay"之称的阿里巴巴。

阿里巴巴未来发展的目标就是搭建一个包括电子商务、门户、搜索、即时通信、电子邮件、网络实名等在内的互联网矩阵，几乎囊括了目前互联网领域内所有的当红业务。除主营业务外，完成收购后的阿里巴巴客观上还具备了将业务触角向其他领域延伸的优势，对三大门户网站等都可能构成潜在威胁。阿里巴巴不仅有计划周详的业务战略目标，对企业文化整合的重视更是前所未有，文化整合甚至成为业务可为之让步的重点。

阿里巴巴在整合之前对双方企业文化已经有了明晰的分析评估。在文化差异上，阿里巴巴更加注重战略，而雅虎更加注重战术。阿里巴巴的文化具有鲜明特色，更加热情、透明、简单，并且在实践中不遗余力地落实自己的价值观。由于雅虎目前很多员工来自3721的旧部，此前雅虎还没有对这些员工进行完全的整合，因此文化上的复杂性和不稳定性更大。但他们之间也有很多相似的地方：现在雅虎的员工以3721留下来的人为主，他们在本质上具有创业精神，这点和阿里巴巴相似。因此新阿里巴巴企业文化定位于以阿里巴巴的企业文化为主导，突出双方共有的创业精神。

阿里巴巴CEO马云亲自导演设计的"相亲相爱一家人"大联欢在并购宣布之后即在杭州上演，阿里巴巴、淘宝、支付宝的员工和近700名在北京办公的雅虎中国员工身着印有阿里巴巴和雅虎LOGO的T恤相聚一堂。雅虎中国的员工亲身体会到了阿里巴巴文化的魅力。这场巨大的"秀"无疑既消除了外界的疑虑，又让阿里巴巴与雅虎的员工迅速产生激荡，从而相互了解，降低整合风险。事实上，在阿里巴巴与雅虎的谈判进入到实质性阶段的同时，阿里巴巴已经在计划让雅虎中国的中层以上的员工到杭州来参观的计划。这种未雨绸缪的精神实在是中国企业文化整合的楷模。

（资料来源：中证网）

3. 与政府和社会组织协调一致

企业是社会的一个组成部分，其活动必然要受到政府有关规定的影响和制约，在处理政府与企业的关系时，政府致力于维护市场秩序，企业在合法范围内拥有经营活动的全权，政府不进行干涉，如果企业与政府能够结成利益共同体，树立共存共荣的思想，那么政府就会全力扶持企业的发展，就会制定出使国家对营销活动调节合理化、避免相互矛盾、帮助营销人员创造和分配价值的政策。

第三节　市场营销环境

市场营销环境是指影响企业市场营销能力，决定其能否有效地维持和发展与目标顾客的交易及关系的所有力量的集合。根据这些外在参与者和影响力与市场营销能力的密切程度，市场营销环境分为宏观环境和微观环境。而企业作为社会的一个组成部分，它的存在和发展都离不开企业的内外部环境，这些环境会给企业带来机会或者威胁，或两者兼而有之。面对环境机会，经营者要善于分析和识别由于环境变化而带来的机会和威胁，并及时采取适当的对策，使之向有利于企业的方向转化。

市场环境既可能是市场营销的制约因素，又可能是机会因素。如果遇到环境威胁时，企业能准确权衡利弊，运筹得当，就可以避免环境威胁，有时甚至会带来生机，化害为利。

【案例 4】 化危为机

希尔顿先生是美国希尔顿饭店集团的创始人，20 世纪 20 年代，他以 5000 美元开始创业，最终把希尔顿饭店发展成庞大的饭店连锁集团。希尔顿先生正是很好地把握了经济危机周期的不同阶段，在危机和萧条时，低价收购有增值潜力的饭店，用自己的模式加以经营管理，再在景气和高涨阶段以高价出售。希尔顿先生正是通过把环境威胁转化为环境机会并通过资本运营做大公司的。

一、市场营销的宏观环境

市场营销的宏观环境是指那些给企业造成市场营销机会和形成环境威胁的外部因素。这些因素主要包括人口环境、经济环境、自然环境、科技环境、法律环境以及社会和文化环境。这些主要社会力量是企业不可控制的变量。

首先，政治环境及其影响。企业要做的就是适应社会政治环境，这样才利于企业的生存和发展。

【案例 5】 改变自己还是改变环境——透析安利改良实验

适当改变自己，争取改变环境，最终赢得市场——这是所有跨国公司努力的目标，而安利真的做到了。

2003 财政年度，安利（中国）日用品有限公司在中国市场上收获了一个大红包：80 亿元人民币的销售额！这一数字比上一财政年度增长了 20 亿元，使得中国首次成为安利在海外最大的市场。如果回顾 5 年来安利在中国走过的道路，80 亿元这个令安利（中国）额手称庆的数字就显得更加意味深长。

1998 年 4 月，中国政府下了一纸措辞严厉的传销禁令："传销经营不符合我国现阶段国情，已造成严重危害……此前已经批准登记的企业，应一律立即停止经营活动……"全面禁止传销（多层次直销）。由于传销与直销的相似性，以直销模式作为企业主要模式的安利受到极大的冲击。一夜之间，安利公司完全陷于停顿，内地 30 多个城市的分公司、上下千名员工立刻停止了工作，一停就达三个月之久。为了生存，有着 41 年历史的美国安利公司不得不对非常热爱的独特的直销方式进行彻底转型。

经过三年，转型成为"店铺＋推销员"方式销售产品的安利公司终于拿到了中国政府的批准文件。

转型之后，安利在中国开设了 100 多家专卖店，通过店铺产生的销售额占总销售额的三分之二。然而安利的店铺和普通的品牌专卖店截然不同，活跃于安利店铺的几乎都是自己的工作人员和销售代表。事实上，安利的店铺更像是安利转型的"广告牌"，确切地说，是安利以前分销中心的延续。

安利的计酬制度也按照有关规定进行了调整，鼓励个人的销售，取消小组计酬，所有销售人员按个人业绩获取报酬……

安利 1998 年以后在中国市场的成功，除了精心地调整销售策略，还有很重要的一点就是做出了非常符合中国口味的决策。中国是安利在全球唯一做广告的国家。安利把握住中国老百姓比较信任媒体的特点,重金聘请伏明霞、田亮等形象健康的代言人,在各省市和中央电视台重金投放广告。而雅芳投放在时尚杂志上的广告,其影响力远不如安利。

安利通过开一些店铺、做产品广告,反倒使品牌从地下跃升到地平线上,成为人所共知的品牌。路边的广告和店铺,提高了安利在人们眼中的地位,产品更加合法化,从而促成了销售的提升。"这其实加强了直销行业在中国的品牌效应",科特勒说。

为树立安利在中国政府眼中的正面形象,安利全球公司也下了不少工夫。中国入世谈判时,当时为美国商会会长的安利董事长史提·温安洛两度在国会发言中支持中国加入世贸组织及给予中国永久性正常贸易关系地位,而在美国国会将失业人口增长归因于中国制造业发展的言论高涨时,安利作为企业代表为中国企业澄清事实,美国前助理国务卿、安利公司总裁德·狄维士在近年来以每年4~5次的频率造访中国。

经过5年的努力,安利在中国的业务高歌猛进,很多产品由于原料周期或生产超负荷而供不应求。安利的"纽崔莱"营养品是目前中国最畅销的营养保健品,占安利销售额的60%左右。总占地9.1万平方米的安利广州生产基地明确已成为安利海外第一大生产基地,最高年产值可达100亿元人民币。

(资料来源:王玮冰,《IT经理世界》)

通过这个案例不难看出,在营销活动中必须增强对宏观环境的适应性。适当地调整自己,以适应政府态度,这样企业和政府才会达到共赢。

其次,人口环境及其影响,前面我们提到人口数量直接决定市场需求,而性别、年龄、民族、婚姻状况、居住地、人口密度、职业、收入等等,都对市场格局产生深刻影响,所以企业在运作营销市场时必须重视人口环境因素。

第三,社会文化环境及其影响。任何消费者都是生活在一定的社会文化环境中的。不同国家和地区、不同的民族,有不同的价值观念、不同的行为准则和生活方式。而文化环境影响着消费者的行为及偏好,进而影响企业的营销活动。

【案例6】 肯德基为中国而改变

中国有句老话叫入乡随俗,身为洋品牌的肯德基显然深得要领,并将其运用得更加彻底。

说起肯德基,大多数人的第一印象是烹鸡专家和那个留着山羊胡子、和蔼可亲的山德士上校。正是山德士上校和他独特的炸鸡配方,才有了肯德基,才有了漂洋过海来到中国落地生根的肯德基。

"立足中国,融入生活"

1987年,肯德基落户中国,在北京前门安下了家,到如今一做就是三十多年。纵观肯德基在中国的这些年,它的成长和变化有目共睹,为中国而改变,全力打造"新快餐"。现在,中国大江南北450多个城市的消费者可以在自己的家门口品尝到肯德基。

对此,百胜餐饮集团中国事业部总裁苏敬轼在接受媒体采访时表示:"进入中国的21年,肯德基一直坚持'立足中国,融入生活'的总策略,为中国消费者而改变,打造本土化的创新商业模式。准确地说,中国肯德基是中国人的肯德基。"

据了解,苏敬轼所谓的本土化创新商业模式内容十分广泛,包括产品创新、员工招聘、原料采购,甚至企业文化到视觉形象,肯德基都在本土化方面做出了不错的成绩。目前,肯德基在中国的本地原料采购比例已达90%,产品中的三种重要配料:面包、鸡肉和蔬菜全部来自中国本土。

百胜餐饮集团中国事业部肯德基品牌总经理朱宗毅告诉记者:"1987年肯德基进入北京,当时我们只有8种产品,大多是从美国引进的传统产品;但是三十多年后,肯德基的常规产品已经超过60种,其中有很多产品都是为了中国消费者开发的,像老北京鸡肉卷、四季鲜蔬、早餐的油条、粥等,这些都非常符合中国大众的口味。"

(资料来源:新浪财经)

第四,经济环境及其影响。经济环境指企业营销活动所面临的外部社会条件,其运行状况及发展趋势会直接或间接地对企业营销活动产生影响。

市场不仅是由人口构成的,这些人还必须具备一定的购买力。而一定的购买力水平则是市场形成并影响其规模大小的决定性因素,它也是影响企业营销活动的直接经济环境。主要包括:①消费者收入水平的变化;②消费者支出模式和消费结构的变化;③消费者储蓄和信贷情况的变化。间接影响营销活动的经济环境因素包括:①经济发展水平;②经济体制;③地区与行业发展状况;④城市化程度。

第五,自然环境。自然环境是企业赖以生存的基本环境,自然环境的优劣不仅影响到企业的经营活动,还会影响到一个国家一个地区的经济结构、经济发展和人口环境等。

在市场环境中,宏观的市场营销环境是不能忽视的,虽然不像市场营销的微观环境那样,只要做好了就马上有直观的收益,但是只有遵循市场营销的宏观环境,企业才能得到法律的保障,才能有更大的发展空间。宏观环境虽然不能直接决定企业的效益,但是,对企业的发展方向、发展目标有很大的帮助,企业的发展必须在市场营销的宏观环境下进行。

二、市场营销的微观环境

传统意义上的市场营销的微观环境包括资源、营销中间商、市场、顾客、社会公众、企业内部的各个部门还有市场上的竞争者。

1. 企业本身

企业开展营销活动要充分考虑到企业内部的环境力量和因素。企业是组织生产和经营的经济单位,是一个系统组织。企业内部一般设立计划、技术、采购、生产、营销、质检、财务、后勤等部门。企业内部各职能部门的工作及其相互之间的协调关系,直接影响企业的整个营销活动。

2. 营销中间商

营销中介对企业营销产生直接的、重大的影响,只有通过有关营销中介所提供的服务,企业才能把产品顺利地送达到目标消费者手中。营销中介的主要功能是帮助企业推广和分销产品。

3. 顾客

顾客是指使用进入消费领域的最终产品或劳务的消费者和生产者,也是企业营销活动的最终目标市场。顾客对企业营销的影响程度远远超过前述的环境因素。顾客是市场的主体,任何企业的产品和服务,只有得到了顾客的认可,才能赢得这个市场,现代营销强调把满足顾客需要作为企业营销管理的核心。

4. 社会公众

社会公众是企业营销活动中与企业营销活动发生关系的各种群体的总称。公众对企业的态度，会对其营销活动产生巨大的影响，它既可以有助于企业树立良好的形象，也可能妨碍企业的形象。所以企业必须处理好与主要公众的关系，争取公众的支持和偏爱，为自己营造和谐、宽松的社会环境。

5. 竞争者

竞争是商品经济的必然现象。在商品经济条件下，任何企业在目标市场进行营销活动时，不可避免地会遇到竞争对手的挑战。即使在某个市场上只有一个企业在提供产品或服务，没有"显在"的对手，也很难断定在这个市场上没有潜在的竞争企业。

企业竞争对手的状况将直接影响企业营销活动。如竞争对手的营销策略及营销活动的变化就会直接影响企业营销，最为明显的是竞争对手的产品价格、广告宣传、促销手段的变化，以及产品的开发、销售服务的加强都将直接对企业造成威胁。为此，企业在制定营销策略前必须先弄清竞争对手，特别是同行业竞争对手的生产经营状况，做到知己知彼，有效地开展营销活动。

第四节　市场细分和目标市场营销

市场是一个复杂而庞大的整体，由不同的购买者和群体组成，由于这些购买者和群体在地理位置、资源条件、消费心理和购买习惯等方面的差异，在同类产品市场，会产生不同的购买行为，企业要实现最大利润就需要进行市场细分，选择可以实现利润的目标市场。

【案例7】 海尔为何衍生出众多品牌？

海尔集团在首席执行官张瑞敏确立的名牌战略指导下，先后实施名牌战略、多元化战略和国际化战略，2005年底，海尔进入第四个战略阶段——全球化品牌战略阶段。创业24年的拼搏努力，使海尔品牌在世界范围的美誉度大幅提升。2007年，海尔品牌价值高达786亿元，自2002年以来，海尔品牌价值连续6年蝉联中国最有价值品牌榜首。海尔品牌旗下冰箱、空调、洗衣机、电视机、热水器、电脑、手机、家居集成等19个产品被评为中国名牌，其中海尔冰箱、洗衣机还被国家质检总局评为首批中国世界名牌。2005年8月，海尔被英国《金融时报》评为"中国十大世界级品牌"之首。2006年，在《亚洲华尔街日报》组织评选的"亚洲企业200强"中，海尔集团连续第四年荣登"中国内地企业综合领导力"排行榜榜首。海尔已跻身世界级品牌行列，其影响力正随着全球市场的扩张而快速上升。

（资料来源：海尔集团）

一、市场细分

1. 什么是市场细分

市场细分的概念是美国市场学家温德尔·史密斯（Wendell R. Smith）于20世纪50年代中期提出来的，是指企业在市场调研的基础上，根据消费者的需求、购买行为和购买习惯等方面的差异，按一定标准将某一产品或服务的整体市场划分为若干消费者群的市场分类过程。具体说来，就是调查分析不同的消费者需求、资源、地理位置、购买习惯和行为等方面的差别，然后将上述要求基本相同的消费者群体分别归并为一类，形成总体市场中的若干子市场和细分市场。不同的细分市场之间需求差别比较明显，而在每一细分市场内部，需求差别比较微小，基本倾向一致。

如自行车市场，可分为国内市场、国际市场，其中国内市场还可进一步细分为华中市场、西南市场、东北市场等；也可按消费行为细分为普通自行车市场、山地自行车市场、比赛用自行车市场等。

2. 市场细分作用

在一般情况下，一个企业不可能满足所有消费者的需求，尤其在激烈的市场竞争中，企业更应集中力量，有效地选择市场，取得竞争优势。市场细分对于企业来讲，有以下作用：

① 有利于企业深刻地认识市场和寻找市场机会；
② 有利于企业确定经营方向，有针对性地开展营销活动；
③ 有利于企业扬长避短，赢得竞争优势。

二、目标市场营销策略

1. 目标市场及选择条件

目标市场是指企业在细分市场的基础上，经过评价和筛选所确定的作为企业经营目标而开拓的特定市场，即企业可望能以某种相应的商品去满足其需求，并为其提供相应服务的顾客群，也就是企业拟投其所好、为之服务的顾客群。

比较理性的目标市场一般要同时符合下列条件：

① 该市场有足够的需求或潜在的需求；
② 该市场具有一定的稳定性；
③ 该市场竞争尚不激烈或自己应付竞争有优势；
④ 有利可图。

同时还要考虑以下几个因素：

① 企业资源——资金、技术、人才、管理；
② 产品的同质性；
③ 产品的生命周期；
④ 竞争者策略。

【案例8】 小油漆厂如何选择目标市场

英国有一家小油漆厂，访问了许多潜在消费者，调查他们的需要，并对市场作了以下细分：本地市场的60%，是一个较大的普及市场，对各种油漆产品都有潜在需求，但是本厂无力参与竞争。另有四个分市场，各占10%的份额。一个是家庭主妇群体，特点是不懂室内装饰需要什么油漆，但是要求质量好，希望油漆商提供设计，油漆效果美观；一个是油漆工助手群体，顾客需要购买质量较好的油漆，替住户进行室内装饰，他们过去一向从老式金属器具店或木材厂购买油漆；一个是老油漆技工群体，他们的特点是一向不买调好的油漆，只买颜料和油料自己调配；最后是对价格敏感的青年夫妇群体，收入低，租公寓居住，按照英国的习惯，公寓住户在一定时间内必须油漆住房，以保护房屋，因此，他们购买油漆不求质量，只要比白粉刷浆稍好就行，但要价格便宜。

经过研究，该厂决定选择青年夫妇作为目标市场，并制定了相应的市场营销组合。①产品。经营少数不同颜色、大小、不同包装的油漆。并根据目标顾客的喜爱，随时增加、改变或取消颜色品种和装罐大小。②分销。产品送抵目标顾客住处附近的每一家零售商店。目标市场范围内一旦出现新的商店，立即招徕经销本厂产品。③价格。保持单一低廉价格，不提供任何特价优惠，也不跟随其他厂家调整价格。④促销。以"低价""满意的质量"为号召，以适应目标顾客的需求特点。定期变换商店布置和广告版本，创造新颖形象，并变换使用广告媒体。

由于市场选择恰当，市场营销战略较好适应了目标顾客，虽然经营的是低档产品，但该企业仍然获得了很大成功。

（资料来源：吴健安，《市场营销学》）

2. 目标市场营销策略

目标市场营销策略是指企业对客观存在的不同消费者群体，根据不同商品和劳务的特点，采取不同的市场营销组合的总称。一般来说，根据企业选择目标市场的方法，可以将企业的目标市场营销策略分为三类。

（1）无差异市场营销策略　不细分市场，推出单一的产品，采取单一的策略，力求满足整个市场的需要，优点是产品和市场管理都简单，有利于标准化、大规模、降低成本，一般只对特别常用的产品采用，如食盐、煤、水、电等。

（2）差异市场营销策略　细分市场，并针对不同的子市场采用不同的策略和措施。

（3）集中市场营销策略　企业实力有限时，将所有的重点、策略集中在一个子市场实施，局部效果非常明显。

三、市场营销组合

市场营销组合策略，又称为市场营销组合，是指企业在选定的目标市场上综合运用各种市场营销策略和手段，以销售产品，并取得最佳经济效益的策略组合。1953年，尼尔·博顿最早提出了营销组合的概念，但麦卡锡（Jerome McCarthy）使其更加条理化和清晰化，他在1960年出版的《基础市场营销：管理方法》一书中，率先提出了营销组合的4P因素。

（一）4P营销组合理论

1. 以产品为核心（product）

要根据企业自身的能力，确定以设计还是技术为产品的卖点，需要注意的是，产品要有实质上的创新，否则会适得其反。

2. 以价格为核心（price）

打价格战是中国企业热衷的方式，但打价格战需要一定的前提，即企业要有大规模的生产能力，行业要有规模经济性。

3. 以促销为核心（promotion）

应用这种模式要求企业的企划能力和品牌传播能力比较强，有管理能力和激励能力，需要产品的目标人群比较精准。

4. 以渠道（place）为核心

要求企业对营销本土化有非常深刻的理解，对渠道结构、消费者特性都非常了解，也需要有很好的组织管控能力。

【案例9】　作为全球最大的家居用品零售商，宜家对4P营销策略的运用胜人一筹。

宜家给自己的产品定位是"提供种类繁多、美观实用、老百姓买得起的家居用品"。这一产品定位决定了宜家在追求产品美观实用的基础上要保持低价格，实际上宜家也是这么做的：宜家低价格策略贯穿于从产品设计（造型、选材等）到OEM厂商的选择管理、物流设计、卖场管理的整个流程。

宜家的渠道策略表现在宜家卖场的成功上，如今，宜家已不仅是一个家具品牌，也是一个家具卖场品牌，在消费者的心中，用宜家已经像吃麦当劳、喝星巴克咖啡一样，成为一种生活方式的象征。在促销方面，宜家通过对于环保的重视来提升企业形象，这一措施为宜家赢得了良好的社会声誉和品牌形象。

（二）4C营销组合

20世纪80年代末、90年代初，人类社会发生了巨大的变化，人们的消费理念和消费行为日益感性化和个性化，从而对传统的市场营销4P组合提出了挑战：4P是站在卖方立场上的营销决策，可能仅代表了销售者的观点，现代社会的发展要求营销人员不能仅仅站在企业的角度来思考问题，而要站在客户的角度来思考问题。在这种情况下，美国市场营销专家罗伯特·劳特朋（Lauteborn）教授于1990年提出了4C理论，进一步确立了以顾客为中心的经营导向，其主要内容如下所述。

1. 消费者（customer）

企业必须首先了解和研究顾客，根据顾客的需求来提供产品。同时，企业提供的不仅仅是产品和服务，更重要的是由此产生的客户价值（customer value）。

2. 成本（cost）

不单是企业的生产成本，或者说4P中的price（价格），它还包括顾客的购买成本，同时也意味着产品定价的理想情况，应该是既低于顾客的心理价格，亦能够让企业有所盈利。此外，这中间的顾客购买成本不仅包括其货币支出，还包括其为此耗费的时间、体力和精力消耗，以及购买风险。

3. 便利（convenience）

即为顾客提供最大的购物和使用便利。4C理论强调企业在制定分销策略时，要更多地考虑顾客的方便，而不是企业自己方便。要通过好的售前、售中和售后服务来让顾客在购物的同时，也享受到便利。便利是客户价值不可或缺的一部分。

4. 沟通（communication）

被用以取代4P中对应的promotion（促销）。4C认为，企业应通过同顾客进行积极有效的双向沟通，建立基于共同利益的新型企业、顾客关系。这不再是企业单向的促销和劝导顾客，而是在双方的沟通中找到能同时实现各自目标的通途。

总的来看，4C营销理论注重以消费者需求为导向，与市场导向的4P相比，4C有了很大的进步和发展。但从企业的营销实践和市场发展的趋势看，4C依然存在以下不足。

① 4C是顾客导向，而市场经济要求的是竞争导向，中国的企业营销也已经转向了市场竞争导向阶段。

② 4C理论虽然已融入营销策略和行为中，但企业营销又会在新的层次上同一化。

③ 4C以顾客需求为导向，但顾客需求有个合理性问题。顾客总是希望质量好、价格低，特别是在价格上的要求是无界限的。

④ 4C 仍然没有体现既赢得客户，又长期地拥有客户的关系营销思想。

⑤ 4C 总体上虽是 4P 的转化和发展，但被动适应顾客需求的色彩较浓。根据市场的发展，需要从更高层次以更有效的方式在企业与顾客之间建立起有别于传统的新型的主动性关系，如互动关系、双赢关系、关联关系等。

第五节　销售网络的建立与管理

引导案例 8-2　立邦油漆网上销售渠道的建立

立邦涂料中国有限公司——所属行业：化工。立时（NIPSEA）是东南亚立邦漆的简称（Nippon Paint Southeast Asia），立时集团为日本涂料公司与新加坡吴德南集团合作在东南亚开创的跨国性立邦漆制造集团企业。自 1973 年至今，立时机构已经有了迅速的发展，业务横跨 12 个国家和地区：新加坡、中国、中国香港、印尼、印度、韩国、马来西亚、日本、菲律宾、中国台湾地区、泰国和越南，已经拥有了 20 余家工厂和 5000 多名员工。

在整体结构上，每一家工厂都隶属于立时集团总部的统一管理，同时集团让各个工厂能独立运作，从仓储、运输到员工等均实行本土化，这种独特的自治管理体系，不仅使成员机构能灵活地适应市场变化，而且能够更有效地建立起相应的客户网络。其开展网络营销的经过和效果评估如下。

1. 注册网络实名

立邦涂料中国有限公司通过 3721 网络实名上海注册中心注册了若干网络实名，包括：行业实名——油漆、建筑涂料、工业涂料；企业实名——立邦涂料、立邦中国、中国立邦、立邦、立邦漆、立邦公司、立邦涂料（中国）有限公司。

网络实名的注册使得立邦中国网站访问量较之前大幅提高，仅半年时间就达到 40 万人次，提高了品牌的知名度，增进了与客户和社会公众之间的联系与交流，很好地树立了公司形象。同时，网络实名的注册，使原本需要记忆网址才能进行访问的问题得到了解决，更好地方便了客户和网络访问者。

2. 加盟的网上信息平台

立邦涂料通过加盟中国涂料网、中国化工网、阿里巴巴等众多网上信息平台，将企业和产品信息及时、有效地发布出去。

3. 搜索引擎登录

立邦涂料网站积极登录了各类门户网站的推荐企业，与前程无忧网进行合作，开辟了专门的招聘渠道。立邦涂料作为大型的跨国企业，在行业内知名度很高，这为立邦涂料网站通过网络合作进行网络营销提供了便利，各类网站合作活动的开展，使得立邦涂料网站更受关注，有力地提升了网站的知名度和企业形象。

（资料来源：道客巴巴网站）

随着现代科技飞速发展，在营销实践中，涌现出了许多新的营销渠道、新的营销方式，其中影响最为深远的就是网络，网络营销已经成为企业营销中必不可少的重要内容。

【案例 10】　好孩子集团网上销售成功

对于好孩子集团来说，由于儿童用品消费者都属于事先计划购买型，互联网信息在其决策过程中起到了决定性作用,因此好孩子集团平均每年会投入数百万的费用来实施网络营销战略,仅在通用网址一项的投入便有几十万元。从最初的"好孩子""好孩子集团",到"儿童用品""婴儿"等白金通用词汇,再到"努比""奇妙鸭"等子品牌的通用网址等,好孩子注册了20多个与企业、产品相关的词汇,在互联网上编织了一张无形的营销大网。

参与全球市场的竞争,也是好孩子发展的必然之路。目前,好孩子集团年销售收入中有将近80%的销售额都是来自海外市场,长期稳居于美国市场童车销售量之首,并成功进入欧盟市场;2006年2月集团成功获得境外融资,更是让16岁的中国"好孩子"在国际资本市场名声大噪,而集团海外上市也提上日程。如何让全球5亿网民第一时间了解到企业和产品信息,成为下一步网络营销不得不面对的问题。

基于此,好孩子集团将通用网址的功能再次深挖,注册了数十个英文通用网址,以适应海外市场的需要。好孩子不仅注册了自己的英文品牌标识"gbaby""geoby""goodbabygroup"等,还将企业各产品的英文品牌,如"antiduck""littledinosaur""nuby"的通用网址也都一一注册启用,从而为国际采购商及合作伙伴等访问"好孩子育儿网"建立了清晰的网络路标。更值得一提的是,为了"网罗"更多的国外消费者,好孩子更是注册了多个类似"mommy""mammy""mummy"的英文营销关键词,把通用网址的营销功效充分发挥到对海外市场的开拓之中。

(资料来源:道客巴巴网站)

一、网络营销的含义

以现代营销理论为基础,通过Internet营销替代传统的报刊、邮件、电话、电视等中介媒体,利用Internet对产品的售前、售中、售后各环节进行跟踪服务,自始至终贯穿在企业经营全过程,寻找新客户,服务老客户,最大限度地满足客户需求,以达到开拓市场、增加盈利为目标的经营过程。它是直接市场营销的最新形式。

二、网络营销的功能

1. 信息发布

网站是一个信息载体,在法律许可的范围内,可以发布一切有利于企业形象、顾客服务以及促进销售的企业新闻、产品信息、各种促销信息、招标信息、合作信息、人员招聘信息等等。企业还可以根据需要不断进行刷新。

2. 品牌形象

网站的形象代表着企业的网上品牌形象,人们在网上了解一个企业的主要方式就是访问该公司的网站,网站建设的专业化与否直接影响企业的网络品牌形象,同时也对网站的其他功能产生直接影响。

3. 产品、服务展示

顾客访问网站的主要目的是对公司的产品和服务进行深入的了解。

4. 顾客服务

通过网站可以为顾客提供各种在线服务和帮助信息,比如常见问题解答、电子邮件咨询、通过即时信息实时回答顾客的咨询等等。

5. 网上调查

市场调研是营销工作不可或缺的内容，传统的市场调查通常需要庞大的调查队伍，耗资巨大，周期长，而通过网站上的在线调查表，或者通过电子邮件、论坛、实时信息等方式征求顾客意见方便而又廉价，可以获得有价值的用户反馈信息。无论作为产品调查、消费者行为调查，还是品牌形象等方面的调查，企业网站都可以在获得第一手市场资料方面发挥积极的作用。

6. 资源合作

资源合作是独具特色的网络营销手段，为了获得更好的网上推广效果，需要与供应商、经销商、客户网站以及其他内容、功能互补或者相关的企业建立资源合作关系，实现资源共享到利益共享的目的。

三、网络营销的策略

1. 产品策略

企业可以在网上销售商品、服务或广告。它可以采取某种电子商务模式（例如，网上拍卖）来获取收入。企业可以在在线市场创建新的品牌，也可以依然销售离线市场正在销售的某些产品，或者对现有产品进行一些改进。很显然，前期的市场分析意味着，企业可以有多种选择。如果企业在网上提供现有的品牌，就要设法解决许多问题。例如，显示在计算机屏幕上的颜色与印刷品上的颜色是不同的。很多精明的企业利用信息技术来改变它们在网上提供的产品的方式。例如，戴尔公司可以在瞬间按照客户的要求定制个性化的产品：客户只要在网上配置自己所希望的电脑，数据库就会提供一张反馈表，上面有最新的电脑配置信息和价格信息。

化工企业网络营销策略

2. 价格策略

企业应该判断在线产品价格与离线产品价格的差异。要做到这一点，企业需要了解通过在线渠道进行产品分拣和配送会发生哪些成本，还要考虑竞争性因素和市场因素，在线定价主要有两种趋势：差别定价和在线竞价。

3. 分销策略

很多企业利用互联网递送产品，或者利用互联网提高供应链成员的工作效率，例如：很多公司跳过传统销售渠道中的中间商，直接把一些产品销售给顾客。

4. 营销沟通策略

互联网产生了许多新的营销沟通方式，企业既可以把客户吸引到网络站点，也可以加强与传统企业客户的交流。一些公司利用互联网网页和电子邮件与目标市场以及业务伙伴进行沟通。通过这样的途径，它们还可以创建品牌形象，提高新产品的知晓度，对产品进行定位。企业利用数据库营销的形式来存储客户需求、消费者偏好和消费行业等信息。依据这些信息，它们可以在有利的时机发送相关的个性化信息，开展有针对性的沟通。

【案例 11】 海尔的网络营销策略在哪些方面提升了海尔竞争优势？

（1）海尔利用 SAP 物流管理系统搭建一个面对供应商的 BBP 采购平台，它能降低采购成本，优化分供方，为海尔创造新的利润源泉。如今，海尔特色物流管理的"一流三网"充分体现了现代物流的特征:"一流"是以订单信息流为中心;"三网"分别是全球供应链资源网络、全球用户资源网络和计算机信息网络。"三网"同步运动,为订单信息流的增值提供支持。为订单而采购,消灭库存,降低采购成本和库存成本。在海尔,仓库不再是储存物资的水库,而是一条流动的河,河中流动的是按单采购来生产必需的物资,也就是按订单来进行采购、制造等活动,这样,从根本上消除了呆滞物资,消灭了库存。

(2)海尔取得双赢,赢得全球供应链网络。海尔通过整合内部资源,优化外部资源使供应商由原来的2336家优化至978家,国际化供应商的比例却上升了20%,建立了强大的全球供应链网络,有力地保障了海尔产品的质量和交货期。实现三个JIT(just in time,即时),即JIT采购、JIT配送和JIT分拨物流的同步流程。目前通过海尔的BBP采购平台,所有的供应商均在网上接受订单,并通过网上查询计划与库存,及时补货,实现JIT采购。

(3)企业外部,海尔CRM(客户关系管理)和BBP电子商务平台的应用架起了与全球用户资源网、全球供应链资源网沟通的桥梁,实现了与用户的零距离。目前,海尔采购订单由网上下达,使采购周期得到提高;网上支付已达到总支付额的20%。在企业内部,计算机自动控制的各种先进物流设备不但降低了人工成本、提高了劳动效率,还直接提升了物流过程的精细化水平,达到质量零缺陷的目的。计算机管理系统搭建了海尔集团内部的信息高速公路,能将电子商务平台上获得的信息迅速转化为企业内部的信息,以信息代替库存,达到零营运资本的目的。

(4)完善的营销网络是保证星级售后服务承诺的基础。为更好地向消费者兑现海尔的一级售后服务,也必须建立一套统一的营销网络。

分析: 网络营销策略在哪些方面提升了海尔的竞争优势?
(资料来源:道客巴巴网站)

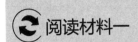

阅读材料一

"金嗓子"唱响全国的奥秘

一、背景资料

金嗓子喉宝,一种由广西金嗓子制药厂(原柳州市糖果二厂)利用中国中草药制成的保健咽喉糖含片,问世仅仅四五年,即从强手如云、竞争激烈的咽喉含片市场中脱颖而出。目前占据全国药店咽喉含片市场前列,畅销全国,年销售额近3亿元,并仍保持迅猛的发展趋势,产品的知名度、美誉度名列同类产品前茅。

二、基本案情

20世纪90年代初,糖果行业产品滞销,竞争加剧,成本上升,假冒产品横行,冲击市场,大部分糖果厂面临困境,一些厂已经倒闭。这时柳州市糖果厂厂长江佩珍与助手们在中央一位主管经济的领导的指导启发下,毅然决定开发难以假冒的高科技产品,并从糖果行业转向利润较高的制药行业,成立了金嗓子制药厂,以此转危为安,在激烈的市场竞争中站稳脚跟。其成功的原因很多,其中主要因素有以下几方面。

(一)根据市场潜在需求开发产品

1. 产品研制

20世纪90年代初期和中期,咽喉片市场经历了数十年的广告大战之后,各名牌均已确立统治地位，草珊瑚、西瓜霜、健民咽喉片等已占有市场的大部分份额，新产品虽层出不穷，均未能撼动它们的统治地位。然而，在市场研究中发现，咽喉片均为药粉压制而成，一含即溶，很难在咽喉部较长时间保持药效。含片一般较小，药量不足，对急性咽喉炎或咽喉不适应者如不大量施药，见效较慢，而润喉糖无治疗作用。这样，两类产品之间存在一个空缺，即中间型治疗保健产品。

对潜在消费者更进一步的研究表明，一种能短时间产生良好的抑制咽喉不适效果，治疗急性咽喉炎，较长时间保持作用的含片是大受欢迎的产品。于是江佩珍厂长三到上海求援，找到了华东师范大学的王耀发教授，共同开发出了新产品——喉宝。

一种含有多种中草药成分，能在短时期之内对咽喉炎症产生强烈抑制作用、效果良好、显效时间长和附加值高的咽喉含片适应市场需要而诞生了。

2.产品的命名与包装

当时，一般同类产品均称含片和喉片，在新产品推出上，若按旧的思维定式，在资金短缺、知名度为零、各方面条件无法与老牌药厂竞争的情况下，是无法打开市场并在短时间内成为名牌产品的。

因此，在命名上，用"喉宝"区别普通喉片，用"金嗓子"作为品牌名字，有直接强烈的功效暗示及美誉品牌的作用。这样，金嗓子喉宝这个名字一诞生，便占据名字上的优势，凸显了与同类产品的明显差异。

包装上，针对同类产品一般用小塑料盒装，分量不足的特点，采取了10片2包装（2盒一疗程），用金黄作基本色，区别于其他同类产品。

综上所述，金嗓子喉宝的研制、命名和包装是在了解了消费者需求基础上进行的，改变了过去"我有一产品，应设法让大众接受"的观念，而是"消费者需要这种产品，我就研制这样的产品并进行相应的命名与包装，以满足其需要"。

（二）定价研究与决策

原有产品的定价都是计划经济的产物，因此定价极低。零售价一般为2元一盒，而进口同类产品价高至16元一盒，又超过了普通人的消费水平。通过进行市场调查发现，人们心理上能接受的价格是5~6元一盒，从而确定了零售价为5~6元一盒，并根据其见效快、品质高的特点，将金嗓子喉宝定位为中价优质的咽喉医疗保健品。

（三）消费者行为分析

对消费者心理及消费倾向的研究表明：

1.消费者在购买咽喉片之类的产品时，大部分是从医院获得，其余才从药店购买，其主要原因是公费医疗。但金嗓子喉宝只能进药店，因此，改变消费者的消费习惯显得尤为重要。

2.潜在消费者分析

① 主要人群：烟酒爱好者、足球爱好者、空气污染严重地区的人群、爱好唱歌者、推销员、教师、导游等。

② 性别：男性居多。

③ 年龄：不愿进医院开处方、怕麻烦的人，以20~40岁之间居多。

3.潜在消费者行为分析

① 外向、粗放、喜欢卡拉OK、喜欢足球、喜欢抽烟喝酒、喜欢讲话。

② 不爱去医院，怕麻烦，经济状况良好。
4. 潜在消费者接触最多的媒体及场所分析
① 喜欢体育新闻、时事新闻，常看报纸、电视。
② 常去球场、餐厅、卡拉OK厅。
5. 当时国内影响最大的活动
① 时兴自我娱乐、卡拉OK自唱。
② 足球热，人们关注球市兴衰、球队命运。
③ 股市火暴，数千万股民关注股市。
④ 喝酒吸烟热，尤其是盛行喝白酒。

（四）便利性营销道路的形成——建立高效的营销网络
① 寻找真正的潜在消费者——根据目标消费者进行销售布点。
② 终端是沟通消费者、获得宝贵反馈信息、进行直接促销的关键环节。
③ 顺应消费者潮流、便利消费者是最终策略，金嗓子喉宝进入游泳点、机场、车站、商店、药店等便利店，渗透到千家万户。

（五）整合动态营销传播组合
为尽快推广促销金嗓子喉宝，在统一策划基础上，由厂长直接指挥，各地区分别开展了宣传与促销攻势，分别采取了实效促销、样品品尝、公关宣传、大型活动组织和新闻报道等手段，并根据各地情况进行整合，集中进行宣传与传播，有效地将销售、公关、广告、公益、大型活动、特别促销和人际传播等整合为高效、有力的传播体系，统一调度、统一形象、统一诉求，取得了很好的效果。

思考分析：该制药厂是如何分析消费者的行为特点并制定相应的营销策略的？
（资料来源：搜狐）

阅读材料二

石油化工产品营销工作的思考

我国已经经历了重化工业快速发展阶段，尤其2008年开始国内化工产品产能急剧扩张，出现产品供过于求的局面，市场格局发生了重大变化，化工产品市场进入了新的发展时期，市场竞争日趋激烈，给营销工作带来了很大挑战。

一、石油和化学工业"十三五"发展特征和"十四五"发展趋势

在2019年6月于连云港召开的第八届亚洲炼油和石化科技大会上，石油和化学工业规划院党委副书记、副院长白颐对我国石化产业高质量发展给出了"十三五"中期研判，同时将石油化工和煤化工产品放在全国、全球市场上予以分析，对"十四五"期间石化行业高质量发展给出了预测。

1. "十三五"稳步发展呈现七大特征

在"多煤、少油、缺气"的资源禀赋条件下，经过多年的发展，特别是十八大以来的高质量发展，我国已形成"石油化工为主体、煤化工多元化补充"的战略格局。目前，行业发展主要体现出7个特征：一是行业一直保持稳步增长。"十三五"期间，整个行业的增长速度维持在6%左右，预计到2020年行业总产值可达13.5万~14.5万亿元。二是行业处于内在质量成长期。2015~2018年这3年，是行业传统产能和落后产能淘汰最快的3年，高端化学品发展有了新突破，但应用成果不多。三是新材料和高端专用化学品成为投资关注点。高性能的化工新材料和高端专用化学品生产能力成为衡量一个国家和地区石油和化学工业综合实力、现代化水平高低的重要标志。初步统计，化工新材料在中国的市场价值接近1万亿元。目前，我国自己生产近4000亿元的化工新材料产品，其余需进口，末端高品质产品缺口很大，现在是投资的关注点。四是全行业已经形成了绿色发展的理念。绿色发展理念不仅是治理好环保，解决安全问题，更多的还是资源配置，提高生产效率，提升装备自动化水平，整个流程智能化管理，园区的智能化管理和物流的智慧体系的形成，这是一个全过程的绿色发展理念，所以企业要结合国情和港口、土地、水等资源条件，合理科学布局发展，这是对绿色发展形成的共识。五是产业集聚程度越来越高。园区化、基地化、集约化发展模式可充分发挥化工产业集聚带来的巨大协同效应，是国内外化工产业发展的主要模式。六是多元化资本正积极进入石化化工领域。近几年，民营企业规模不断扩大，产品销售收入超过亿元的石化化工非国有企业已逾千家，有的甚至已经跻身国家石化化工行业乃至世界石化行业专业领域的前列。现在外资企业、民营企业、国有企业在中国石化行业都有投资，多元化程度不断提升。七是技术创新成为发展重要动力。以企业为主体、以市场为导向、产学研用相结合的产业技术创新体系正在形成。

2."十四五"高质量发展的主题和特征

"十四五"期间强调高质量发展，对石油化工领域来讲，就是绿色发展、升级发展、开放发展。未来10年石油化工仍是主体，煤化工仍是多元化补充，炼化一体化、煤化一体化要有全国一盘棋的思想，要有全球市场的视野，要在国际、国内两个市场上布局谋篇，进一步以强化石化产业、整合传统化工、发展化工新材料、升级化工新能源作为行业高质量发展的主导方向，推动中国石化和化工产业质量、生产效率和效益水准的转型升级。"十四五"石化行业高质量发展的特征：一是高端化发展，二是选择性发展。2020年10月24日，引人瞩目的山东烟台龙口裕龙岛炼化一体化项目正式宣布开工，并进行了配套项目连线签约，项目建设投资约1274亿元。裕龙岛炼化一体化项目的开工，预示着山东中小地炼企业产能整合转移将加速。裕龙岛炼化一体化项目将按照"少油、宜芳、多烯"的原则设计总工艺流程，进口和加工沙特轻质和沙特重质常规含硫原油，大力发展下游精深加工。据悉，项目作为山东省新旧动能转换、产业结构调整的典范，其建设将带动山东省1.3亿吨地炼产业整合。

二、石油化工产品营销特点

化工产品属于工业品的一种，大多是工业原料或中间产品，下游企业可将其用于生产加工，其最终产品可以是工业品，也可以是消费品。石油化工产品主要分为合成树脂、合成橡胶、合成纤维、液体化工和化肥五大类。化工产品营销是指为了满足客户的需求，对化工产品进行策划、定价、促销和分销等活动，进而成功地实现组织机构间交易活动的整个过程。

化工产品营销考虑的不仅仅是产品本身的价格问题，更要考虑技术和售后服务，因为最终产品的质量和功能很大程度上依赖于化工产品的质量和功能。一般来说，客户十分看重生产厂家的技术实力、产品性能、产品质量、交货周期、价格水平和售后服务等。

化工产品在市场营销中呈现出以下特点：一是交易对象规模化。化工产品营销对象一般都是集团或企业,其采购程序因公司的不同而不同,这取决于各公司的经营规模和管理侧重点。二是价格体系宏观化。化工产品受国际宏观环境和国内经济形势影响较大,如石油价格上涨必然导致其下游产品价格上涨。因此,化工产品价格对宏观环境非常敏感,任何宏观经济环境的风吹草动都很快会在化工产品价格上有所反映。三是销售渠道扁平化。化工产品同质化较为严重,为降低成本,一般采取直接采购的形式,中间环节相对较少。因此,化工产品营销渠道的特征是短而直接,但信息又是极其不对称的。四是营销方式服务化。化工产品一般用于再生产加工,对售后服务要求较高。部分企业在销售过程中更多是以服务作为重要的营销手段,通过差异化服务来提升可持续的竞争力。

三、石油化工产品营销策略

化工产品因其特性,品质、价格、渠道和服务对其营销来说尤为重要,市场竞争莫不围绕这几个方面展开。品质是化工产品竞争的基础,决定着竞争的层次,价格、渠道、服务则是竞争的手段,四者不同的组合产生不同的营销策略。

1. 品牌策略

品牌是产品性能、质量、服务、企业信誉等方面的综合反映,最终体现在产品的价格上。据统计,名优品牌和一般品牌价差在国外一般是 30%～60%,在国内一般是 10%～30%,因而培育名优品牌可以使渠道商获得更多的利润,同时可使工业企业获得合理、稳定的利润。因此石油化工企业在开展石油化工产品营销工作时,必须重视打造企业的文化和品牌,营造良好的口碑。化工产品品牌的核心是信任,强调的是专业性和良好的服务。

2. 信息化营销策略

近年来,信息化营销技术方兴未艾,网络营销越来越引起人们的重视。网络营销相比于传统的媒体营销,其优势特别明显,主要表现在以下三个方面:第一,网络营销成本较低,回报较高;第二,网络营销不受时空限制,只要有网络的地方就可以开展网络营销活动;第三,网络营销的客户源较广,客户群体较大,既可分布于国内,也可遍布全球,通过各种购物软件,客户可以在任意的时间和地点了解产品、购买产品以及反馈产品的使用体验。在石油化工产品营销中科学合理地融入网络营销策略,不仅可以提升客户的满意度,得到客户的反馈信息,还能加强企业与客户之间的交流沟通,增强与客户的互动,及时了解客户的需求和市场的变化,真正达到个性化、针对性服务所追求的综合效果。

3. 渠道策略

渠道选择主要受市场状况、产品特性、企业自身条件、渠道商以及环境等因素的影响。建立合适的渠道是为了更好地控制市场、影响市场,使产品以最经济、最便捷的方式送达客户。石油化工企业主要通过以下几个方面加强销售渠道建设:一是通过网络对企业发展的最新信息进行了解;二是通过参加石油化工产品相关论坛,对业界信息进行了解,并找寻潜在客户,建立良好的联系;三是在实际销售过程中,根据客户情况,合理应用差异化战略,根据销售地区、产品的不同,选择合适的销售策略,为销售渠道提供稳定保障;四是重视终端控制,加大生产型客户的开发和维护力度,尤其重视集团客户、大客户及行业重点客户的开发和维护;减少销售层级,以最低成本、最恰当的方式到达终端用户手中。

4. 价格策略

近年来,市场竞争的格局异常激烈并不断发生着深刻变化,2014 年下半年国际原油价格从 100 美元/桶大幅下跌到 2016 年初的 27 美元/桶以下，使得石化产品价格跌宕起伏、惊心动魄。进入 2020 年后，一方面因疫情管控导致的原油需求下降忧虑令油价承压，另一方面沙特与俄罗斯之间的市场争夺战导致原油供应端的利空压力陡增。受以上两个利空因素影响，国际原油价格在 2~3 月期间暴跌。进入二季度后，国际原油期货价格在经历 4 月初的短期上涨行情后持续走低，创下近三十年来的最疲软表现。其中，在 WTI（西德克萨斯中间基原油）5 月合约到期交割前，因受到美国境内原油库存迅速累积、仓储空间极度短缺的背景影响，从而引发"空头逼仓"操作，导致该合约结算价格在 20 日当天收盘跌至史无前例的负值区间。

客户性质、规模不一样，对价格要求就不一样，对价格敏感程度也不一样。生产型客户希望有一个稳定的价格，以便于安排生产、控制成本。针对这种情况，可以为客户提供个性化的价格组合，降低客户对市场价格波动的敏感性，针对市场大幅波动的情况，还可以增加"熔断"机制，锁定价格上下限，起到保护客户的作用，从而达到互惠共赢的目的，因为定价相对稳定可以避免价格战对双方生产经营的冲击。

5. 服务策略

当前，随着人们经济水平的提高，人们越来越重视高品质的服务，对服务质量予以更多关注，服务质量已经取代产品质量成为人们购买产品时的首要考量因素。在产品同质化、渠道雷同化、价格透明化的市场环境中，服务策略营造的差异化变得越来越重要。服务差异化已经成为企业核心竞争力最重要的元素之一，是运用非价格因素进行市场竞争的主要手段，也是维护客户关系的重要法宝。在化工产品营销中，良好的营销服务包括以下几个方面：首先，售前的服务承诺，为客户提供相关信息，如公司信息、产品参数等；其次，售中配合客户采购的一系列服务，包括及时的供货能力；再次，销售完成后的践诺服务和追踪服务，如安装服务、技术服务等；最后，客户投诉的处理事关企业信誉和形象，应确保每一起客户投诉都能得到妥善和圆满解决。

课后练习题

【案例分析】 乔森家具公司五年目标

乔森家具公司是乔森先生在 20 世纪中期创建的，开始时主要经营卧室和会客室家具，取得了相当的成功，随着规模的扩大，自 20 世纪 70 年代开始，公司又进一步经营餐桌和儿童家具。1975 年，乔森退休，他的儿子约翰继承父业，不断拓展卧室家具业务，扩大市场占有率，使得公司产品深受顾客欢迎。到 1985 年，公司卧室家具方面的销售量比 1975 年增长了近两倍。但公司在餐桌和儿童家具的经营方面一直不得法，面临着严重的困难。

乔森家具公司自创建之日起便规定，每年 12 月份召开一次公司中、高层管理人员会议，研究讨论战略和有关的政策。1985 年 12 月 14 日，公司又召开了每年一次的例会，会议由董事长兼总经理约翰先生主持。约翰先生在会上首先指出了公司存在的员工思想懒散、生产效率不高的问题，并对此进行了严厉的批评，要求迅速扭转这种局面。与此同时，他还为公司制定了今后五年的发展目标。具体包括：

① 卧室和会客室家具销售量增加 20%；

② 餐桌和儿童家具销售量增长 100%；

③ 总生产费用降低 10%；
④ 减少补缺职工人数 3%；
⑤ 建立一条庭院金属桌椅生产线，争取五年内达到年销售额 500 万美元。

这些目标主要是想增加公司收入，降低成本，获取更大的利润。但公司副总经理托马斯跟随乔森先生工作多年，了解约翰董事长制定这些目标的真实意图。尽管约翰开始承接父业时，对家具经营还颇感兴趣。但后来，他的兴趣开始转移，试图经营房地产业。为此，他努力寻找机会想以一个好价钱将公司卖掉。为了能提高公司的声望和价值，他准备在近几年狠抓一下经营，改善公司的效益。

托马斯副总经理意识到自己历来与约翰董事长的意见不一致，因此在会议上没有发表什么意见。会议很快就结束了，大部分与会者都带着反应冷淡的表情离开了会场。托马斯有些垂头丧气，但他仍想会后找董事长就公司发展目标问题谈谈自己的看法。

思考分析：
1. 乔森家具公司的市场经营情况怎么样？
2. 乔森家具公司内部存在哪些问题？
3. 你如何看待约翰先生提出的目标及与托马斯的分歧？
4. 你能为解决这一问题提出建议吗？

课后思考题

假如你是某大型化工公司的销售经理，针对你公司 2021 年的产品（农用复合肥），结合往年的销售情况，制订一份新的销售计划，销售总额要同比去年增长 20%。

第九章
化工企业文化

 引导案例 9-1　中国石化股份茂名分公司企业文化建设

中国石化股份茂名分公司化工事业部（简称茂名乙烯），自从 1996 年投产以来，把文化建设作为企业战略和立企之本，深入培育切合石化行业特点和自身运作实际的先进文化，逐步形成了自我超越文化、以人为本文化和执行文化，不断支撑企业的持续成功和有效发展，企业的生产经营和改革发展取得了良好的业绩，实现了国有资产增值保值。尤其是装置长周期安全运行突破 92 个月，创造国内最长运行纪录，成为国内同行学习和追赶的标杆，被誉为中国开得最好、管得最好的乙烯工厂。全球著名咨询机构所罗门咨询公司评价茂名乙烯是国内最有望与国外强手抗衡的石化企业。

（一）培育自我超越文化，提升支撑企业持续有效发展的创造力

不断实现自我超越，是企业持续有效发展的源泉。茂名乙烯的发展历史，始终贯穿着一种自我超越的精神，使之成为茂名乙烯企业文化的灵魂和核心。

1. 观念上的自我超越

挑战自我，超越自我，敢于追求更高目标，是企业生存和持续发展的不二法则。作为石化企业，要保持在激烈的市场竞争中取胜，获得更大的效益，实现持续有效发展，关键在延长生产周期上做文章。要实现长周期生产唯有敢为人先的勇气，在思想观念上实现自我超越。在国内没有先例和成功模式可借鉴的情况下，茂名乙烯通过开展观念更新教育，教育员工突破"一年一小修、两年一大修"的思维定式，瞄准国际先进水平，不断挑战生产极限，超越自我，叫板国际一流企业。

2. 技术上的自我跨越

茂名乙烯"以科技发展"作为战略决策，实现技术上的自我跨越，为企业的发展插上腾飞的翅膀。在技术消化方面，遵循"引进、消化、吸收、创新"的思路，组织科技人员开展技术攻关和技术改造，不断注入技术造血功能，使一批批重大技术成果迅速转化成生产力。

3. 管理上的自我跨越

管理创新是提高企业素质和竞争力的关键，是企业持续快速发展的基础。茂名乙烯大胆引入标准化管理，在国内第一家推行融合 ISO 9001、ISO 14001、GB/T 28001 和 HSE 四个标准于一体的质量、环境与职业健康安全的"一体化管理"，使质量、环境与职业健康安全的管理自始至终处于受控状态，为提升标准化管理水平、加快与国际接轨奠定了坚实基础。

（二）培育以人为本文化，迸发支撑企业持续有效发展的团队力

茂名乙烯自创业始，就着力加强人力资源开发、构建动感社区和实施人文关怀工程，努力营造以人为本的氛围，打造富有战斗力、凝聚力、向心力的一流团队。

1. 以人力资源开发提高团队战斗力

加强人才队伍建设是实施人才强企战略的迫切需要和重要保证。为了加快企业的发展步

伐，这几年茂名乙烯坚持并致力实施"人才强企"的战略决策。一是建设一个勤奋学习、善于学习的团队，抓好管理人才、专业技术人才和技术工人三支人才队伍，通过分层次、分阶段、分专题实施全员培训，提升人才综合能力。二是建设一个帮助员工实现自我价值的团队，把竞争作为检验人才、发现人才、选拔人才的重要手段，实行班组长、管理人员、基层副职以上领导三个层面的公开招聘和选拔，激发员工学技术、钻业务的热情。三是建设一个有强烈使命感的团队，坚持以团队建设作为激发员工生产热情的手段，以主流的思想和文化影响引导员工，提高员工队伍的战斗力，用团队的力量去战胜前进中的各种困难，鼓动员工争当乙烯排头兵，赶超国内外先进水平。目前，茂名乙烯的专业人才成为国内乙烯行业涉猎的对象，是石化人才市场的"抢手货"。

2. 以动感社区文化提升团队凝聚力

茂名乙烯紧紧抓住了得天独厚的国有企业的资源优势，利用绝大部分员工集中住在生活区的便利条件，启动"动感社区建设工程"，成立体育、艺术、文学、技术四大业余协会，通过组织开展广场文化和各种文娱体育等有益身心健康的活动，做到月月有节目、每季有安排、逢重大节日有活动，吸引了员工积极参与，活跃了社区文化，丰富了员工业余生活。同时，通过社区文化活动加强了员工之间的沟通，展现了茂名乙烯人团结奋进和良好的精神风貌，增强了茂名乙烯的影响力和凝聚力。

3. 以人文关怀打造团队向心力

茂名乙烯以创建"信得过职工小家"为模式，建立"四民主""四公开"和员工家庭"四必访"制度，寻求为员工办实事、办好事的最佳途径，将解决思想问题和解决实际困难相结合，使员工尤其因病致贫和在生活中遇到困难的员工对企业真正产生"家庭式感受"，增强团队凝聚力。

（三）培育执行文化，增强支撑企业持续有效发展的原动力

执行文化成为企业持续有效发展的原动力。茂名乙烯以建立现代企业制度为目标，瞄准国际一流管理水平，在构建执行组织框架、完善执行制度、提高执行力上努力寻求突破，逐步形成了有自己特色的执行文化。

1. 构建执行组织框架，减少执行阻力

茂名乙烯是20世纪90年代建立起来的企业，建立之初就在执行组织框架上寻求突破，摒弃了国内沿袭已久的机构设置，不断深化工厂管理模式改革，从提高生产管理效率出发，调整机构设置，撤销了六个生产部建制，成立了生产车间，将三级管理改为二级管理，由公司（事业部）直接管理到车间。这样不仅使茂名乙烯员工只相当于国内同类型企业用工的1/4～1/3，接近日本大型石化联合工厂用工水平，减少了人工成本，更为重要的是缩短了执行流程、减少执行阻力，确保了执行流程畅通无阻，从而提高了企业的管理效率。

2. 完善执行制度，提高执行效率

茂名乙烯按照科学化、标准化、信息化的要求，建立和健全涵盖安全、技术、环保、生产、质量、党建等专业160多个制度，并且把每个制度都细化成专业考核标准，对基层车间和职能部门进行月度考核。同时，组织制定并逐步完善了869个岗位的工作考核标准，将质量、环境和职业健康安全一体化管理体系程序文件的要求充实到岗位考核工作标准中，使岗位的工作走上规范化和标准化轨道，有效地提高了员工的主动性和工作效能，促进了各项制度、标准的贯彻，保证了整个生产经营管理的高效运行。

3. 推行绩效管理，提升执行效果

茂名乙烯积极探索现代的绩效管理制度，形成了团队和个人的绩效考核体系，层次上体现了管理的有序性，在平级间体现竞争的公平性。团队绩效管理方面，从月度经济责任制考核、岗位工作检查、基层单位建设、专业考核、红旗竞赛等诸多制度、标准中提炼成《综合管理考核标准》，由管理部门每月对自己的专业进行检查自评和对属下团队考评；个人绩效考核方面，通过细化、量化岗位工作责任和内容，形成《岗位工作考核标准》，建立起个人—班组—车间的三级全员绩效管理的责任、评价和考核体系，员工每天对岗位工作自我考核并经班组和车间确认，月度按照累计结果评价员工个人业绩，真正将员工业绩与绩效工资挂起钩来，达到规范员工工作表现、提高各项制度执行效果的目的。如在检修方面，形成了"检修不过夜"的工作作风，快速反应，有效地确保了装置长周期运行。

思考分析：中国石化股份茂名分公司企业文化建设给我们的启发是什么？

（资料来源：李立宁，《南方论刊》）

第一节　化工企业文化建设

中国石化股份茂名分公司现象启示我们：企业文化之所以对企业经营管理起作用，是靠其对职工的熏陶、感染和引导。企业文化中所包容的共同理想、价值观念和行为准则作为一个群体心理定式及氛围存在于企业职工中。在这种企业文化面前，职工会自觉地按照企业的共同价值及行为准则去从事工作、学习、生活，发自内心地为企业创造财富，这种作用是无法去度量和计算的。

一、企业文化的功能

1. 导向功能

所谓导向功能就是通过它对企业的领导者和职工起引导作用。企业文化的导向功能主要体现在以下两个方面。

化工企业文化的故事

（1）经营哲学和价值观念的指导　经营哲学决定了企业经营的思维方式和处理问题的法则，这些方式和法则指导经营者进行正确的决策，指导员工采用科学的方法从事生产经营活动。企业共同的价值观念规定了企业的价值取向，使员工对事物的评判达成共识，有着共同的价值目标，企业的领导和员工为着他们所认定的价值目标去行动。美国学者托马斯·彼得斯和小罗伯特·沃特曼在《寻求优势》一书中指出："我们研究的所有优秀公司都很清楚他们的主张是什么，并认真建立和形成了公司的价值准则。事实上，一个公司缺乏明确的价值准则或价值观念不正确，我们则怀疑它是否有可能获得经营上的成功。"

（2）企业目标的指引　企业目标代表着企业发展的方向，没有正确的目标就等于迷失了方向。完美的企业文化会从实际出发，以科学的态度去制定企业的发展目标，这种目标一定具有可行性和科学性。企业员工就是在这一目标的指导下从事生产经营活动。

2. 约束功能

企业文化的约束功能主要是通过完善的管理制度和道德规范来实现的。

(1) 有效规章制度的约束　企业制度是企业文化的内容之一。企业制度是企业内部的法规，企业的领导者和企业职工都必须遵守和执行，从而形成约束力。

(2) 道德规范的约束　道德规范是从伦理关系的角度来约束企业领导者和职工的行为。如果人们违背了道德规范的要求，就会受到舆论的谴责，心理上会感到内疚。同仁堂药店"济世养生、精益求精、童叟无欺、一视同仁"的道德规范约束着全体员工必须严格按工艺规程操作，严格质量管理，严格执行纪律。

3. 凝聚功能

企业文化以人为本，尊重人的感情，从而在企业中营造了一种团结友爱、相互信任的和睦气氛，强化了团体意识，使企业职工之间形成强大的凝聚力和向心力。共同的价值观念形成了共同的目标和理想，职工把企业看成是一个命运共同体，把本职工作看成是实现共同目标的重要组成部分，整个企业步调一致，形成统一的整体。这时，"厂兴我荣，厂衰我耻"成为职工发自内心的真挚感情，"爱厂如家"就会变成他们的实际行动。

4. 激励功能

共同的价值观念使每个职工都感到自己存在和行为的价值，自我价值的实现是人的最高精神需求的一种满足，这种满足必将形成一种强大的激励作用。在以人为本的企业文化氛围中，领导与职工、职工与职工之间互相关心，互相支持。特别是领导对职工的关心，职工会感到受人尊重，自然会振奋精神，努力工作。另外，企业精神和企业形象对企业职工有着极大的鼓舞作用，特别是企业文化建设取得成功，在社会上产生影响时，企业职工会产生强烈的荣誉感和自豪感，他们会加倍努力，用自己的实际行动去维护企业的荣誉和形象。

5. 调适功能

调适就是调整和适应。企业各部门之间、职工之间，由于各种原因难免会产生一些矛盾，解决这些矛盾需要各自进行自我调节；企业与环境、与顾客、与企业、与国家、与社会之间都会存在不协调、不适应之处，这也需要进行调整和适应。企业哲学和企业道德规范使经营者和普通员工能科学地处理这些矛盾，自觉地约束自己。完美的企业形象就是进行这些调节的结果。调适功能实际也是企业能动作用的一种表现。

二、化工企业文化建设的发展目标、指导原则和主要任务

1. 发展目标

适应化工企业经济发展和实现战略目标的要求，建设具有激励、约束、凝聚、导向、辐射等功能，以人为本，特色鲜明，被广大员工所普遍认知、认同，对内有较高向心力，对外有较大影响力，趋向成熟稳定的优秀企业文化。

2. 指导原则

(1) 以人为本、创造和谐　坚持改革发展成果共享，促进员工全面发展，构建和谐的劳动关系，形成企业热爱员工、员工热爱企业的良好氛围。致力于企业与社会、企业与员工、企业与自然的和谐相处，促进企业全面、协调、可持续发展。

(2) 兼容并蓄、注重特色　导入化工企业核心价值观，借鉴、引用兄弟单位成功经验。注重挖掘、整理、提炼具有化工企业特质的文化内涵，突出化工企业的鲜明个性。

(3) 讲求实效、循序渐进　紧密结合化工企业实际，克服形式主义，制定切实可行的化

工企业文化建设方案。既要做到高起点，追求精品工程，又要做到由表及里，由内而外，重点突破，循序渐进，促进化工企业文化的精神、制度、行为、物质四大要素协调发展。

（4）整体规划、系统运作　充分认识化工企业文化建设的复杂性和长期性，制定切实可行的整体规划和阶段性实施方案，有目标、有步骤地推进各项实践活动。系统运作，分层落实，同心协力，把化工企业文化建设的任务真正落到实处。

（5）领导带头、全员参与　化工企业中高级管理人员要做化工企业文化的倡导者、培育者和推动者，率先垂范，亲力亲为。全体员工要做化工企业文化的实践者、创造者和传播者，把个人价值与化工企业的发展目标有机结合起来，推动化工企业文化建设的蓬勃开展。

（6）继承传统、不断创新　根植历史积累，继承优秀传统，传承化工企业文化。坚持与时俱进、追求卓越，永不满足，持续进行理论创新、体制创新、管理创新，建设符合先进文化和时代发展方向的优秀企业文化。

3. 主要任务

（1）进一步丰富化工企业理念　以树立和落实低成本战略的理念为重点，梳理、整合、宣传现有的企业宗旨、企业精神、企业战略目标、企业管理理念等化工企业文化理念，挖掘、整理、归纳提炼各专业条线的管理理念，开展群众性企业文化实践活动，进一步丰富、完善公司理念系统。

（2）进一步强化制度建设　发挥理念对制度的导向和支撑作用，使制度切实体现理念的精神实质，并通过制度的执行使理念落到实处。

（3）进一步严格行为规范　以安全生产警示教育和各类主题活动为重点，结合化工企业《员工行为守则》的要求，细化员工岗位规范，推动职业道德评价体系的建立和完善。规范化工企业行为，完善文化活动的基本程序和工作制度。

三、化工企业文化建设的措施

从目前化工企业的现实出发，要想使化工企业文化产生更大更好的效益，在化工企业文化的组织实践中应从以下几个方面入手。

1. 人本素质管理

① 抓思想，更新陈旧观念。把"变"的思想、"变"的观念植入员工的头脑之中，让他们想别人所不敢想，做别人所不能做，培养他们积极乐观、开拓进取的创业精神。

② 抓敬业精神，培养认真习惯。培养员工良好的敬业习惯：操作认真的习惯、负责任的习惯、使命感和事业心的习惯。

③ 抓团队建设，营造真诚氛围。团队成员之间要坦诚、真诚、零距离，营造团队真诚的氛围。只有这样才能激活员工的思维，发挥员工的聪明才智。

④ 抓机制搞活，注重制度创新。

2. 树立典型人物、传播优秀事迹

化工企业文化建设要在日常工作中注意搜集整理能够触动员工心灵、充分体现企业文化的优秀事迹和先进个人，并将其及时上报至人事行政部，人事行政部将按照公司的奖惩制度对先进个人和优秀事迹成员进行相应的奖励。同时，企业文化建设也不要放过对造成恶劣影响的不良行为和事件的搜集和整理，对于造成恶劣影响的不良行为和事件的当事人，应当给予严厉的处罚。

3. 积极营造化工企业文化建设的良好氛围

化工企业可以通过自身的网站、多媒体、广播、报纸、内刊、板报和宣传栏等载体，广泛深入地开展企业文化建设，也可以通过摄影、绘画、书法、漫画、演讲、企业之歌、企业宣传片、厂牌、企业徽章设计等各种文艺和体育活动来实施企业文化建设。

四、加强化工企业文化建设的意义

化工企业文化是一种信念的力量、道德的力量、心理的力量。这三种力量相互融通、促进，形成了化工企业文化优势，这是企业战胜困难，取得战略决策胜利的无形力量。特别是当它的力量十分雄厚的时候，能够产生较强有力的经营结果，无论是在市场上的竞争，还是为客户提供服务，或是激励职工共同奋斗，化工企业文化均可以成为企业的指导思想。化工企业要生存发展，就必须寻求更科学、更系统、更完整的管理体系。企业文化提供了必要的企业组织结构和管理机制，当代化工企业要保持平稳和持续发展，就应开发具有自己特色的化工企业文化。化工企业文化作为一种以加强企业管理，强化企业凝聚力、企业理念、企业精神为核心的文化，对于化工企业的经营和发展起着愈来愈重要的作用。加强化工企业文化建设既有强烈的现实意义，又有深远的历史意义。

（1）加强化工企业文化建设，是提高化工企业核心竞争力的内在要求。任何一个现代化工企业的维系和发展都需要两个纽带，一个是物质、利益、产权的纽带，另一个是文化、精神、理念的纽带，就好比"硬件"和"软件"，两者互相支撑，缺一不可。从"软件"方面来说，化工企业文化建设就是要在实践中逐步树立、形成化工企业正确的价值观念、独特的化工企业精神、合理的经营之道、崇高的经营境界以及为广大员工所认同并自觉遵守的道德规范和行为准则。化工企业"软件"搞好了，同时配以化工企业的"硬件"建设，才具有双重动力，企业的核心竞争力自然会提高。

（2）加强化工企业文化建设，是建设高素质干部职工队伍、促进人的全面发展的迫切需要。建设先进的化工企业文化，说到底是做人的工作，是帮助和引导干部职工树立正确的世界观、人生观、价值观、荣辱观。推动化工企业文化建设，实施"人才强企"战略，有利于营造尊重劳动、尊重知识、尊重人才、尊重创造的氛围，使人力资源优势得到充分发挥。各级领导和干部职工必须充分认识加强化工企业文化建设的重要战略意义，在加强化工企业文化建设方面迈出扎扎实实的步伐。但化工企业文化建设也不是一蹴而就，它是一项长期系统的工作。建设不是目的，重在推广和落实。因此在推动化工企业文化建设的过程中，需要全员参与，密切配合，确保该项工作的实际效果。

总之，创新化工企业文化对推动化工企业的发展是至关重要的。树立正确的发展观，建设独特的企业文化，走创新发展之路，在观念上创新，在企业品牌上创新，在人才机制上创新，在科技管理上创新，只有这样才能走健康发展之路，走科学发展之路，走可持续发展之路，才能使化工企业不断做大做强。

第二节　化工企业人员技术培训

引导案例 9-2　肯德基在中国

1987 年 11 月 12 日，肯德基在北京前门繁华地带设立了在中国的第一家餐厅，北京肯德基有限公司也成了北京第一家经营快餐的中外合资企业。

继 1996 年 6 月 25 日，肯德基中国第 100 家店在北京成立以后，肯德基在中国的连锁店数目迅速增长。作为世界最大的餐饮连锁企业，肯德基自进入中国以来，带给中国的不仅是异国风味的美味炸鸡、上万个就业机会，还有全新的国际标准的人员管理和培训系统。

作为劳动密集型产业，肯德基奉行"以人为核心"的人力资本管理机制。因此，员工是肯德基在世界各地快速发展的关键。肯德基不断投入资金、人力进行多方面各层次的培训。从餐厅服务员、餐厅经理到公司职能部门的管理人员，这些培训不仅帮助员工提高工作技能，同时还丰富和完善了员工自身的知识结构和个性发展。

另外，由于肯德基采取开放式就业，公司对员工的流动并没有做出特殊的限制和要求。经过公司严格培训的本地熟练工人和管理者因为种种原因走出公司，甚至会流向当地竞争企业。比如，上海的"新亚大包"、来自台湾的"永和豆浆"的核心高级管理人员就有一些是来自原肯德基的高级管理人员。但正是这种宽松环境下造成的人员流动，使肯德基培训的管理知识和经营理念也实现了隐形传播。肯德基工作和受训经验，使员工变成人才，人力资源变成人力资本，进而成长为中国经济发展进程中出色的企业管理人才。

那么，究竟他的员工培训系统是怎样的呢？

1. 教育培训基地：员工学堂

肯德基在中国特别建有适用于当地餐厅管理的专业训练系统及教育基地——教育发展中心。这个基地成立于 1996 年，专为餐厅管理人员设立，每年为来自全国各地的数千名肯德基的餐厅管理人员提供上千次的培训课程。中心大约每两年会对旧有教材进行重新审定和编写。培训课程包括品质管理、产品品质评估、服务沟通、有效管理时间、领导风格、人力成本管理和团队精神等。

在一名管理人员的培训计划中，记者看到了《如何同心协力做好工作》《基本管理》《绩效管理》《项目管理》《7 个好习惯》《谈判与技巧》等科目。据了解，肯德基最初的培训课程有来自于国际标准的范本，但最主要的是来自于当地资深员工的言传身教及对工作经验的总结。因此，教材的审定和重新编写主要是补充一线员工在实践中获得的新知识、新方法。每一位参加教育发展中心培训的员工都既是受训者，也是执教者。这所独特的"企业里的大学"，就是肯德基在中国的所有员工的智囊部门、中枢系统。

2. 内部培训制度：分门别类

肯德基的内部培训体系分为职能部门专业培训、餐厅员工岗位基础培训以及餐厅管理技能培训。

职能部门专业培训：肯德基隶属于世界上最大的餐饮集团——百胜全球餐饮集团，中国百胜餐饮集团设有专业职能部门，分别管理着肯德基的市场开发、营建、企划、技术、品控、采购、配送物流系统等专业工作。

为配合公司整个系统的运作与发展，中国百胜餐饮集团建立了专门的培训与发展策略。每位职员进入公司之后要去肯德基餐厅实习 7 天，以了解餐厅营运和公司企业精神的内涵。职员一旦接受相应的管理工作，公司还开设了传递公司企业文化的培训课程，一方面提高了员工的工作能力，为企业及国家培养了合适的管理人才；另一方面使员工对公司的企业文化也有了深刻的了解，从而实现公司和员工的共同成长。

餐厅员工岗位基础培训：作为直接面对顾客的"窗口"——餐厅员工，从进店的第一天开始,每个人就都要严格学习工作站基本的操作技能。从不会到能够胜任每一项操作,新进员工会接受公司安排的平均近 200 个工作小时的培训,通过考试取得结业证书。从见习助理、二级助理、餐厅经理到区经理,随后每一段的晋升,都要进入这里修习 5 天的课程。根据粗略估计,光是训练一名经理,肯德基就要花上好几万元。

在肯德基,见习服务员、服务员、训练员以及餐厅管理组人员,全部是根据员工个人对工作站操作要求的熟练程度,实现职位的提升、工资水平的上涨的。在这样的管理体制下,年龄、性别、教育背景等都不会对你未来在公司的发展产生任何直接影响。

餐厅管理技能培训:目前肯德基在中国有数千名餐厅管理人,针对不同的管理职位,肯德基都配有不同的学习课程,学习与成长的相辅相成,是肯德基管理技能培训的一个特点。

当一名新的见习助理进入餐厅,适合每一阶段发展的全套培训科目就已在等待着他。最初时他将要学习进入肯德基每一个工作站所需要的基本操作技能、常识以及必要的人际关系的管理技巧和智慧,随着他管理能力的增加和职位的升迁,公司会再次安排不同的培训课程。当一名普通的餐厅服务人员经过多年的努力成长为管理数家肯德基餐厅的区经理时,他不但要学习领导入门的分区管理手册,同时还要接受公司的高级知识技能培训,并具备获得被送往其他国家接受新观念以开拓思路的资格的机会。除此之外,这些餐厅管理人员还要不定期地观摩录像资料,进行管理技能考核竞赛等。

3. 横纵交流:传播肯德基理念

为了密切公司内部员工关系,肯德基还举行不定期的餐厅竞赛和员工活动,进行内部纵向交流。记者采访的一位选择肯德基作为人生中第一份工作的餐厅服务员说,在肯德基的餐厅,她学到的最重要的东西就是团队合作精神和注重细节的习惯。当然,这些对思想深层的影响今后会一直伴随着他们,无论是在哪里的工作岗位工作。

另外,肯德基从 1998 年 6 月 27 日起开始强化对外交流,进行行业内横向交流。肯德基和中国国内贸易局已经共同举办了数届"中式快餐经营管理高级研修班",为来自全国的中高级中式快餐管理人员提供讲座和交流机会,由专家为他们讲述快餐连锁的观念、特征和架构,市场与产品定位,产品、工艺、设备的标准化,快餐店营运和配送中心的建立等等。对技能和观念的培训与教育,除了会提高员工工作能力,同时,这种形式的交流也促进了中国快餐业尽快学习国际先进的快餐经营模式。

肯德基进入中国以来,开店增多,为社会带来的连锁效应也越来越大。许多曾经在肯德基打过工的年轻人,当年都还是在校学生,或者刚走出校门。肯德基在中国开出第 700 家店的上海庆祝活动中,它们没有打广告也没有搞庆祝仪式,而是把自己的培训课堂搬进了复旦大学的校园,让学生体验肯德基的培训。肯德基上海有限公司王奇解释这一现象为"企业大学化"。

王奇介绍说,所谓"企业大学化"是指企业除了本身的生产流程外,同时也是创造知识的一环。现代知识型企业不光靠资本、土地赚钱。企业应该有它独特的知识才能够去竞争,企业在深化知识后,还必须经过有效的整理、积蓄,然后传播出去。把企业的培训理念引进校园,一方面高校为企业的培训提供着良好的专业背景,同时企业也通过这样的形式将自己对人才素质的需要及来自于管理实践的最新经验反映给学校,这是一个互动的过程。

这种种举措,在创造社会效益的同时,也让肯德基理念获得了更广范围的认可,让肯德基品牌的核心竞争力得到了提升。肯德基已经在用行动努力把创造利润和创造知识结合在一起,现在更多的企业也意识到了这一点:未来,创造财富不仅仅是靠资本、资源,更多的是靠知识。

分析：
1. 根据本案例中肯德基对员工进行的培训，讨论培训对企业发展的重要性。
2. 在本案例中，肯德基主要采取了哪些培训方法？

（资料来源：中国人力资源开发网）

随着世界经济一体化进程的加剧，企业之间的竞争已变得日趋激烈，现代科学技术的日新月异，生产设备、生产工艺以及管理、市场营销等变革异常迅速，许多产品往往不用几年的时间，就被新一代的产品所代替，企业的竞争归根到底是人才的竞争。劳动者只有具备较高的科学文化水平、丰富的生产经验、先进的劳动技能，才能在现代化的生产中发挥更大的作用。从根本上说，如何有效地进行人力资源开发，提高员工的素质，改善员工的工作绩效，已经成为企业获取竞争优势的关键。目前，职业培训在化工企业的人力资源开发过程中已处于越来越核心的地位，培训的效果也直接关系着化工企业战略目标的实现。因此，根据化工企业实际情况，设计出一套有效的人力资源培训体系，帮助化工企业在复杂的市场竞争中保持人才优势，赢得竞争优势，已经成为化工企业人力资源管理中的一个重要课题。

一、我国目前的化工职业培训状况

化工企业是以技术密集型为特征的现代化制造业，对劳动者的技能素质要求相对较高，而劳动者的专业知识的提升和专业技术的培养，除职前教育外，另一个主要的获取途径就是职后培训。通过培训使劳动者拥有较深厚的专业知识和熟练的技能以适应现代化工企业产业调整和发展。根据有关资料统计，现在发达国家高级技术工人人数占技工总数的40%，我国化工企业也需要大量的高级职业技术人才，但目前我国化工企业需求高级技工人数与实际拥有的技工总数的比例还有很大的差距，与发达国家占40%的比例相差更远，很多部门高级技能型人才缺口很大。这给化工企业的长远发展带来了困扰。而没有经过培训上岗的员工又给企业带来了不可估量的损失。

【案例1】 没有对上岗员工进行培训而酿成的悲剧

事故经过： 某化工厂储运处盐库发生一起重大触电伤亡责任事故，6人触电，其中3人死亡，3人经抢救脱险。当天上午，化工厂储运处盐库10人准备上盐，但是10m长的皮带运输机所处位置不利上盐，他们在组长冯某的指挥下将该机由西北向东移动。稍停后，感觉还不合适，仍需向东调整。当再次调整时，因设备上操作电源箱里三相电源的中相发生单相接地，致使设备外壳带电，导致这起事故发生。

事故分析： 皮带输送机额定电压为380V，应该用四芯电缆。而安装该机时，却使用三芯电缆。电源线在操作箱（铁制）的入口处简单地用缝盐包的麻绳缠绕，并且很松动。操作箱内原为三个15A螺旋保险，后因多次更换保险，除后边一相仍为螺旋保险外，左边、中间两相用保险丝上下缠绕勾连。中间相保险座应用两个螺丝固定牢，实际只有一个，未固定牢致使在移动皮带机过程中，电源线松动，牵动了操作箱内螺旋保险底座向左滑动，造成了中间一相电源线头与保险丝和操作箱铁底板接触，使整个设备带电。而造成这起事故的这些工作人员均为临时工，只经私人介绍，仓库就同意到盐库干活，没有按规定进行岗前培训，也没有签订用工合同。

这起事故给我们的教训是什么？

通过上面的案例,我们清醒地看到,职业培训已经成为化工企业发展的瓶颈,如何突破这个瓶颈,这就需要人力资源部门对化工企业员工的培训做一个长远持久的计划。

二、化工企业职业培训计划的制订

人力资源管理者应该对每个部门的发展重点,或者某一个层级的发展计划非常明了,仔细分析每个职能,或者每个事业部、项目部所分解出来的目标。比如说销售部今年的目标之一是完成销售业绩120%的增长,那么要完成这个目标,需要整体销售人员的综合能力提升,接着在绩效考核的结果中找出销售人员所普遍欠缺或不足的能力范围,如客户服务能力、客户关系管理等等。这样就发现了培训的需求、培训的对象以及培训的定位,把这些和培训的目的联系起来,就构成了培训的价值。

1. 根据岗位的不同,安排不同的培训方式

(1) 理论知识学习　根据化工企业具体情况,在培训中根据员工岗位的具体情况进行分类重点学习。

(2) 仪器操作技能培训　使培训的职工能够具备操作化工企业中各种仪器及日常维护的能力。

(3) 职业技能技术培训　针对化工企业原材料、半产品、成品检验及环境监控等行业内的技术能力培养,使培训的职工能够更好地利用这些实用技能,解决日常工作中遇到的问题。

2. 职业技能的培训与岗效挂钩

企业根据培训最终考核,重新分配岗位。

三、化工企业职业技术培训的方式

(一) 以各类课程为基础的在职培训模式

化工企业由于专业很广,领域很多,很难组织具体的培训,因此,比较适合组织一些基础课程和专业课程的培训,以提高员工的素质。以课程为基础的培训模式,层次较多,比较复杂。概括起来,大致有这样几种情况。

宝洁的人才培养体系

1. 学位课程培训式

通过参加学位课程学习进修,达到一定的学历或相应水准,获取相应证书,比如公司可组织举办工程领域的研究生课程进修班,在职攻读硕士学位等。

2. 单科专业课程培训式

化工技术人员在职培训的单科课程,一般为两类,即某一学科的专门知识课程和方法课程,其目的是让化工技术人员了解掌握学科发展的新知识、新理论。

3. 短期进修课程培训式

目的是解决当前化工技术生产中的实际问题。这类培训课程的时间较短,一般为一周之内。教学形式比较灵活,有讲座式、研讨式和问题解答式。

(二) 生产操作为中心的在职培训模式

以车间为单位实施岗位培训主要是针对车间一般技术人员,这部分技术人员的职责是保

证生产装置的正常运行。这种培训模式,大致有三种情况。

1. 导师带徒式

这种培训不脱产,由车间指定技术人员对新进厂的倒班大中专毕业生在其一年实习期内进行传、帮、带,帮助其掌握车间生产基本技能。导师必须由技术水平高,工作经验和理论水平突出,责任心强,善于引导关心同志的人来担任。导师的工作职责有:一是搞好日常的言传身教。导师要将工作方式、方法随时传授给专业技术人员,并要求其随时汇报学习收获和体会。二是协助处理实际问题,要求其提出解决方案,并由导师修订完善。三是情景模拟。分析工作中已经遇到或将要遇到的问题,将问题的背景、原因、条件、困难、不同意见向专业技术人员提出,要求其在口头或书面提出方案,然后同具体解决方案做比较。

2. 换岗交流式

按化工企业发展需要,统一安排,有计划、有步骤、有目的地选派部分工艺技术或设备技术岗位上的工程技术人员在车间之内适时交换岗位,特别是集团公司和股份公司实行扁平化管理后,由几个专业化车间重组为联合车间,在联合车间内,应让工程技术人员在不同装置之间换岗交流,使其尽快熟悉掌握联合车间内各种装置的工艺及设备情况,使其全面掌握装置操作技能,促进技术人员在实践中经受锻炼、增长才干。

3. 职工研修式

在职工中以研究生产技术问题的方式实施进修的培训,特点是联系生产实际问题,采用理论与实践相结合的原则展开培训。车间应依靠自身处在生产一线的优势,组织车间内优秀技术人员针对生产中遇到的具体问题而开展研修,目的是提高技术人员对这个方面问题的认识和实际处理能力。

培训工作是人力资源开发,提高员工素质、优化人员结构的重要途径,是一种战略性投资。要树立"培训是企业创新第一动力""培训就是生产力"的新观念,不断优化人力资源专业知识结构,创新培训手段,更新培训内容,提高培训工作效率及员工队伍整体素质,积极为职工搭建学习平台,创建良好的学习氛围。

四、职业培训的意义

职业培训同经济发展、劳动就业的关系是相互促进、相互制约的关系。企业依赖劳动者的高素质以增强其产品的市场竞争能力;劳动者靠提高自身素质,以增强其在劳动市场的竞争能力——这就为职业培训的发展创造了非常有利的契机。职业培训的重要性表现在以下几个方面。

(1) 职业培训能增强员工对企业的归属感和主人翁责任感。就企业而言,对员工培训得越充分,对员工越具有吸引力,越能发挥人力资源的高增值性,从而为企业创造更多的效益。培训不仅提高了职工的技能,而且提高了职工对自身价值的认识,对工作目标有了更好的理解。

(2) 培训能促进企业与员工、管理层与员工层的双向沟通,增强企业向心力和凝聚力,塑造优秀的企业文化。不少企业采取自己培训和委托培训的办法。这样做容易将培训融入企业文化,因为企业文化是企业的灵魂,它是一种以价值观为核心对全体职工进行企业意识教育的微观文化体系。企业管理人员和员工认同企业文化,不仅会自觉学习掌握科技知识和技能,而且会增强主人翁意识、质量意识、创新意识。

(3) 培训能提高员工综合素质，提高生产效率和服务水平，树立企业良好形象，增强企业盈利能力。美国权威机构监测，培训的投资回报率一般在 33% 左右。在对美国大型制造业公司的分析中，公司从培训中得到的回报率大约可达 20%～30%。摩托罗拉公司向全体雇员提供每年至少 40h 的培训。调查表明：摩托罗拉公司每 1 美元培训费可以在 3 年以内实现 40 美元的生产效益。摩托罗拉公司认为，素质良好的公司雇员们已通过技术革新和节约操作为公司创造了 40 亿美元的财富。摩托罗拉公司的巨额培训收益说明了培训投资对企业的重要性。

(4) 适应市场变化、增强竞争优势，培养企业的后备力量，保持企业永继经营的生命力。企业竞争说穿了是人才的竞争。美国的一项研究资料表明，企业技术创新的最佳投资比例是 5:5，即"人本投资"和硬件投资各占 50%。人本为主的软技术投资作用于机械设备的硬技术投资后，产出的效益成倍增加。在同样的设备条件下，增加"人本"投资，可达到投 1 产 8 的投入产出比。发达国家在推进技术创新中，不但注意引进、更新改造机械设备等方面的硬件投入，而且更注重以提高人的素质为主要目标的软技术投入。事实证明，人才是企业的第一资源，有了一流的人才，就可以开发一流的产品，创造一流的业绩，企业就可以在市场竞争中立于不败之地。

总之，职业培训作为开发人力资本增值的来源，日益受到现代企业管理思想的重视，化工企业人员的培训，是化工企业根据自身产业结构的实际情况，考虑当前生产经营和长远发展的需要而制订的化工企业职工培训计划，有步骤、有重点地组织工人、技术人员、管理人员和领导干部参加各类科学文化、技术业务、管理知识的学习，不断补充新知识和新专业技术，提升实际工作能力。培训的最终目的在于聚合化工企业职工队伍的整体素质，增强化工企业发展后劲。持续深入有效地开展化工企业人员培训工作，是实现人力资源不断增长和积累，使化工企业竞争力素质得以提高的重要途径。

阅读材料一

协作是成功的关键

有这样一个故事：在美国的一次艺术品拍卖现场，拍卖师拿出一把小提琴当众宣布："这把小提琴的拍卖起价是 1 美元。"还没等他正式起拍，一位老人就走上台来，只见他二话没说，抄起小提琴就竟自演奏起来。小提琴那优美的音色和他高超的演奏技巧令全场的人听得入了迷。演奏完，这位老人把小提琴放回琴盒中，还是一言不发地走下台。这时拍卖师马上宣布这把小提琴的起拍价改为 1000 美元。等正式拍卖开始后，这把小提琴的价格不断上扬，从 2000 美元、3000 美元，到 8000 美元、9000 美元，最后这把小提琴竟以 10000 美元的价格拍卖出去。同样的一把小提琴何以会有如此的价格差异？很明显，是协作的力量使这把小提琴实现了它的价值潜能。一个人，一个公司，一个团队莫不是如此。如果只强调个人的力量，你表现得再完美，也很难创造很高的价值，所以说"没有完美的个人，只有完美的团队"。这一观点被越来越多的人所认可。在雅典奥运会上，中国女排在冠军争夺赛中那场惊心动魄的胜利恰恰证明了这一点。8 月 11 日，意大利排协技术专家卡尔罗·里西先生在观看中国女排训练后认为，中国队在奥运会上的成败很大程度上取决于赵蕊蕊。可在奥运会开始后中国女排第一次比赛中，中国女排第一主力、身高 1.97m

的赵蕊蕊因腿伤复发，无法上场了。媒体惊呼：中国女排的网上"长城"坍塌。中国女排只好一场场去拼，在小组赛中，中国队还输给了古巴队，似乎国人对女排夺冠也不抱太大希望。然而，在最终与俄罗斯争夺冠军的决赛中，身高仅1.82m的张越红一记重扣穿越了2.02m的加莫娃的头顶，砸在地板上，宣告这场历时2小时零19分钟、出现过50次平局的巅峰对决的结束。经过了漫长的艰辛的20年以后，中国女排再次摘得奥运会金牌。那么，中国女排凭什么战胜了那些世界强队，凭什么反败为胜战胜俄罗斯队？陈忠和赛后说："我们没有绝对的实力去战胜对手，只能靠团队精神，靠拼搏精神去赢得胜利。用两个字来概括队员们能够反败为胜的原因，那就是忘我。"相传佛教创始人释迦牟尼曾问他的弟子："一滴水怎样才能不干涸？"弟子们面面相觑，无法回答。释迦牟尼说："把它放到大海里去。"个人再完美，也就是一滴水；一个团队、一个优秀的团队就是大海。一个有高度竞争力的组织，包括企业，不但要求有完美的个人，更要有完美的团队。

（资料来源：豆丁网）

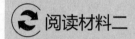 阅读材料二

西门子的多级培训制度

西门子公司拥有一整套的人才培训计划（见下图），从新员工培训、大学精英培训到员工再培训，基本上涵盖了业务技能、交流能力和管理能力的培育，使得公司新员工在正式工作前就具有较高的业务能力，保证了大量的生产、技术和管理人才储备，而且使得员工的知识、技能、管理能力得到不断更新。培训使西门子公司长年保持着员工的高素质，这是其强大竞争力的来源之一。

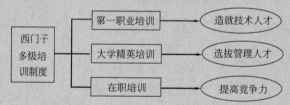

1. 第一职业培训：造就技术人才

西门子公司早在1992年就拨专款设立了专门用于培训工人的"学徒基金"。这些基金用于吸纳部分15岁到20岁的中学毕业后没有进入大学的年轻人，参加企业3年左右的第一职业培训。期间，学生要接受双轨制教育：一周工作5天，其中3天在企业接受工作培训，另外2天在职业学校学习知识。由于第一职业培训理论与实践结合，为年轻人进入企业提供了有效的保障，也深受年轻人欢迎。现在公司在全球拥有60多个培训场所，每年培训经费近8亿马克。目前共有10000名学徒在西门子公司接受第一职业培训，大约占员工总数的5%，他们学习工商知识和技术，毕业后可以直接到生产一线工作。西门子公司培训的学徒工也可以无条件地到其他的工厂上班。

第一职业培训保证了员工正式进入公司就具有很高的技术水平和职业素养，为企业的长期发展奠定了坚实的基础。

2. 大学精英培训：选拔管理人才

西门子公司计划每年在全球接收3000名左右的大学生，为了利用这些宝贵的人才，

公司提出了大学精英培训计划。

西门子公司加强与大学生的沟通，增强对大学生的吸引力。公司同各国高校建立了密切联系，为学生和老师安排活动，并无偿提供实习场所和教学场所，举办报告会等。西门子公司每年在重点院校颁发300多项奖学金，并为优秀学生提供毕业后求职的指导和帮助。

进入西门子公司的大学毕业生首先要接受综合考核，考核内容既包括专业知识，也包括实际工作能力和团队精神，公司根据考核的结果安排适当的工作岗位。此外，西门子公司还从大学生中选30名尖子进行专门培训，培养他们的领导能力，培训时间为10个月，分3个阶段进行。第一阶段，让他们全面熟悉企业的情况，学会从因特网上获取信息；第二阶段，让他们进入一些商务领域工作，全面熟悉本企业的产品，并加强他们的团队精神；第三阶段，将他们安排到下属企业（包括境外企业）承担具体工作，在实际工作中获得实践经验和知识技能。目前，西门子公司共有400多名这种"精英"，其中1/4在接受海外培训或在国外工作，大学精英培训计划为西门子公司储备了大量管理人员。

3. 员工在职培训：提高竞争力

西门子公司特别重视员工的在职培训，在公司每年投入的8亿马克培训费中，60%用于员工在职培训。西门子员工的在职培训和进修主要有两种形式：西门子管理教程和在职培训员工再培训计划，其中管理教程培训尤为独特。

西门子员工管理教程分五个级别，各级培训分别以前一级别培训为基础，从第五级别到第一级别所获技能依次提高。

第五级别是针对具有管理潜能的员工。通过管理理论教程的培训提高参与者的自我管理能力和团队建设能力。培训内容有西门子企业文化、自我管理能力、个人发展计划、项目管理、了解及满足客户需求的团队协调技能。

第四级别的培训对象是具有较高潜力的初级管理人员。培训目的是让参与者准备好进行初级管理工作。培训内容包括综合项目的完成、质量及生产效率管理、财务管理、流程管理、组织建设及团队行为、有效的交流和网络化。

最高的第一级别就叫西门子执行教程培训。培训对象是已经或者有可能担任重要职位的管理人员。培训目的就是提高领导能力。培训内容也是根据参与者的情况特别安排。一般根据管理学知识和西门子公司业务的需要而制定。

通过参加西门子管理教程培训，公司中正在从事管理工作的员工或有管理潜能的员工得到了学习管理知识和参加管理实践的绝好机会。这些教程提高了参与者管理自己和他人的能力，使他们从跨职能部门交流和跨国知识交换中受益，在公司员工间建立了密切的内部网络联系，增强了企业和员工的竞争力，达到了开发员工管理潜能、培训公司管理人才的目的。

在某种意义上说，正是这强大的培训体系，造就了西门子公司辉煌的业绩。

（资料来源：豆丁网）

阅读材料三

万华十规——万华的核心价值观

这十个关键词,并非各自为阵。从战略选择到文化基因,从组织体系到方法论,最终达成企业的生态愿景,这五组关键词,两两支持、互为补充,同时层层递进,共同构筑了企业价值观的完整系统。万华十规不仅指导着企业内部的价值选择,也同样表达了我们面向客户与行业的愿景。

—— 万华十规 ——

战略选择	长期主义 / 特立独行
文化基因	创新基因 / 工匠精神
组织体系	规则契约 / 弹性开放
方法论	迭代进化 / 数据驱动
生态愿景	协同共生 / 共创共享

一、战略选择——长期主义与特立独行

长期主义与特立独行是我们始终坚守的战略选择。正如广泛流传的那句话:"真正的高手,都是长期主义者。"亚马逊公司首席执行官杰夫·贝佐斯曾在 2011 年年报中说:如果你做一件事,把眼光放到未来三年,和你同台竞技的人很多;但如果你的目光能放到未来七年,那么可以和你竞争的人就很少了。因为很少有公司愿意做那么长远的打算。

长期主义是用更专注的态度面向未来,拒绝短期的诱惑,用长期的确定性,对抗当下的不确定性;长期主义是保持深耕的精神,用坚韧不拔、持之以恒的实践累积精彩与传奇;长期主义是做时间的朋友,在马拉松的赛道下,逐步实现价值的飞跃。与长期主义相呼应的是"特立独行",只有在一条更少人坚持的赛道上持续耕耘,才能因不可替代性迎来更广阔的前景。这意味着我们需要始终保持独立思考,不轻易追逐大流及规模,勇于打破行业常规和局限,并在他人鲜于尝试的领域付出更长时间的专注。

从麓山到麓湖,万华始终站在城市发展的前瞻视角,坚持"以凝聚精英人群为核心"的生态型发展模式,为特定的客群提供全生命周期的产品和服务。而在企业当下的拓展中,我们依然以客户为准绳,形成了"1+N"的战略发展模式——将麓湖项目作为企业发展的航母,在重庆、三亚、海口等具备战略纵深的城市布局 N 个特色项目,并在住宅、商业、酒店、度假等不同的业务板块上持续探索精品化的发展路径。未来,我们将始终面向城市精英人群的需求,用自虐精神,挑战更复杂的领域,成为综合实力高度复合的"全能选手",为企业打造更加强有力的护城河,积累更具长期价值的品牌认知与竞争优势。

二、文化基因——创新基因与匠心精神

创新基因与匠心精神是根植万华系统深处的文化基因。长期主义与特立独行的战略选择,决定了我们必须走上持续创新的艰难道路。创新基因是万华最宝贵的内驱力,这要求我们永不满足于现有市场提供的产品,而是以洞察客户,创造潜在需求为目标。正如 2011 年,iPhone 革命性地摒弃了传统的按键操作,率先将触屏技术应用于手机——它的创新,不仅重塑了客户需求,更引领行业和人类生活进入一个全新时代。

"Best for the best"——创新是一种永恒的"进行时"。我们要竭尽全力，创造更好的事物与生活，就要拒绝平庸，对一成不变保持警惕。而选择创新，也意味着我们选择开放边界，勇于试错，接受创新的合理代价，将创新的投入转化为更丰盛的客户价值。如果说创新是眺望远方的双眼，工匠就是日夜兼程的步伐。追求极致，必须直面落地的困难与细节的挑战。匠心是一种超越常规的品质要求，用执着与钻研，护航创新的落地轨道。在麓湖建设初期，我们也经历过创新落地难的困境，并付出了巨大的代价。直到随着技术更新、流程标准化、施工管理提升，才真正将创新释放出最大化的价值。但匠心并非匠气——匠气是没有创新灵魂的循规蹈矩。我们希望培养的是更多具备国际化视野、开放的学习精神、现代审美品位、先进技术能力的"工匠"。只有秉持工匠精神，不断创新突破，才能为客户创造不竭的期待和认同；只有拥有超越行业的愿景和精密的实现手段，才能协同更多优秀的合作伙伴，一起创造未来。

三、组织体系——规则契约与弹性开放

规则契约与弹性开放是我们正在探索的组织系统与管理模式。在持续创新中，在从未知到已知的探索中，在越来越复杂的多维系统中，很多时候我们没有直接经验可以借鉴，常规的标准难以奏效，我们更需要探索组织的弹性边界。

弹性开放是一种灰度管理的艺术，需要管理者能够接纳有序的混乱，可控的失控，局部破坏的创新。只有容忍阶段性的试错，才能在模糊中找到方法，逐步建立标准。弹性开放也是一种强PK的组织体系，我们希望打破单一的组织分工模式和管理层级，尝试用最小单元作战，搭建动态的组织结构，充分赋能一线员工，将他们的创造力与客户价值紧密连接在一起，真正"让听得到炮火的人指挥战争"。弹性开放下，我们依然强调规则与契约。但这并不是机械的固化边界，而是明确底线，构建信任，为个体施展拳脚留出合理空间。对内，我们强调规则意识，倡导行为坦诚，原则清晰，奖惩分明；对外，我们强调契约与信用，构建与客户和合作伙伴的共同信念和行为准则。

四、方法论——迭代进化与数据驱动

迭代进化与数据驱动是我们努力推进的工作方法。我们选择了创新与弹性，意味着我们选择了一条更曲折、更动态也更未知的道路，也意味着我们必须像生物世界一样，有着不断迭代进化，在全新挑战下生存的能力。《失控》的作者凯文·凯利是这样解释迭代进化的："演化特别适合以下三件事，①到达你想去而又找不到路的领域；②到达你连想都想不出来的领域；③开辟一个全新的领域。"这段话精准地解释了我们的目标与方法论。

迭代进化是一种在模糊中快速奔跑的能力。远期目标因为战略而笃定，眼下因为践行而可控，但中期过程往往是模糊的。我们不抗拒奔跑途中的曲折，但更要始终保持自我审视与自我批判，根据反馈不断优化与变革，用快速的自我进化一步步刺破终点前的迷雾。只有保持内部的不断进化，才能形成难以超越的技术壁垒，充分应对不断变化的外部环境和竞争模式。

数据驱动，则是进化过程中的必须，也是我们亟待强化的板块。数据能帮助我们在复杂系统中找到规律，形成更高效的决策模型，直接驱动创新与迭代。数据驱动下，管理将更加量化，更加注重目标导向、结果反馈与逻辑闭环。我们目前正在建立数据中台，打通各个端口的客户数据信息，并与外部市场的数据反馈联通，建立更准确的客户画像和需求逻辑，指导后续产品和服务不断升级。

五、生态愿景——协同共生与共创共享

协同共生与共创共享是我们期待达成的生态愿景。在一个万物互联的新时代，没有人可以再独立存活。企业的发展也从"竞争逻辑"转向"共生逻辑"，只有自内而外搭建更多价值链接，才能更持续地为客户创造价值。

著名企业文化与战略专家陈春花用"四重境界"解释"共生"：

第一重境界：共生信仰。组织成员有相同的价值判断，共同的语境以及行为选择。

第二重境界：顾客主义。顾客成为组织成员间唯一的价值集合点，是一切价值取向的检验标准。

第三重境界：技术穿透。放弃自己固有的优势，拥有开放学习的心态，在技术框架下展开沟通与信息共享。

第四重境界："无我"领导。领导更多承担牵引陪伴、协同管理和协助赋能，为组织成员搭建相互协同的网络。

协同共生要求我们打破绝对的中心化，打破组织壁垒和单一分工，从自上而下的机械型组织，进化成相互链接的生物型组织，演变为"轻界限、重行动"的灵活组织。在这样的组织中，更加尊重个体价值，更加强调互为主体的姿态，更加倡导系统协同、效率整合和知识贯通。而衡量一个企业是否伟大，更关键的是它是否能达成外部协同。一个生态如果完全以自我为主，一定不是最高效的。我们要丢掉"甲方思维"，树立平台思维，与合作伙伴共同成长；我们更要保持开放谦逊，形成与客户的无边界融合与互动，构建以客户为导向的协同共生的生态系统。

只有协同共生，才能共创共享更长期的价值。我们希望与员工、合作伙伴结成事业的合伙人，让每一个人都能在彼此链接的价值网络的滋养下，共同振翅，分享成功；我们更希望与客户结成命运的共同体，让客户成为产品价值的创造者与延续者，让客户的所有反馈成为敦促我们迭代进化的动力，最终构建一个利益共享的长久生态。

（资料来源：搜狐）

课后练习题

【案例分析】 海尔文化

海尔集团的领导层认为，企业文化是企业管理中最持久的驱动力和最持久的约束力，它高度融合了企业理念、经营哲学、价值观和个人的人生观，是一个企业的凝聚剂。

海尔的经营理念具有鲜明的个性——海尔特色，同时有较强的哲理性和实用性，具有普遍的推广作用。具体表现为：海尔定律（斜坡球体论），企业如同爬坡的一个球，受到来自市场竞争和内部职工惰性而形成的压力，如果没有一个止动力，它就会下滑，这个止动力就是基础管理。以这一理念为依据，海尔集团创造了"OEC"管理即海尔模式；80/20原则，即管理人员与员工责任分配的80/20原则，即"关键的少数制约次要的多数"。

海尔的市场观念："市场唯一不变的法则就是永远在变""只有淡季的思想，没有淡季的市场""卖信誉不是卖产品""否定自我创造市场"。

名牌战略：要么不干，要干就要争第一。国门之内无名牌。

质量观念：高标准、精细化、零缺陷，优秀的产品是优秀的人干出来的。

服务理念：带走用户的烦恼，烦恼到零；留下海尔的真诚，真诚到永远。

售后服务理念：用户永远是对的。

海尔发展方向：创中国的企业名牌。

思考分析：

1. 海尔的文化理念给我们的启示是什么？

2. 一流的企业卖文化，二流的企业卖品牌，三流的企业卖产品，这句话是否正确？为什么？

课后思考题

1. 企业文化建设的重点在哪里？
2. 化工企业职工培训的重要性是什么？
3. 根据本化工企业特点编制一份合理可行的职工培训计划书。
4. 西门子企业的培训制度对我们有什么样的启发？

参 考 文 献

[1] 单凤儒. 管理学基础 [M]. 6 版. 北京：高等教育出版社，2017.

[2] 陈志军，张雷. 企业战略管理 [M]. 北京：中国人民大学出版社，2016.

[3] 陈荣秋，马士华. 生产运作管理 [M]. 5 版. 北京：机械工业出版社，2017.

[4] 董克用，李超平. 人力资源管理概论 [M]. 5 版. 北京：中国人民大学出版社，2019.

[5] 白瑷峥. 企业经营战略概论 [M]. 北京：中国人民大学出版社，2018.

[6] 崔政斌. 杜邦安全管理 [M]. 北京：化学工业出版社，2019.

[7] 方真，林彦新，邢凯旋. 化工企业管理 [M]. 北京：中国纺织出版社，2007.

[8] 刘世平. 化工企业工序管理点的设置及成效 [J]. 贵州化工，2004，2 (1)：55-57.

[9] 谢雄标. 对我国石油企业质量安全模式的思考 [J]. 中国石油技术监督，2004，1：23-25.

[10] 朱抢华，尹卫国. 石油化工 HSE 管理体系初探 [J]. 石油化工安全技术，2001，5：14-17.

[11] 宁丽文，张俊杰. 化工产品的质量管理 [J]. 化学工程师，2001，6 (3)：56-57.

[12] 王柏春. 浅谈物资消耗定额管理 [J]. 企业管理，2007，(28)：13.

[13] 张俊杰，王宪章. 化工生产工艺参数的安全控制 [J]. 化学工程师，2001，8 (4).

[14] 潘正荣. 谈质量监督检验中化工产品抽样过程的控制 [J]. 石油工业技术监督，2005，12：23-24.

[15] 刘宏，杨枢. 质量检验工作的管理与控制 [J]. 质量与管理，2008，01：52-54.

[16] 宁丽文，张俊杰，吕亚兰. 化工产品的质量管理 [J]. 化学工程师，2001，6 (3)：56-57.

[17] 王宇. 浅析石油化工企业的安全管理 [J]. 科技资讯，2004，(1)：195.

[18] 田林. 浅析现代化工企业安全管理 [J]. 贵州化工，2001，26 卷增刊：29-30.

[19] 金仲信. 文明生产的要素及技法 [J]. 铸造技术，2004，25 (8)：649-650.

[20] 化工企业设备管理编写组. 化工企业设备管理 [M]. 北京：中国纺织出版社，2008.

[21] 赖丹声. 谁能把斧子卖给总统 [M]. 深圳：海天出版社，2002.

[22] 盛敏，元明顺，刘艳玲. 市场营销 [M]. 2 版. 北京：清华大学出版社，2005.

[23] 吴健安. 市场营销学 [M]. 7 版. 北京：中国经济出版社，2000.

[24] 邓建强. 化工工艺学 [M]. 北京：北京大学出版社，2009.

[25] 罗招灰. 新竞争格局下的化工产品营销策略 [J]. 石油化工技术与经济，2013，(5)：1-5.

[26] 石油和化学工业规划院副院长白颐研判"十四五"石化发展趋势 [N]. 中国化工报，2019-07-01.

[27] 李莹. 浅议企业产品的营销策略——以石油化工为例 [J]. 中国商论，2019，(5).

[28] 周学民. 基于市场营销视角看石油化工产品的销售管理策略 [J]. 中小企业管理与科技（上旬刊），2015，(11).

[29] 陈兰忠. 新常态下中石油化工产品营销工作创新发展的思考 [J]. 北京石油管理干部学院学报，2016，(6)：32-36.

[30] 昝明. 以市场营销角度看石油化工产品的销售管理 [J]. 化工管理，2019，(5)：14.